陪你读书

李富义 著

人到老年
应当怎样度过

How to Grow Old

清华大学出版社
北京

版权所有，侵权必究。举报：010-62782989，beiqinquan@tup.tsinghua.edu.cn。

图书在版编目（CIP）数据

人到老年应当怎样度过 / 李富义著 . —北京：清华大学出版社，2023.11
（陪你读书）
ISBN 978-7-302-64753-9

I. ①人… II. ①李… III. ①老年人—生活方式 IV. ① C913.6

中国国家版本馆 CIP 数据核字（2023）第 192467 号

责任编辑：王如月
装帧设计：文化·邱特聪
责任校对：王凤芝
责任印制：杨　艳

出版发行：清华大学出版社
　　　　　网　　址：https://www.tup.com.cn, https://www.wqxuetang.com
　　　　　地　　址：北京清华大学学研大厦 A 座　　邮　编：100084
　　　　　社 总 机：010-83470000　　　　　　　　邮　购：010-62786544
　　　　　投稿与读者服务：010-62776969, c-service@tup.tsinghua.edu.cn
　　　　　质量反馈：010-62772015, zhiliang@tup.tsinghua.edu.cn
印 装 者：小森印刷霸州有限公司
经　　销：全国新华书店
开　　本：165mm×230mm　　　印　张：22　　　字　数：279 千字
版　　次：2023 年 11 月第 1 版　　　　　　　　印　次：2023 年 11 月第 1 次印刷
定　　价：99.00元

产品编号：094145-01

前　言

老年是人生的最后阶段，从退休到离开这个世界，差不多还有 20 年到 30 年的人生路。如何度过这一漫长而重要的美好时光，活出自己精彩的第二人生，是每个老人面临的重要人生课题。日本作家渡边淳一说得好："人生最后 10 年、20 年的活法，是决定一个人这辈子是否活得精彩的关键所在。"

2003 年，笔者亦进入了退休行列，后来更是有幸参与了衢州市老年协会的领导工作，有很多机会了解老年人生活，也对老年人的生活有了深刻体会，特别是对老年人的精神健康问题产生了极大关注，萌发了撰写本书的念头。撰写本书的目的，主要出于以下几个方面考虑：

一是出于对老年朋友的关爱同情宽慰之心

现如今，老年人退休后，大多数都有可观的退休金，有的还有儿女的补贴，生活条件越来越好，普遍衣食无忧，但为什么不少老人却总是愁眉不展，脸上很少有笑容，甚至整个晚年生活都过得很不顺畅、不称心呢？对这一普遍存在的现象，不是亲身经历过的人是很难理解的，正如俗话所说："老来方知老人心"。只有自己老了才逐渐懂得，老年人所需要的，不仅仅是物质生活的满足，更是精神生活的充实。而目前无论在社会上或是在家庭里，老年人诸多精神上的需求普遍得不到满足，尤其是对老年人的精神关爱、精神抚慰普遍严重缺失，不少老人情绪悲观，对生活失去希望，有的甚至患上抑郁症并导致自杀等更为严重的后果。这主要是因为随着时代的进步，物质富足已远远不能满足老年人对健康和幸福的全部追求，而老年人对健康的理解也不只是无病无灾那么简单。越来越多的老年人开始重视精神世界枯竭的严重性，越来越感到对精神满足的渴望。他们不仅渴望子女常回家看看，渴望与外界沟通交流，而且希望充分融入家庭与社会，还希望老有所为，进一步获得他人尊重和自我提升。现实是，老年人这些精神上的需求往往被家庭乃至社会所忽视。所以，笔者很想凭借此书带给老年人更多的精神关爱之情，以宽慰他们因年老而伤感之心；同时也很想凭借此书，唤起全社会对老年人的精神需求和精神健康问题的高度关注与重视。

二是出于满足老年人追求精神生活的强烈愿望

随着社会的发展，传统观念和生活方式发生极大变化。对于当今社会的许多新观念、新情况、新问题，很多老年人觉得不好理解、不好接受、不好处理，他们迫切期望在这些方面能够获得科学的回答和具体的指导，以使自己的思想、行为不断跟上时代前进的步伐，生活得更加健康快乐。实际情况是，专门为老年人写的书虽然不少，但大多是养生保健类，真正有关老年人精神需求的读物少之又少。正如有的老人反映说："人老了，空闲时间多了，很想多看点书，可就是很难买到自己喜欢的，尤其是精神生活所需要的书"。正是为满足广大老年朋友这一迫切需求，笔者积极克服各种困难，努力呈现出这部书稿。

三是为政府有关老年问题的决策提供一定的参考依据

现在的这代老人曾经是最为艰苦负重的一代贫困者和劳动者，也是一代最具忘我精神和奉献精神的创业者和成就者。这代老人为国家、为社会所作出的奉献、牺牲以及所经受的各种艰难困苦，是任何别的"代"根本无法相比的。他们理所应当受到全社会的敬重和关爱，理所应当有权分享社会经济发展带来的丰硕成果。为此，笔者做了广泛深入调查，在了解到老年人养老生活及精神赡养中普遍存在的问题的同时，对如何加强全社会尊老、敬老的舆论宣传，如何积极提供惠老政策，以及加快社会化养老服务体系建设等方面，提出了具有建设性的工作建议。相信本书对于政府在对老年问题，特别是对老年人社会化养老和精神健康问题制订政策时，具有一定的参考价值。

基于上述思考，笔者从2012年开始至今，前后断断续续历时10年，对身边各类不同老年人生活进行观察与思考、研究与探索，终于在临近八旬高龄之际，完成了这部书稿。本书宗旨：多视角、全方位探索老年人的精神世界，帮助老年人找到将晚年生活变得更美好的行动方向和路径。本书是一部以老年人怎样度过一个愉悦、健康而美好的晚年生活为主线而组织的新内容、新结构的老年精神生活用书。全书围绕人到老年普遍存在的日渐衰老带来的不便与烦恼、退休后的失落与空虚、儿女成年后的分离与孤寂、各类疾病缠身的痛苦与焦虑、年老丧偶的悲哀与凄凉，以及死亡临近的恐惧与不安等老年阶段所面临的种种精神困扰，深入浅出地剖析了老年人的种种不良心理，引导老年人如何面对人之已老的现实，如何适应变化急遽的社会，如何保持积极进取的生活态度和永不叹老、永不言老、永不畏老的年轻心态，如何设计并善待自己的暮年人生，如何活得有意义、活得快乐、活得精彩，如何坦然从容而有尊严地走向人生终点。老年人，不仅要懂得如何做一个永葆心理青春的健康长寿老人，更要懂得学会怎样做一个受人欢迎、被人尊敬的，有道德、有品位、有追求、有作为的"人见人爱"的快乐阳光老人。因为只有这样的老人才能真正拥有愉悦、健康而又绚丽多彩的幸福晚年。

  本书内容丰富，通俗易懂，贴近生活，贴近现实，具有激励性、可读性、哲理性，有较强的说服力和感染力，适合广大老年朋友阅读。本书同样适合年轻人阅读。很多年轻人吃的用的花的，甚至买车买房靠的都是他们的父母或祖父母，而他们却对老年人不知道尊重与珍惜。读过本书的有关内容，子女们能体会与理解家中长辈的各种艰辛与困苦，会懂得如何真正从内心给予他们更多、更及时的关爱。书中还提供了有关提高老年人自身思想修养及应对晚年生活中各种困难与挫折的做法和建议，无论是对于老年人，还是年轻人，都是很有益的，年轻人也不妨尝试一番。

  本书在编著过程中，参阅、借鉴、汲取了大量旁人的研究成果，因篇幅有限，无法一一注明，谨在此向原作者一并表示衷心感谢！同时非常感谢衢州市市直机关有关部门老领导、老同志对出版本书的帮助与支持。还要感谢清华大学出版社王如月编辑的精心编排。由于笔者水平有限，书中不足与错误之处在所难免，敬请读者，特别是老年同志给予批评指正。

  最后，愿《人到老年应当怎样度过》这本书，带给你的是精神面貌的改善，生存质量和生命价值的提升。

李富义
2023 年于浙江衢州九龙湖畔

目录

第一章
人生新阶段的开始
第一节　人生又一个黄金时期　3
第二节　人生第二个春天的开始　5
第三节　品味人生、感悟人生、享受人生的最美好时光　7

第二章
退休是人生一大转折
第一节　正确面对退休后的暮年人生　20
第二节　尽快适应退休后的生活变化　24
第三节　积极应对退休后的角色转换　33
第四节　怎样才能快乐健康地过好退休生活　38

第三章
更要保持积极人生态度
第一节　仍要有追求、有希望、有梦想　48
第二节　仍要有生活目标　58
第三节　仍要保持自信　63

第四节 保持对生活的激情 68
第五节 仍要有所为有所用 73

第四章
活得快乐，才是最大幸福
第一节 快乐比长寿更重要 82
第二节 只有自己才能决定自己的晚年是否快乐 85
第三节 真正持久的内心快乐来自老有所为的生活 89
第四节 主动去发现、寻找快乐 92
第五节 怎样做一个乐呵呵的快乐老人 95

第五章
健康长寿的重中之重
第一节 要特别重视心理健康 111
第二节 正确面对并积极调适不良心理 115
第三节 最好的养生之道是心理养生 131
第四节 怎样做一个心理健康的老人 146

第六章
只要心态不老，人就永远不老
第一节 要正确看待自身的衰老 156
第二节 不畏老是健康长寿的精神支柱 161

第三节　心理衰老比躯体衰老更应受到重视　　166
第四节　拥有年轻心态是青春不老的秘诀　　173

第七章
活出老年人的尊严和风采
第一节　老而有德最可敬　　182
第二节　心慈面善最可亲　　188
第三节　豁达开明最可爱　　191
第四节　自立自强最可赞　　194
第五节　要学会做老人　　201

第八章
善待晚年的自己
第一节　要善待自己的身体　　213
第二节　要善待自己的晚年生活　　223
第三节　要善待自己的情感　　239

第九章

儿女孝敬和社会关爱

第一节	理应得到儿女亲人的孝敬和关爱	258
第二节	更需要精神赡养	278
第三节	理应享受社会"尊老、爱老、养老、助老"的回报	298

第十章

坦然面对死亡

第一节	如何看待生与死	314
第二节	对死亡的恐惧是晚年一大心理难关	323
第三节	怎样度过生命之旅的最后一程——临终死亡期	332

第一章

人生新阶段的开始

人到老年

人到老年
应当怎样度过

　　进入老年，这是不以人的意志为转移的生命定律。但是，人生一旦进入老年行列，许多遗憾和不快随之而来：或感慨人生之短暂，或叹惜事业之未成，或有人走茶凉、世态炎凉之悲，或有疾病缠身、孤独寂寞之苦……总之，人进入老年期后，不少人的思想是沉重的，甚至是痛苦的。因为青春不再，容颜不再，曾经骄傲的一切随着岁月渐行渐远。许多人面对逐渐老去的事实，内心无法接受，失落、痛苦、忧伤，甚至走进忧郁深处，难以自拔。

　　一个人到了老年，如果总是感叹岁月的无情和生命的短暂，他就会把变老看成是个"可悲"的结局，自然就不会有快乐晚年；如果他能换一颗不老的心去看待暮年，就会老来更觉夕阳美，生活就会变得有滋有味，人生的晚霞也自然会分外亮丽。

　　面对老年的来临，我们究竟应如何对待？其实，人生最宝贵的时光是老年，因为真正的人生佳境在老年，而且人的一生只有老年时光才真正属于自己。正如梁实秋先生所说："人的一生，最值得赞美的时代，是老年时代。"

第一节　人生又一个黄金时期

什么是人生的黄金时期？有人说黄金时代是20岁，你想，20岁时我们懂什么？懂得什么是人生吗？懂得什么是人生的意义和价值吗？还有一种流行的说法：40岁是人生黄金期的开始，46岁达到人生的巅峰时候，然后慢慢走向低谷。这个说法有一定道理。但是，人进入六七十岁时，虽然身体不如年轻人有活力，事业上也不像中年人那样具有爆发力，但是经过数十年的人生历练，他们已经摆脱了生活和事业上的羁绊，积累了丰富的人生经验和智慧，对待生命的态度更真实，精神上也更坚强。而且这个年龄段的老人，许多人没有事业和经济上的压力，赢得了几十年都难得有的闲暇时间，完全可以轻松自由地选择自己喜欢的生活。这些都是青年和中年阶段的人所不具备的优势。如果说青年是生命的活力期，中年是生命的爆发期，那么，老年可称为生命的智慧期。从这个意义上说，人到老年是人生又一个黄金时期，至少从60岁到80岁的20年，是人生又一个灿烂辉煌的黄金时代。如果注意保养，适度锻炼，好好把握，完全可以把这段黄金岁月再往后延长十数年。

说60岁至80岁是人生的又一段黄金时光，是因为这个年龄段有几个鲜明特点：

第一，已过了人生最辛劳的阶段。人刚离开懵懂的年龄，还没有做好准备，便被卷进结婚生子、成家立业的人生轨道中。努力工作、挣钱，全都是为了家庭。但是，当他们进入五六十岁时，孩子已经成人了，至少过了需要照顾的年龄。在工作事业上，他们已经达到了那个层次的高峰，不必再为晋升或涨工资而努力拼搏，也无须对上司唯唯诺诺，怕丢了饭碗。

所以，这个年龄段，人的心境相对年轻时更加沉稳淡定，且对生活满意度高。

第二，智力达到人生的最高点。人的体质到30岁后会慢慢下降，但人的智力却仍在发展，至少到70岁以上。美国一些神经科学家认为，一个人75岁以后才是真正的智慧成长期。高龄长者在心智上有着年轻人无法比拟的优势，比如控制冲动、与他人融洽相处、善于做决定等，尤其是60岁后决策能力比二三十岁时更强。很多时候，生活中做决策更需要依靠知识、经验，而不是创新性思维。老年人在知识积累、经验积淀方面有明显优势，因此在处理问题时，通常会比年轻人更稳定，尤其是面对突发性事件，或在处理生活难题方面，他们会比年轻人更显得从容不迫，经验丰富，游刃有余。

第三，经济收入大多比较稳定。人到60岁以后，一般都拥有了一定的经济基础，消费水平也降低了很多，不再需要为了生计而挖空心思去赚钱，更不会急功近利，为了眼前利益铤而走险。经济方面相对宽松，给他们提供了一定的物质条件，去享受他们钟爱的事情，比如去追寻童年的梦想，或是弥补青春的遗憾等，这些都是老人们觉得很有意义的事情。这个年龄段的人，没有太大生活压力，只要让自己过得开心就可以。

第四，身有小恙但机能基本正常。这个年龄段的人，走路虽未必健步如飞，但也没有到走不动的地步。他们有的是精力去玩乐，比如艺海拾贝、史林觅胜、旅游、钓鱼、读书、听音乐、淘古玩，等等，可谓是徜徉于山水之间，猎奇在市坊之中。

这个年龄段的人，既有时间，又有金钱，还有体力，这难道不是人生的黄金时段吗？老年朋友，如果你刚好正处于60岁到80岁，那就好好珍惜，并把握好这段人生最珍贵的时光吧。

第二节　人生第二个春天的开始

人退休后，便进入人们常说的"老年期"。按照老年学的理论，这是人生的最后阶段，但又是"第二人生"的开始。由于人生中的青年和中年阶段相互衔接，生活环境、社会条件、事业上的延续都是互相联系的，因此这两个阶段被看作"第一人生"。而进入老年期后，这一切都有较大的改变，都要从零开始，重新谱写人生旅程中的新篇章。从这个意义上讲，进入了老年阶段，就不是步入"晚年"，而应称之为进入了"第二人生"，也就是说进入了人生的第二个春天。这远比"欢度晚年"的说法，意义更加积极，意境也更为深远。

一、老年期是人生知识、经验最丰富的成熟期

一个人的老年时代是思想最成熟的阶段。由于知识和经验的长期积累，许多老年人的理解能力、分析和判断能力，以及解决问题的能力，都不亚于甚至比中青年人强。他们能够更成熟有效地驾驭生活、驾驭自我。大量生活实践也充分证明，人过"知天命"之年，正是人的智能爆发时期，知识的丰富、经验的积累，以及长期锻造的优良素质及多项交叉，往往产生意想不到的、非凡的创造力。所以，这个时期的老年人如果选准了适合自身条件的方向，加上正确的方法，更容易厚积薄发，大器晚成，或再创辉煌。

纵观古今中外许多文学艺术家、科学家，不乏在晚年才达到事业的顶峰，比如中国宋代诗人陆游，84岁时写下著名诗篇《示儿》，为世世代代所传颂；西班牙画家毕加索85岁时候，居然在一年内画了165张画，令人钦佩不已；中国著名科学家竺可桢83岁时完成了《五千年来气候变迁》巨著，受到中外学术界的高度赞誉；苏联科学家巴甫洛夫80多岁时，提出大

脑皮质反射学说，博得人们的惊羡，如此等等，举不胜举。还有许多老人，犹如老树发新枝，有着矢志不渝的追求，更显才华，使余热生辉。世界著名作家萧伯纳一生勤奋写作了52部剧本，有40部是50岁以后写成的。我国著名国学大师季羡林也曾说过，他三分之二的著作是60岁以后写成的。我国著名经济学家于光远，有上千万字的著作，都是他退休以后写成的。大书法家、著名学者启功不少有分量的学术著作也都是70岁以后写出来的。可见老年期是人生最成熟的阶段，积一生之经验，攒一生之技能，储一生之才华，是一朵盛开的花，是一段未了的情。总之，人到老年，虽然失去了春天的鲜艳，但仍拥有余秋的丰盈。只要人老心不老，同样可以为自己描绘出更丰富更灿烂的人生晚景。

二、老年期是人生最少牵挂的超脱期

中青年是人生最忙碌的时期，既要完成繁重的学习与工作任务，履行社会角色的义务；同时要承受家庭的负担，抚育老小，为子女操劳奔波，呕心沥血。进入老年期后，没有了少年成长的烦恼，没有了青年求学的艰辛，没有了壮年工作的压力，没有了繁杂人际关系的纷扰。人到这个时期，才真正获得身心自由，做了自己的主人。最突出的感觉是心理上无拘无束，悠然自得。心理空间大了，精神就舒展、强健，不仅可以享受天伦之乐，也可以静享清闲颐养天年。这种乐趣和心理上的满足感与充实感，是中青年时期想象不到的，也是不可能实现的。

三、老年期可以是"更加充实的生活确立期"

每人的前半生，一般都是活得够累的。不管你处于顺境或逆境，也无论你一贫如洗或家财万贯，都在奋力拼搏，往上走，往前冲。西方有句谚语：

"人在 60 岁以前是用生命换一切，60 岁以后是用一切换生命。"如果说人的前半生是以为国家的繁荣昌盛、家庭的繁衍接续而奉献人生为主旋律的话，那么后半生就应该逐步地淡化"用生命换一切"的意识。这种转变意味着，人的第二人生是以享受人生的自在、自得、自乐为主题歌的。这就是根据自己的兴趣、爱好、专长，来发展自己、充实自己，使自己在自得其乐中充分地享受着第二春的人生乐趣。

总之，人到老年，特别是 60 岁至 80 岁的年龄段，正是阅历、经验最成熟、最没有家庭拖累的时候，也是最能发挥个人爱好和专长时候。这个阶段的老年人不仅可以活得更悠然自得，还可以继续大有作为，所以说，老年期不是人生的"衰老期""停步期"，而是生命旅途中继续前进的新阶段，是人生又一个美好春天的来临。这是人生收获的春天，是温馨幸福的春天，是悠然舒适、享受生活的春天。

第三节　品味人生、感悟人生、享受人生的最美好时光

一、年老不只是丧失，也会有更多获益

人到老年，的确会失去生命中许多宝贵的东西，比如失去工作、失去地位、失去优势、失去人际关系等。但是"老化悖论"启示我们，年老不意味着无止境的衰退和下降，事实上，在很多方面，只要我们仔细观察和精心体验，就会发现年老会有年老的好处，年老也有更多的愉悦和快乐，甚至会使我们更喜欢现在的自己。

（一）年老会更明智

人们常有一种观念：人一老，必定迟钝。其实不然，人老头发灰白，

并不等于糊涂。有研究表明，随着年龄的增长，虽然有些脑细胞退化了，但是如果能够继续保持积极活跃的生活状态，即使到了七八十岁，仍能有效地增加接受知识的能力，从而变得更智慧。许多中外名人到了老年，仍孜孜以求，成就卓著，就是有力的证据。

（二）年老会更坚强

年老的人承受生活挫折的能力比年轻人强得多，这是由于老年人走过的路较长，接触过许许多多正反两方面的经验教训。特别是随着年龄的增长，许多老年人的心理防卫机制会神奇地变得更为坚强，更容易适应复杂多变的社会环境，懂得如何应对生活中的困境和烦恼。老年人经历的苦难越多，越过的激流险滩越多，性格越被锤炼得坚强，不仅对外来的打击更具承受力，而且遇到难解之事时，更善于解决矛盾冲突。正如心理学家杰纳特·巴尔斯基所说："年纪大了，应付生活中出现的种种难题也往往更有办法了。"

（三）年老更深知自我

心理学家认为，年龄越大，个性会愈鲜明，就会越来越成为独一无二的自己。因为你脱离了以往工作和生活的束缚，更清楚自己想要什么，喜欢什么或不喜欢什么，更懂得生活中最美好的是什么，最想拥有什么样的生活方式。

人到老年，由于不再受各种利益的纠缠，不需看别人脸色行事，因而遇事敢讲真话，不讲违心的话，敢讲富有个性的话，不讲套话。正如哲学家弗洛姆所说的"人们在晚年表现的实际品格，要比他在受雇用时不得不强颜欢笑、不得不谋求工作、不得不保住饭碗时，所表现出的品质要真实得多。"他们明白，有生之年可供支配的时间不多了，这种心理使他们更清楚地认识到时间的宝贵，加倍珍惜这每一寸光阴，从而做事更有紧迫感，也更有动力。

（四）年老会更宽容

人到老年，阅历深了，见识广了，知道天外有天，人外有人，不会再轻狂傲慢，目中无人，说话办事都会留有分寸。人到老年，曾被人伤害过，也伤害过人，知道"和为贵"的道理，信奉"得让人处且让人"的哲理，就像夕阳西下，没有了刺眼的光芒，不再咄咄逼人，余晖柔和，慈眉善目。特别是成为爷爷奶奶之后，会心生一种与新一代同享天伦之乐的热望，对年轻人也会变得更为宽容。

（五）年老更潇洒

老年期是人生中难得的闲暇时期。在人的一生中，前半生为生计、为温饱、为子女、为社会，忙忙碌碌，食不甘味，寝不安席。只有到了老年，才真正有了属于自己的闲暇时光。因而如今越来越多的老年人晚年生活过得时尚而潇洒。比如，我们会经常看到一些老年人为庆金婚、银婚而拍新婚纱照；一些老年夫妇结伴旅游；更有一些老年人身着丽服、手持道具、腰系彩带、胸戴鲜花，在大庭广众面前翩翩起舞、放声高歌，显得白发与黑发同样绚丽、朝辉与晚霞同样鲜艳，铸成了一道受人尊敬和效仿的美丽风景。

其实，潇洒更是指人的一种心境、一种胸怀、一种内在的气质。许多老年人经过了几十年的生活磨炼，对社会和人生有着深刻的认识和体验，更有可能做到淡泊明志，视名利为身外之物。一个人若能不为追求名利所累，不正是一种潇洒的精神境界吗？所以，潇洒不仅仅属于年轻人，老年人同样可以很潇洒。而且老年人更有资格追求潇洒，也更应潇洒。

（六）年老更具幸福感

大多数人可能想不到，老年期是一个人幸福感最强的时期之一。英国心理学家调查了80多个国家200多万人，结果发现，青少年时幸福感良好，然后随着年龄增长幸福感逐渐下降，44岁左右达到最低点，进入50岁后，大多数人会慢慢走出人生低谷。当你70岁时，假如身体没有出大问题，你的心境会恢复至20岁时那么快乐。根据这项调查，科学家认为，六七十岁的老人对待生活的态度更现实，他们能更好地应对生活中的各种问题，心理上更成熟。随着年龄的增长，心中的各种渴望，尤其是对地位、成功和财富的渴望不再那么强烈了，而且随着人生经验的积累，老人更容易做到不被思维束缚，并以更开阔的视角、更包容的心态理解当下。所以年龄越大，越容易满足，更懂得体验生活的乐趣。

（七）年老精神世界更丰富

人到老年，由于年纪大了，身体各个器官功能衰退了，也许再也跳不到以前那么高了，再也跑不到以前那么远了，总之，由于年老，已不再像年轻时那么有活力了，但是心灵的触角可能攀得更高，思维的探究可能放飞得更远；同样可以因为爱情而辗转难眠，依然有自己想要实现的梦想，依然有让自己热血沸腾的激情，依然有对未来的渴望和期盼。总之，因为人到老年，会有更多的时间回顾和总结自己过去的生活经历，这样做的结果会使老年人内在的精神世界变得更丰富多彩。

（八）年老更是圆梦好时节

每个人年少时都曾会有自己的梦想。但是，往往由于社会或家庭等种种原因，大多数人都从事着与自己儿时梦想相去甚远的工作，过着与自己梦想格格不入的生活，有的甚至一辈子都在做着自己并不喜欢又不得不做的事情。以致自己诸多爱好和追求，年轻时都没有可能去做，或没有条件去做。现在退休了，相比于年轻时要忙工作、要照顾老人、要抚育孩子，老年人不仅多了许多空闲时间，而且还有尚称足够的精力，还有可以保障生活的养老金。所以，这正是老年人真正实现自己梦想的大好时机，年少时所向往的、年轻时所放弃的,现在正好是重拾的时候,弥补曾经的遗憾、实现曾经的梦想,这时要想去圆曾经的读书梦、画家梦、书法家梦、旅游梦等,则是最好的时节。

总之,世间万事万物,均有利有弊,人老也是如此。在人生这个特殊阶段中,人将不断有所失去,也将获得新的拥有:老年虽失去了青春年华,却拥有了并非人人都能得到的金秋时节。老年虽失去了健壮体魄和旺盛精力,却拥有了丰富的知识、经验及厚实的文化积累。总之,人老虽然丧失了生命中一些宝贵的东西,然而也获得了同样璀璨的生活馈赠。正如一位诗人所言:"青春的年华逝去了,换得了暮年的成熟;春天的花朵凋谢了,换来了秋天的果实;旭日的辉煌不见了,换得了夕阳的瑰丽。"老年人只要能以积极的心态看老年,就一定会创造出生命的金色秋天。

二、年老才能更深刻地感悟人生

人到老年,不再有年轻的狂妄,青春的浪漫,更多的则是对人生、对社会、对生活的体会和感悟。这是因为,老年就像一坛陈年佳酿,越陈越醇厚,到了这个份儿上,人才有了超脱、稳健、成熟的悟性,可以更加客观地审视一切;可以有资格在更为深邃和广阔的时空里谈论人生,谈论青年、中年和老年;而且可以拥有对人生、对社会、对生活更多更深刻的感悟和体会。

人到老年才明白:任何生命都是有尽头的。健康是特定时间的生命状态,把握住生命就把握住世间的一切,失去生命一切都等于零。这种感悟会使人行动起来,去做一些以前很想做但总也没有做成的事。无论成功与失败,欢乐与痛苦,盛衰与荣辱,都如自然流水,从哪里来还将回到哪里去。这就叫百川归海、万物归一。

人到老年
应当怎样度过

　　人到老年才明白：世事并非黑白分明，黑白之间往往有着很多的中间色。所以，孤独、失意、烦恼、痛苦，都是人生不可缺少的调味品。善待它们，就是善待人生、善待生命。要坦然面对自己的平凡，因为在人生的奋斗历程中，并非人人都能成功，也不是人人都能大有作为。只要奋斗过、追求过，得失成败又算得了什么？

　　人到老年才明白：成熟自有成熟的风景。很多人都以为我们老了，其实是我们成熟了。人走到这个年纪，智慧、体力、财富等都达到了顶峰。我们的胸怀变得越来越宽阔，装得下四海风云，容得下千古恩怨。我们更能一笑泯恩仇，快意过人生。

　　人到老年才明白：人的一生，总是在得失之间。年轻的时候，总是想拥有更多，想得到的就拼命地去抓住不放，得不到的也不会轻易放下。随着年龄的增长，越来越懂得放手。因为一生奋斗，或求钱财，或谋事业，或追荣誉，到头来才真正体会到金钱买不来健康，地位换不来快乐。健康是快乐的源泉，快乐是健康的保障。唯有保持快乐的心态和健康的身体，才是人生中一道永恒的生命线。

　　人到老年才明白：人的一生真正最值得珍惜的是自己身边的人。许多人年轻时总觉得金钱、权力、名声比什么都重要，上了年纪之后才明白，人生最重要的不是那些东西，而是自己身边的人。因为，虚妄的一切都可能会离你远去，只有真正爱你的人会厮守着你，成为最后的依靠。所以，我们应该懂得珍惜身边的人，有相爱的人趁早去爱，有孝敬的人及早去尽孝心，有想做的事抓紧去做，千万不要忽略了身边爱你的人。

　　人到老年才明白：人生要有感恩的情怀。年轻时容易只记得索取，把一切所得都当成理所当然。老了方知生命的宝贵、亲情的淳朴，才知道去感恩生命、感恩父母、感恩亲情、感恩爱情、感恩友情。只有懂得感恩的人，才是真正快乐幸福的人。

人到老年才明白：半辈子时光换来的心境是坦然、宁静。60岁之前，走过多少风风雨雨，幻想过多少轰轰烈烈，到如今一切回归平静，这才是生活的本真。走过一片泥泞的路，更懂真情可贵。见识了生活的苦，更明白平淡是真。善待自己，在平静中过着属于自己的清淡生活最享受。心安理得，心无挂碍，这种人生最自在难得。

人到老年才明白：什么是"少年夫妻老来伴"。回想过去，常因家务琐事斗气；展望眼前，两鬓已染，眼渐花，手渐慢，深切体会到相互关爱，难舍难离的可贵。这时的爱，是通过心来传递，且越发闪亮，这时的夫妻情感，比爱情更纯真，比亲情更温暖，比友情更执着。

人到老年才明白：最好的养心方法是"放下"，放下恩怨，放下名利，放下焦虑，放下忧愁。何时放下，何时就会一身轻松。年轻时，追求一个"进"字，思想要"进"，学习要"进"，工作要"进"，工资要"进"，职称要"进"，职务要"进"；人老了就该识得一个"退"字，岗位要"退"，负担要"退"，欲望要"退"，家事也要"退"。因为人生只进不退未必是好事，退，使自己重新回到一个低起点，从而产生"知足感"，获得好心情。

人到老年才明白：人这一辈子，无论采取哪种活法，都不能违背三个原则，即尊重自己、尊重别人、尊重自然规律。不尊重自己的活法没有价值，不尊重别人的活法没有道德，不尊重自然规律的活法没有发展。人生来去都是两手空空，何必多吃、多占、多求，还是把美丽的花朵和丰收的果实揉进生命的脉络，滋养人生，丰富人生，实现人生吧。

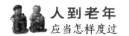

三、年老才是人生真正惬意时

人到老年，是人生中最多姿多彩、最惬意的美好时光。这是因为，老年人比之年轻人，年轻人有许多路要走，而且那路并不平坦明朗；比之中年人，中年人有许多负担要扛，生活充满了沉重与艰辛。而老年人呢？有奉献过的充实，有已成年的儿女，有退休后的保障，该在生命无憾中欣赏自己的晚年，享受自己的晚年。所以，一个人只有活到老，才是真正最能体验人生乐趣的惬意时期。

（一）人老了，才能真正成为一个自由的人

人老后感受最深的，恐怕要算精神上从未有过的轻松和自由。过去年轻时，终日忙忙碌碌，匆忙地上班、下班、开会、学习，而且只有一个周末的休息时间，有时还经常加班加点。现在好了，卸下了工作担子，免去了工作的劳累；儿女成家立业，没有了家事的牵累；少了迎来送往的应酬。人到这时候才可以真正进入自由自在、无拘无束、悠然自得、随心所欲的人生境界。也只有到了这个时候才可以完全放松，可以只做自己喜欢的事了。比如你可以在大排档端起一碗小吃，悠闲地边吃边看街头小景；可以在菜场与小贩高一声低一声讨价还价；可以在芳草地上一躺，看蓝天白云，听树丛里鸟声啾啾；也可以独守一隅读书、作画，挥毫泼墨；也可以清茶一杯，看看电视，听听新闻，五洲风云尽收眼底；还可以与老友说古论今，海阔天空……让生活如此这般地适应自己，这是年轻人无法拥有的享受，唯有人够老、够超脱、够自由，才能真正享受到这人生晚年的惬意和快乐。总之，人到老年，才是真正进入了人生的一个自由自在的快乐人生境界，不仅可以有充分享受生活的自由，也可以有继续奉献的自由；不仅有追求自己爱好的自由，也可以有学习所愿的自由；更有支配时间的自由，有拒绝应酬的自由，有独处孤寂的自由……一切都可以心向往之、身而行之。

（二）人老了，才可真正感受到"恬淡宁静"的境界

人到老年，离开工作岗位，可以不再请示汇报，不再观人脸色行事，也可以不再违心地赔笑、陪饭和陪衬了，往日的争强好胜、恩恩怨怨、磕磕碰碰，俱已烟消云散。于是用过来人的眼光辨清人间是非，能够心静如水，找回了自我。这时许多不切实际的渴望没有了，一切世事纷争、功名利禄都远离自己，再也不会被荣辱所扰，再也不会被名利所累。一切如同返璞归真一般，只求在平凡的人世中，找回属于自己的那一份顺其自然的生活。正所谓"宠辱不惊，闲看庭前花开花落；去留无意，漫随天外云卷云舒"。

（三）人老了，才可真正好好为自己活一把

仔细想一想，人的一生完全属于为自己而活的时间真的不是很多。小时候父母的严厉管教，上学后严格的学习制度和纪律，还有没完没了的考试，一次次升学的压力，师长和家长的殷殷希望等，都在使自己像一列火车，只能沿着轨道行进。成家立业后，更有一份重任在肩：参加了工作，为了谋生，不得不严格按照工作岗位所限定的社会角色的规范行事，个人的一切行为，必须服从太多的社会意志、集体意志和领导意志。比如，有些事明明心里不喜欢、不情愿，可仍然都得日复一日地去做。因为人在社会中，不是"单个的人"，而是整个社会中的一员，完成、做好所需要做的事，是一种责任，也是一种义务。这其中虽有无奈，却也是无法回避的事实。只有到了年老离岗后，不在其位，不谋其事，真正意义的自己才归属自己。可以说退休前的岁月，基本上是"身不由己"地为工作活着、为责任活着、为尊严活着。只有进入老年，才有了真正属于为自己而活的自主权，干啥事的决断权也才真正属于自己，这时候才真正可以按照自己的意愿，来选择自己愿意从事的事情。比如，你完全可以读自己喜欢读的书，可以学习

琴棋诗画，可以观光旅游，也可以什么都不干，在阳台上打打拳晒晒太阳。这才是真正为自己而活的生活。正如有的老年朋友所说：从小父母管，上学老师管，工作了领导管，人只有到了老年才能真正地自己管自己，也只有到了老年才能真正地为自己好好活一把。所以，有位老人有一句这样的感悟："前半生为单位、为家族、为生存；后半生为自己、为梦想、为灵魂。"

（四）人老了，才可真正地做回自己

我们这代老人，曾生活在一个物资匮乏的年代，在情感上、思想上受到过太多的禁锢。年轻时，或为工作废寝忘食；或为生计忙碌奔波；或为父母竭尽孝心；或为子女呕心沥血。忙忙碌碌多半生，无暇顾及自己所悦。步入老年，才可真正取悦自己，做回自己。就大多数老年人来说，最好的取悦自己，就是不想求人赞美，只望有人理解；不想再被折腾，只望得到关爱；不想拖累别人，只想平静度日；不想光图享受，只想厚待余生……所以，更多的老年人不求活得精彩，只求活得自在，他们想怎么吃就怎么吃，想怎么穿就怎么穿，想怎么玩就怎么玩。想旅游，就邀上三五好友，来一个"自由行"，走哪儿算哪儿。没有人生的得意与失意，做一个性情中人，年轻时不敢说的话，不敢做的事，这个时候都可说说做做。这才叫真正地做回自己。

（五）人老了，才能真正充分享受惬意人生

在人生的前行中，总有许许多多的人到不了老，或夭于襁褓，或殇于青少，或毁于英年，或倒在老年门槛上没有活到退休。可见，"老"实在是一种人生福分。这是因为只有活到"老"，才能真正完整地走完人生路和享受上苍赐予的天寿，所以"老"不仅是一种幸运，更是一种享受。

年老可安享健康长寿之乐。老了才会有充足的时间慢慢散步，欣赏自己的暮年晚景。清晨到村头听百鸟鸣唱，到田野呼吸新鲜空气。过去工作时，要为生活奔波、为事业拼搏，哪有这样轻松愉悦的闲情逸致？哪有如此优雅的养生意识？

年老可安享天伦之乐。人到老年，最需要感情慰藉。感情万种，莫过于天伦亲情。我们这一代老人作为最后一代大家庭的长者，儿女孙辈常不在身边，但得悉他们的成长发展，也备感欣慰。只要老人健在，总能有机会全家团聚，儿孙绕膝，其乐融融。

年老可安享社交之乐。过去忙于工作，老朋友难得见面晤谈。现在可随时到茶楼或公园和朋友谈天说地，无论是老同学、老街坊，还是老同事、老同行，都有聊不完的话。因为阅历已久，积储已丰，天南地北，古往今来，经验教训，感悟所至，都可交流。偶有牢骚，也不怕有棍子帽子，相互之间或有恩怨，都一风吹。至于逢年过节以及金婚寿辰，老友欢叙，不亦乐乎！

年老可安享游历天下之乐。过去一直渴望旅游，因为在岗时要忙工作、生活，总也拿不出大块的时间去到喜欢的地方游历，现在可以选最好的时间，想去哪里就去哪里，想何时走就何时走。可以去高山看日出，可以去海岸观波涛，也可以去名山访大川。近至本城郊区，远至山中海边，空间广阔无垠，选择余地极大。真是"古有徐霞客，今属老年人"。特别是旅行社专门组织的老人游，更是投其之好，得其所哉。

年老可安享现代物质文明生活。过去生活艰苦，物资极度匮乏，人们以填饱肚子为第一要务，所有食品无不是定量供应，别说没有钱，就是有钱也买不到。如今赶上了好时代，退休费连年上调，日子不愁吃穿，几乎天天像过年。如今我们不仅想吃什么就能吃什么，想穿什么就能穿什么，想去哪儿玩拎个包抬起腿就可以走。要出门乘公交，坐在家里，便知道公交车几时到达公交站；乘车有老年卡，购物用手机支付；出国旅游就像到

人到老年
应当怎样度过

亲戚朋友家串个门儿，坐上飞机几小时就能到，还可以选择乘高铁轻轨出行，乘豪华邮轮出海转转。无论离家多远，都可以随时随地和家人微视频，报平安。其实，许多事仔细琢磨起来都挺有意思，这不正所谓"今人不见古时月，今月曾经照古人"。总之，人到老年，既没有学业的压力，也没有事业的烦恼，更没有功名利禄的诱惑和角逐，每一天都是节假日，每一天都是旅游日，人生的晚年，就是如此从容、真实、美好、惬意。人的一生中，还有比这更幸福、更美好、更惬意的年龄段吗？

所以，人到老年不仅是生命中的黄金岁月，是人生中第二个春天的开始，也是品味人生、感悟人生、享受人生的最美好时光。我们没有理由因为年老而悲观或叹息。应该说，一个人能健健康康地活到老，真是一种福气，有年老可过，实在是人生中一个弥足珍贵的美好时段。如果把人生作为一本书，那么老年则是书的结尾，而结尾的部分往往是最具厚重感和历史感的。如果把人生比作一台戏，那么老年则是戏的最后一幕，而这最后一幕往往是最精彩动人、令人难以忘怀的。

第二章 退休是人生一大转折

　　退休，是不可逾越的人生阶段。一旦离岗退休，会对退休者的工作习惯、生活规律、周围环境、人际关系、社会交往等带来一系列重大变化，而且由于生理上的逐渐衰老，机体开始进入由"强"变"弱"的转折时期。同时老年期又是人生第二春的降临，人们可以继续追求年轻时未实现的理想，书写壮丽辉煌的夕阳篇章。所以，从身心两方面看，退休都是人生的重大转折时期。

第一节　正确面对退休后的暮年人生

　　从工作岗位上退下来，对一个人意味着什么？是"痛苦生活的开始"，还是"失望孤寂的序幕从此打开"？的确，退休，意味着社会角色的转换、社会地位的下降、经济收入的减少，似乎一切都朝着不利的方向转变。因此，对于不少人来说，退休是一个负性生活事件，甚至会造成一些人的心理失衡。据一项调查显示：只有三分之一左右的人盼望退休并能适时调整自己的心态，而16%的被访者把退休看得一无是处。人们之所以视退休为畏途，是因为他们总在盘算退休后将失去什么，却没有想过将得到什么。

其实，就退休本身而言，无所谓利还是弊，它是社会规律、是人生之必然。虽然退休会给某些人的身心造成不良影响，但这不是必然的，关键是如何正确地理解退休，如何以科学的态度对待退休。如果你能真正把退休生活视为一段快乐、充满情趣、倍感兴奋和满足的岁月，那么，你的退休生活一定会比工作时更轻松、更快乐。尤其是只要你能主动越过退休前准备和退休后适应这道坎，退休的美好生活将更是一片海阔天空。

一、退休是社会对老年人辛苦一生的回报

退休老人，无论是领导干部还是普通职工，在职期间都为社会贡献了自己的智慧和劳动，甚至付出了很多艰辛的代价。随着年龄的日益增长，人的生理功能开始衰退，许多疾病已经或正在产生。因此，到了一定年龄段，社会就认为你已经完成了为社会做贡献的使命，应该进入社会对你回报的阶段，享受社会给退休者无限的爱和真诚的关怀。国家规定了干部职工的退休制度，这是国家赋予老年人安度晚年的一项社会保障制度，是社会赋予老年人调养生息、颐养天年的法定权益。可见，退休不仅仅是新老人员的替换，也充分体现了政府和社会对老年人几十年辛勤劳动所给予的尊重和回报。尽管我国目前还不够富裕，退休职工的待遇也不高，但它毕竟反映了政府和社会对退休职工贡献的充分肯定。退休者应从中体味到社会关怀的温暖、看到社会的文明进步，同时，还必须清醒地认识到，既然自己已完成在岗拼搏的奉献使命，就应该愉快地接受社会的呵护，享受社会回报，不该再有什么遗憾，也不必再有什么担心，相信一切政府都会有很好安排。

二、退休是完善自我、发展自我和实现自我的开始

一个人退休后,从工作角色转为休闲角色,只是职业生涯的结束,实际是换一种方式、换一种角色参与社会,继续为社会作贡献,是完善自我、发展自我和实现自我的新角色的开始,还有更多的角色变换在期待着老年人。所以,老年人退休后应该尽快从工作角色的群体人格到社会人的独立人格过渡,不用再为别人而活,或活在别人的眼光里,而应该随心所欲地为自己而活,这就需要重新定位自己、重新塑造人格。并需要充电掌握新知识、新观念,保持身心活跃,调整到自己希望的生活方式、价值标准和人生信念上来。建立自己的知识体系,形成自己的思维方式,完善自己的行为方式,去做自己想做的事,活出自我,活出个性来。既然退休了,就不要怕别人说你"俏""怪""狂""傻""疯",多体验与退休前截然不同的活法,才有"与众不同"的新生活,生命才有乐趣。

总之,当一个人因年龄到限而离开工作岗位,并不意味着生活的枯竭和生命的衰落,恰恰相反,退休是一个人新的自我完善、自我发展的开始。阅历丰富的老年人有理由成为更为出色的、有关人的自由发展的探索者,成为更为自觉的有关精神追求的思考者。也是在这个意义上,老年生活完全有可能在更高层次上,追求人生的自我实现。

三、退休是丰富下半辈子生活的新机遇

(一)退休是下半辈子的幸福

在欧美一些国家,人们普遍把退休看作是一件可喜可贺的大事,将退休称为"幸福的退休"。美国人甚至把退休看作像"天堂"一样美好,从此可以悠然自在地生活。发达国家的退休老人有一个好传统,就是有儿女不依靠。老夫妻甚至孤老都独自生活。他们思想轻松,没有包袱,经常外出

参加社交活动和旅游，广交朋友，与知己会面或在家举办舞会、聚餐会。这些活动事先电话联系好，来几位客人，主人心中有数，并做好准备。有时客人分别带上酒和自己的"拿手菜"，席间大家品尝并打分，当亮出高分时，宾主起立向他鼓掌致谢，使聚会高潮迭起，欢乐情绪一直持续到聚会结束。每次活动后决定下一次聚会的主题与日期。这样轮流走访，不失为一种充实丰富精神生活的好方法，它能激发老年人积极向上的乐观情绪，是消除寂寞与孤独的好形式。

（二）退休后可以重新开始新的追求

人生不可以没有追求。人退休了，并不意味着该停止追求了，相反，退休后有更多的时间可以去支配，去干自己想干的事，去追求自己喜欢的生活。特别是随着现代生活的繁荣发展，人们生活多姿多彩，退休生活也五彩缤纷，舞台很大，节目很多，你完全可以根据个人的实际条件和爱好、兴趣，开始新的追求。如求职应聘、上老年大学……各种各样的追求，都能寄托退休者新的愿望，都能树起新的精神支柱。人有了追求，也就有了动力、激情，生活才会变得充实而富有乐趣。

（三）人生最美的年华是在退休以后

由于退休后没有了工作的压力和孩子的拖累，加上身体健康，自己就可以有更多的闲暇时间安排好自己的退休生活，不必再为工作的事烦心，不再因为肩上的重任而压抑，因而可以利用这段时间好好地去享受我们人生最美好的时光。正如一位老人这样形容自己退休后的惬意——"静时捧一本喜爱的书读上半天，心随文动；品着香茗，窗外青山绿水尽收眼底，心旷神怡。动时和着优美的旋律翩翩起舞，神采飞扬，快活似神仙。闲时打开电脑，敲敲键盘，打出心中的话儿，重拾舞文弄墨的爱好。在属于自己的自由天地里，我能轻松自在，爱邋遢就邋遢；我能过一把老来俏的瘾，

爱招展就招展；我想跟着自己喜爱的电视剧的感觉走，就尽情笑，尽情哭，不用担心会影响第二天的工作；我想在春光明媚或秋高气爽的季节去旅游，还要掐着指头眼巴巴地等待黄金周吗？对我来说，天天都是黄金周，天天都可以潇洒过。"

退休后的这种状态与生活，才是人生真正最美好的年华。每一个退休老人都应该开开心心地享受才对。谁要是错失了这一难得的追求新生活的天赐良机，那就再也赶不上驶向快乐和幸福的末班车了。如果把退休当作是一次享受生活的转折点，你就会意识到，原来退休并不可怕，可怕的是自己丧失了对享受新生活的追求。自己完全可以通过学习、兴趣爱好和锻炼等，找回自我的价值和方向，找回自信，更重要的是找回本该属于自己的快乐和幸福。

面对退休这一重大人生转折，老人要牢记以下这五个"不是"：退休不是人生的结尾，而是人生新起点；不是从工作岗位退出，而是再参加；不是坐享清福，而是再定位；不是依靠他人，而是自主自立；不是天然凋零的进程，而是有方案有预备的进程。过去讲"生命不息，奋斗不止"，现在讲"奋斗不止，生命不息"。退休不休，健康长寿！

第二节　尽快适应退休后的生活变化

退休作为人生的重大转折，比人生其他各个时期，例如升学、就业、结婚、晋级、调离等引起的心理变化更为明显和强烈。因为退休预示着原来的生活习惯、经济收入、社会地位、人际交往等将发生变化，而且是人的生活方式、精神寄托、理想追求的大转变，可见退休对人的影响是全面的，从外在的社会身份一直到内在的心理状态。特别是对人的心理冲击、感情震荡等都是巨大的。老年人退休后能否很好地适应这些变化，是影响老年生活质量的一个重要问题。

一、退休对人的影响巨大

退休是人生的分水岭。退休之后，一切都与从前不一样：生活环境、生活节奏、生活待遇、你与别人的关系、别人与你的关系等，而且总体说，都不如从前。因此，退休对人的影响是全方位的，而且具有突变性。

（一）政治地位下降明显

不少人在职时，由于工作需要，都曾被赋予一定的政治地位、权力和责任，参与社会活动的机会也多。特别是处于各级领导岗位的，都曾有或大或小的的决策权、指挥权。即使是一般工作人员，手中也或多或少有这样或那样的权力。曾几何时，他们风光无限，不管走到哪里都前呼后拥，出门有车送，下车有人迎，受人尊重爱戴，习惯于掌声、赞扬、服从、喝彩等；晚上家中客人不断，电话不停。一旦退休后，一夜之间这一切化为乌有：过去门庭若市，现车马稀少了；过去请示、汇报、问候的电话不绝于耳，现在很久听不到电话铃响了；过去生病住院，花篮、水果、营养品随着探望者纷至沓来，现在病房里变得冷冷清清了；过去逢年过节上门拜访者络绎不绝，现在几乎无人问津，甚至连以前自己最亲近、最信任的老部下、老同事也很少来了。特别是有的从重要领导岗位上退下来的老人，更感自己身价一落千丈，处处受冷落。正如有位退休老领导所说："过去有些人见到我点头哈腰都来不及，现在遇到我如同陌路人，装着没有看见，头一低，脸一扭，连个招呼也不打就过去了。真是人走茶凉啊！"类似的事不胜枚举。可见官位越高，退休前后的落差就越大。

（二）社会地位大幅跌落

社会地位是指社会对人的价值衡量、尊敬程度等。与传统社会相比，现代化过程中老年人的社会地位大幅度跌落。比如，在当今高科技网络化的社会中，老年人的价值和威望不可避免在下滑，对于知识的掌握和传授老年人不再居主导地位；在家庭里，老年人的经验和智慧也不再成为儿女们尊奉的典范，你想将自己的知识与经验"出售"给年轻人，他们可能告诉你：那些东西早就过时啦；在工作和就业方面，现代市场经济和退休体制的确立，在为青年人后来居上创造机遇的同时，却有意无意地冷落了老年人。在老年人的形象展现方面，不少人总是把老年与病弱、丑陋、孤独和无助等负面形象相联系。人一旦老了，就常常被归属到弱势群体中。老人所能做的，除了接受照料和等待死亡之外，似乎与发展和成功已完全无缘。

（三）经济收入大不如前

退休工资比原来减少。许多与业绩挂钩的收入，如奖金、提成等，基本没有了。因此，退休收入都有所下降。同时，老年人身体愈加衰老，健康状况下滑，医疗保健等费用的支出占据越来越大的比例。另外社会正值转型期，年轻人就业和生存压力加大，这种压力会转嫁到老年人身上，子女啃老，或者是老人对子女后代经济上的帮补，都导致了老年人支出的增多。一方面，收入减少；另一方面，支出增大，老年人退休后通常都面临着经济水平的下降。

当然，对多数老年人来说，达到温饱不成问题，但也有些老年人经济状况紧张，甚至入不敷出。这种经济水平的下降，也影响老年人的心理状态及生活满意度。

（四）社会交往大为减少

退休使人从有规律的职业生活，变成了闲暇生活。职业生活，是一种紧张、有竞争性，快节奏、有一定规律的生活。在这种生活中，虽然很累，但毕竟充实，乐在其中。退休之后，没有了上下班时间约束，身心完全放松，闲暇增多，但却打乱了以往的规律，生活变得缓慢、松弛、单调、乏味、平淡，缺乏生机和乐趣。而且由于离岗退休，社会接触范围明显变窄，社交活动明显减少，感到自己不被社会需要，个人价值感降低。由此许多老年人对于这种生活节奏的改变、生活内容的变化极大不适应。

上述这些因退休带来的变化，都会对老年人的心理产生极大的消极作用，导致出现种种不良心理，如失落感、空虚感、无用感、孤独感等，以致迷茫消沉，甚至出现心理障碍，对生活产生绝望心理。如果不能正确对待和很好地调适，对整个晚年生活都将带来负面影响。

二、影响老年人退休生活适应的因素

一般来说，多数老年人在退休一年左右，对退休生活都会逐渐适应。老年人对退休生活的适应，难易程度不同，时间长短不一，因人而异。影响老年人退休生活适应的因素，主要有以下几个方面：

（一）退休前后生活境遇反差过大

不同的人在退休前后的生活境遇变化是有差异的，有的甚至差异很大。一般来说，退休后生活境遇变化越大，在心理上造成的反差越大，则对退休后的适应越困难。如退休前身居要职的领导干部，有较高的社会地位和较大的职业权力，其生活重心是工作和事业；而退休后由高官到普通公民，失去了原有的权力、地位与威信，这种地位变化的悬殊，会使他们产生强烈、持久的"人走茶凉"失落心理。而普通老百姓则不同，他们退休前后生活境遇变化不是很大,退休后的失落感较轻,比较安于退休后的生活,可以很快地适应新环境,建立起新的心理平衡。

(二)退休前的心理准备不足

据统计,一半以上的老年人在退休的时候没有足够的思想准备,因此,在退休后很长一段时间不知道如何安排自己的生活。相反,对退休有充分思想准备或是迫不及待等待退休的老人,往往能够坦然享受退休生活。

此外,平时工作繁忙、事业心强的老人,习惯了过去每天紧张忙碌,一旦变得无所事事,特别是在没有做好准备的情况下,适应起来就比较困难;相反,平时工作比较清闲散漫的老人,不容易出现心理异常反应,因为他们退休前后生活节奏变化不大。

(三)不同性格特点、兴趣爱好的影响

外向型性格的老人比较开朗、乐观,他们一般会很快适应退休生活,而内向型性格的老人,遇到不顺的事往往自怨自艾、无法解脱。

退休前就有广泛兴趣爱好的老人,在放下工作重担之后,可以充分利用闲暇时光,享受业余爱好所带来的生活乐趣,自然不易出现心理异常。而退休前除工作之外没有太多兴趣爱好的老人,退休后失去了精神寄托,生活变得单调乏味,情绪抑郁。

退休前有专长、退休后很快找到新工作的人,对退休生活的适应要胜过无专长、找不到工作者。因为他们退休后依然能发挥作用,把注意力转向新的岗位,也就容易适应退休后的生活。

(四)不同文化程度、职业的影响

文化水平与所从事的职业大多有内在联系。一般来讲,文化水平较低者从事体力劳动的多,工作比较辛苦,他们认为劳累了一辈子,如今退休了,才算是"享受",感到十分满足。而文化程度较高者从事脑力劳动的较多，他们对于精神的需求更高，过于重视自身的价值，反而对退休生活不容易感到幸福，产生对退休生活的适应困难。

（五）不同退休观念的影响

如果非常理智地把退休看成是人生历程中必走的一步，以积极态度来对待退休，退休后的生活也就比较容易适应而且会顺利。反之，如果认为退休意味着被社会抛弃，怨天怨命，态度消极，则很难适应退休后的生活，并会增加悲观的感觉。

许多因素直接或间接地左右一个人对退休后的适应情况，老年朋友只有采取积极的态度去面对，努力适应退休带来的各种变化，才能拥有一个幸福的晚年，使自己的身心都得到休养。

三、老年人怎样顺利度过"退休适应期"

退休后，老年人的收入水平、社会地位、身体状况等都会有所下降，给身心造成不良影响，但这不是退休的全部。退休后，老年人有更多的闲暇陪同家人，打理家务，有更多的精力关注自己的身体健康，发展自己的兴趣爱好。退休后的时光能否成为老年人的"第二春天"，关键是看老人能否尽快适应退休生活。

（一）正确认识和接纳退休的事实

退休是每一个人都必须经历的人生过程，是社会生活中的新陈代谢。只有让一代代老年人退下来，才能让一代代年轻人成长起来，社会才会有发展。所以，退休是早晚的事，不管你当官不当官，不管你官有多大，更不管你愿不愿意，只要你老了，就要从岗位上退下来，谁也不能回避，谁也无法幸免。我们只有正视退休并积极迎接它的到来，才能提高自己心理的承受力。与其让自己悲伤难过，不如早认识到这点，才不会在退休来临之际焦虑不安、惊慌失措。

（二）积极做好退休前的心理准备

有些人在位时叱咤风云、志得意满，退休后立即精神萎靡、牢骚满腹，根本原因是没有做好退休准备。积极做好退休前的心理准备，就会大大缩短退休后的适应期。

首先，要从心理上学会为退休感到欣慰。老年人可以想想，工作了几十年，为国家作出了应有的贡献，也确实是应该歇下来享受生活和家庭乐趣的时候了。还可以想想工作时的种种烦恼和辛苦，想想退休后摆脱了社会竞争，可以避免由此引起的紧张、应激、焦虑。现代医学证明，应激、焦虑是导致种种疾病的祸根，也容易引发人未老先衰，提早结束生命。认识到这些问题时，自己的心理就会平和得多，自然也就会为退休感到欣慰。

其次，退休前，设想一下人走茶凉的窘境。比如没有那么多的人向你请示、汇报，自己变得不那么被人尊重、重视等。事先有充分的心理准备，退休后就有可能化解不良情绪，以积极的心态开始新的生活。

最后，临退休可以考虑拓展自己的爱好。当忙于工作的时候，可能不知道自己的兴趣爱好是什么。临退休前可以考虑进行一些新的尝试，比如你从未下过象棋，似乎也没什么兴趣，但这并不等于你不喜欢它。可以尝试与他人进行象棋学习与切磋，体会一下是什么样的状态，往往参加了之后有些人会喜欢上这样一个活动，并将其变成自己的爱好。当然，如果尝试了不喜欢也没关系，可以考虑发现与拓展其他兴趣爱好。这样，一方面我们可以切身感觉到，退休后的生活并不像想象的那样无所事事与糟糕透顶；另一方面可能帮助我们在心理上为退休后的生活做准备，并对退休生活有所期待。

除此之外，在退休之前还应有意识地逐渐淡化职业意识，减少职业活动，比如可以适当地少管一些事情，多与已退休的老同事交往，了解他们适应退休生活的经验教训，以便对自己退休后的变化有心理准备。

（三）理性看待"人走茶凉"

人一旦进入退休行列，总会感到被人冷落，会怀念过去受人重视的日子，特别是从领导岗位上退下来的老人，更会有失落感，甚至会经常用"人走茶凉"来比喻"世态炎凉，人心险恶"。其实，"人走茶凉"是正常不过的人情世故。试想，沏好热茶，人却走了，能不凉吗？不再担任领导工作，没有人请示汇报了，能不冷落吗？可见，"人走茶凉"是规律，"门庭冷落"是必然。

天下没有不散的宴席，也没有不凉的茶。其实，这种"不在其位，不谋其政"的"茶凉"是一种常态。不少人一味地抱怨人走茶凉，主要是因为没有摆好自己的位置，人既然已不在其位了，却不能从过去的风光中走出来，对以前的职务总是津津乐道。他们留恋过去的高朋满座，怀念在位时的前呼后拥，总是希望别人能够像以前一样尊重他，一旦不能如愿，就大为感叹：现在人走茶凉，不正常！其实，不正常的是他们自己的心态。因为他们离岗后，该放下的不能放下，该转身时不能转身，自然就少不了"人走茶凉"的苍凉感。试想，如果哪位领导干部退下来以后，依旧宾客盈门，酬酢不绝，这倒真有点反常了。

长江后浪推前浪，一代新人换旧人，这是必然的。在职时，我们肩上有一份责任和担当，身边自然会有一些人围着你转；当手中的权势失去时，人们自然会渐渐离你而去。这种人走茶自凉，是一种极为正常的社会现象。因为人在位与不在位肯定是不一样的。千万不要因同事或下属见了面没有主动打招呼，就认为人家是"势利小人"，更不要因为没有人上门来看你，就认为别人忘恩负义。既然已经不在原来的职位上，就没有必要计较茶凉茶热了。面对人走茶凉，我们应用微笑和包容去释怀，用积极乐观的心态做好自己：一要忘记自己对他人曾有的恩典帮助，别老惦记着人家什么时候会报恩；二要忘记自己曾有的职权官位，退下来了就是个普通老人，要主动完成角色转换，不能要求人家再像过去在位时的态度相待；三是要知道这是人之常情，谁都会遇到这样的事。

（四）改变自己的不良个性

有些老年人是由于个性特点而不能很好地适应社会。他们或刚愎自用，或脾气急躁，或喜怒无常，或沉默寡言……这些个性可能是在进入老年后发生的不良变化；也可能在年轻时就已形成，进入老年期后更加明显。个性"越来越古怪"的老人不仅难以适应社会，而且往往给个人生活以及家庭、社会造成不愉快甚至悲剧。据心理专家对老年个性的研究：新陈代谢这个普遍规律，是造成许多老年人个性恶化的生理基础。但人不是被动的，老年人也有调适自己个性的有利条件。例如，阅历和经历丰富能够弥补大脑活动力的减退；适应环境能力较强，能够限制个性的狭窄化；业余时间多，可培养多方面兴趣，以增加个性的顺应性，以利于自我调适，使精神有所寄托。"未肯容颜老，犹争意象鲜。"保持乐观开朗的个性，这必将有助于克服消极灰颓的心理，顺应社会发展和时代潮流。

（五）保持有规律的生活起居

脱离了工作岗位，容易变得自由散漫，使生活变得不规律，这对老人的身心健康是很不利的。老年人依然要像退休前那样生活，一切作息、饮食和生活习惯都应按一定规律进行。特别是退休后刚开始的三个月，建议老年人按照上班的工作时间，制定一套适合自己的生活作息表，贴在床边或者门口，每天严格遵守。时间表尽量详细，最好精确到几点几分，包括几点起床、吃饭、锻炼、休息、读书、会客等。这样，退休后可使原来有规律的生活换成另一种规律性的生活，很快就可以适应，一般经过三个月过渡期后，身体和心理都会逐步适应新的节奏，这样老年人依然可像退休之前一样，将生活打理得井井有条，就不会胡思乱想。

退休，作为人生的一个转折点，需要认真对待。能否真正退得风光，休得开心，关键在自己。

第三节　积极应对退休后的角色转换

退休是社会角色发生重大变化的时期。当角色改变时，能否正确认识自己所充当的角色并适时调整角色行为，这是老年人能否成功适应退休生活、安度晚年的关键。只有角色转换成功，才能为老年人的退休生活搭建愉悦、快乐、健康的平台。

一、社会角色的转换是人生一道重要关口

退休后，社会角色的转型比以往任何一次角色转型难度大。以往的角色转型总不外乎从孩子到成人，从晚辈到长辈，从职工到领导等。从某种意义上来说，这是一种成长、成熟、成功的转型，乐于为人所接受，适应期相对短些；又因为这些是自己所向往的，愿意积极地与之配合，转型的困难因此而减少。另外，以往转型的过渡时期较长，成长、成熟、成功都是一步步有备而来。而退休的转型不同于这些。

其一,退休使人一下子体味到衰老感。提醒自己进入了老年期,潜意识里总像是被淘汰出局者,自己的世界已被人占领,即使自己不走也有人推着你走。以前常常不够用的时间现在多得溢出来,老年生活由此开始。

其二,老年人自身多年固化的规律使得退休这一角色转换期的过渡较难。几十年习惯于早出晚归、很有规律的上班生活,一旦退休,这种规律就被打破,一下子难以接受。越是闲下来,越想过去的繁忙,越有一种被社会摒弃的感觉。

第三,退休是被动的行为。昨天你还是一名在职人员,沉浸在工作的充实中,今天你就是一名退休人员,置身于一片静谧之中。迅速的角色转变使得老年人与目前的生活难以适应,不知如何去打发。也许,工作时想到退休后的空闲生活会感到有一丝惬意、一丝向往,而今真的退休了,一下子竟没法去安排它。

二、社会角色的转换对老年人生活和心理的影响

进入退休期后,由于社会角色的转变而引发的心理波动,是老年人退休后最突出,也是最根本的、决定一切的变化。因为,从退出工作岗位开始,老年人不再是一个社会价值的创造者、家庭经济生活的主要支撑者、儿女成长的抚养者,相反,老年人逐渐成为社会或家庭供养的对象。这样的角色转变,意味着老年人失掉了他们原有的某种权利,更为重要的是失掉了原来所担当角色的感情,改变了几十年形成的行为模式。以致很多老年人在退休的新鲜感过去之后,各种各样的负面情绪便接踵而来,不仅使自己难以适应,有的甚至会产生病态心理。

老年人退休后社会角色的转换对其生活和心理影响,主要有以下三个方面:

（一）从工作角色转变为闲暇角色，导致精神空虚

工作角色，不仅使人拥有一份工作，担任一项职务，还使人承担着一项社会义务。对很多人来说，工作不仅是付出体力和脑力以获得劳动报酬，供养自己和家人——谋生的需要，它还是为社会作贡献，体现自身价值，受到社会尊重和自我实现的高层次的心理需要。退休之后，没有了工作任务、工作要求、工作职责，因工作所带来的满足感、充实感和成就感消失，自己对于社会也变得不再那么重要，以致有被社会遗忘和抛弃的感觉。这一角色的转变，特别是对于那些把工作视为生活重心的人来说，他们在退休后往往会产生更强烈的失落感，甚至会觉得一下子坠入了巨大的空虚中，以致不知所措，烦躁不安，严重的甚至会患上抑郁症、焦虑症等心理疾病。

（二）从主体角色转变为依赖角色，导致精神沮丧

退休前，有固定的工作和稳定的收入，子女在很多方面特别是在经济方面依赖父母，这使老年人在家庭中有一家之主的权威感。但退休以后，经济收入骤降，特别是一些困难企业退休金较低，使得这些老人从原来被子女依赖转为依赖子女。这种从主体角色到依赖角色的转变，容易使老年人的心理变得脆弱、敏感。几十年的自我负责、几十年的自己做主，现在却得听命于人，甚至不得不时时指望别人的帮助，自然会使老年人觉得沮丧、痛苦、对自己感到失望。长期处于这种状态，容易引发各种慢性疾病，如心脑血管疾病、消化系统溃疡，甚至老年性痴呆和癌症。

（三）从配偶角色变为单身角色，导致精神孤独

许多老年夫妻，一起携手走过大半生的风风雨雨，一起白头偕老共享天伦之乐，称得上是老年生活的莫大幸福。然而，真正能够同时同刻驾鹤

西去的老夫老妻毕竟是少数，总是一方先于另一方去世。尤其到了老年期，失去配偶的可能性越来越大，这对老年人心理上、精神上的打击无疑是沉重的。当夫妻的一方突然离去，往往使另一方不知所措，失去生活的信心，精神支柱轰然倒塌，悲伤与孤独充斥整个晚年的生活。有的悲恸终日，不思茶饭；有的自我封闭，不愿与人交往；有的痛不欲生，整日沉湎于对老伴的思念之中。这样使他们的衰老加快，无病者得病，有病者加重，死亡也就接踵而至。据有关研究资料显示，老年人丧失配偶的第一年内死亡率相当高，占12.2%，而配偶健在的老年人在一年内死亡只占1.2%。特别是许多患病的老人，在亲人去世后，其健康状况往往迅速趋向恶化或发生猝死。

三、退休后应该怎样适应角色变化

退休后，能否主动适应社会角色的改变，是老年人能否适应新的环境、安度晚年的关键。它包括两个人生新难题：一是转换成什么角色？二是怎样转换？进而思考怎样选择自己的新角色？怎样做好自己的新角色？

（一）变换角色，首先要放下身段和面子

人不可能永远地拥有什么，也不可能永远叱咤风云。不管你在职时官至何级，一旦退休，便一切归零，走在大街上就是普通老头或老太太一个，不再有居高临下、颐指气使和指点江山的条件和环境。既然角色变换了，就一定要放下身段和面子，不要认为自己老面还有，余威尚在。要明白，过去，人们找你请示、汇报，是冲着你的职务，不是冲着你这个人。人们对你的尊重、服从、讨好、逢迎，是因为你的位子有权威，并不是你真的有多让人喜欢，让人尊重。自己一定要认清现实，自觉去掉虚荣，以普通人的心态平和地对待周围的人和事。不要不识时务地抛头露面，不要去乱插手管事，要去掉令人尴尬的指导癖。只有做到这些，才能真正交好班，换好岗。

（二）变换角色，就要学会顺应角色的改变

退休的老年人，应懂得顺其自然的道理，既然你已离开岗位从官到民了，就不应再用原来角色的态度和处理问题的方式，去对待一切。否则，人们会看不惯你，你会遭受冷遇，甚至处处碰壁。比如，你原来是局长，现在退休当老百姓了，如果你还是用原来局长的态度来和其他人说话，就会使人反感；如果你还是以局长的身份去办事，势必免不了要碰钉子。这时，你应该学会顺应角色的改变，虽然你仍然可以发挥余热，但却不需要你再像从前那样指手画脚了，人们很可能再也不会买你的账了。这并不是"人一走，茶就凉"，而是由于你的社会角色改变了，和职务挂钩的人际关系也自然跟着改变，因而其话语方式和行为模式也一定要随之改变，这是适应社会的关键。

（三）要尽快找到适合自己的新角色

社会角色转换后，人就开始了新的生活。老人需要通过积极主动参加多种多样的社会活动，尽快找到自己新的人生位置，即新的社会替代角色。如退休之前是专业技术人员或技术工人，则可返聘到一些合适的单位继续发挥余热，即便当个顾问也乐在其中。退休之前是党政行政干部，则可以从事感兴趣的社会公益服务活动，如参加社区治安、交通安全、街道居委会及市场管理等。有自己兴趣爱好的，则可本着从自己的兴趣出发，选择练书法、绘画、作诗词、欣赏音乐、戏剧等，也可选择栽花、种菜、钓鱼、养鸟等，也可选择学烹调、做小手工艺品等。既无专长也无爱好的，可先在家当当采购员、炊事员、卫生员、保育员、家庭辅导员等，作为向新生

活目标迈进的过渡。实在不愿从事家务劳动的,也不妨从头学起,试试培养琴棋书画、吹拉弹唱等爱好。总之,重新找到自己人生的位置,找到新的生活目标,并全身心投地投入,会给退休生活增添新的乐趣。退下的老年朋友,尽快变换角色吧,在人生舞台上当一个称职的演员,演好人生这台戏,让我们的老年生活更美好!

第四节 怎样才能快乐健康地过好退休生活

退休是人生重要的改变,也是每个退休人员必须重新适应的阶段。那么退休后怎么过呢?一位退休老干部曾经写了一副对联,上联是"买菜做饭抱孙子",下联是"吹牛打牌混日子",横批是"等死"。这副对联让人看了心酸不已,但却反映了许多老年人的实际生活状况。老年朋友,你是否想过,自己退休后想要一个怎样的生活状态?如何度过这一段真正属于自己的美好时光?据笔者的经历,主要应做到以下几点:

一、提前制订切合自己实际的退休计划

退休后的老年人,他们的生活完全可以过得很精彩、很丰富,重要的是退休时对自己的未来生活要有详细的规划设计,这样,不但不会对退休有任何排斥和不适应,反而会更加期待。如果没有一个周详的计划,很容易让自己在无聊中度过余生,会感到孤独、悲观和沮丧。我们应如何设计好自己的退休生活呢?

（一）要把握制订退休计划的总体原则

一是坚持以自己的快乐和健康为出发点。只要是自己喜欢的事，令自己高兴的事，就下决心列入退休生活计划，不要受时尚的影响，也不要为环境所动摇，更不要为儿女的利益所左右。

二是要有明确的目标和方向。对自己退休后的几十年中要干哪几件大事，做到心中有数。有了明确的奋斗目标，就有学不完的知识，干不完的事，就会感到老有所用，老有所学，老有所乐。

三是要符合个人实际。要从家庭实际出发，从自己经济条件、身体状况出发，从个人的爱好出发，结合现代生活内容，进行可行的设计。无论是选择哪种生活方式，只要让自己感到快乐，感到生活有目标，就会让退休生活过得充实而精彩。

（二）要掌握计划的制订方法

退休计划一般是根据自己退休之后要做的事情，以及发展爱好来制订，可以先制订一个五年计划，同时安排下一个五年计划作为备用。第一个五年计划可以制订得较详细，第二个则粗略一些。待第一个计划接近尾声时，提前安排好第二个五年计划。随着生命的延续，不断充实内容，调整生活目标。随后安排这五年内每一年的内容，在每一年中，再安排每季度的内容……直到每周的活动内容。有了这样一个计划安排，退休生活就会有目的、有节奏，而且丰富多彩。

此外，家人如何帮助退休老人完成上述规划设计也很重要。老夫妻可以互相提醒，儿女们也可以利用自己的信息和资源优势，根据自己对父母的性格和兴趣爱好的了解，帮助父母制订一个可行的、有意义的长远规划。这个蓝图可以指引老人付诸努力去实现自己的目标，从而让晚年生活充满活力和激情，大大提升幸福感。

二、要积极寻找新的精神寄托

老年人退休后不再为工作操劳，也不再为家庭操心，应把精力多花在寻找新的生活兴奋点上，也就是寻找新的精神寄托上。这个精神寄托，指的是信仰、追求、兴趣和爱好。说得具体一点，就是退休生活也要有目的、目标。这样，生活就有了动力和奔头。

（一）动起来走出去

退而不休，发挥自身的优势，继续从事自己的专长和爱好，为自己晚年人生重新开辟一片新的广阔天地。

从事力所能及的家务劳动，全身心投入儿孙的衣食住行上，让儿女更好地为社会工作。

培养新的兴趣爱好，比如上老年大学、学点绘画、学点书法等。不管什么样的兴趣爱好，只要老年人快乐参与其中，愉悦了身心还强健了身体，都不失为一种丰富退休生活的方式。

还可以外出旅游，游遍祖国大江南北，出国看看异国风光。

凡此种种，不拘形式，乐在其中就好。

总之，退休以后，不能蜗居斗室，自我封闭，而要适时改变生活方式，走出家门，融入社会，参与丰富多彩的活动，从而获得信息，充实生活，陶冶情操，开阔视野，拓展更丰富的精神空间。

（二）丰富充实文化精神生活

丰富的文化生活是充实老年人精神生活、解除空虚和孤独的最重要方式。老人们适当参加一些文化活动，如书法、绘画、声乐、舞蹈、诗词、楹联、摄影、雕刻等，不仅可以丰富生活内容，延伸生活内涵，得到精神享受，同时能减少不良情绪的产生，有益于延年益寿。

老年人的文化生活，从其功能上看，大致可以分成如下几种类型：

一是消遣型。街头转转，市场逛逛，看看热闹，聊聊闲天；在家听听广播、看看电视、玩玩盆景等。这些只是打发闲暇，还算不上文化生活。但对于驱逐寂寞、消除孤独也有好处。

二是享受型。从个人兴趣爱好出发，来获取某种文化享受，如欣赏音乐、电影、戏剧、文艺作品，跳广场舞、种养花草、河边垂钓以及外出旅游等。

三是进取型。为达到某一进取目标而努力进行的活动，如看书学习、参加体育比赛、进行书法练习，以及参加社会文化活动等，这些都具有一定的进取精神。当然老年人参加此类活动不同于青年人的拼搏和比赛，是以健康、娱乐为第一位的。

四是开发型。经过个人奋斗而取得新成就，如调查研究、著书立说、从事各种考察和创作等。

如今的老年人越来越不满足于吃饱穿暖，而是追求更健康、更快乐的进取型、享受型生活方式。参与上述各类型文化活动，最终目的都是达到"乐""学""为"三个字，即老有所乐、老有所学、老有所为。为实现这三个"老有"目标，退休后上老年大学是最好的选择。如今，老年大学已越来越成为老年人提高精神生活质量、实现精神文化养老的重要阵地和有效途径。据中国老年大学协会发布的《中国老年教育发展报告》显示，截至2019年底，全国约有各类老年大学达7.6万多所，在校学员超过千万。多年的实践证明，老年大学不仅成为学员们增长知识、丰富生活、陶冶情操、促进健康的精神家园，更是越来越成为他们服务社会、传播正能量的场所。通过老年大学的各种学习和活动，使越来越多的老年人成为健康的老人、乐观的老人、情趣高雅的老人和有所作为的老人。

三、要坚持做到"三个忘掉""四个调整"

在现实生活中，常有社会地位很高、经济状况很好的人而晚年退休生活不愉快；也有很普通的百姓，经济条件一般，但活得很开心。可见，退休生活愉快与否，差别不在于经济条件，而在于心态，在于心态上能不能真正坚持做到"三个忘掉""四个调整"。

做到"三个忘掉"：就是要忘掉以前的职务，什么局长、主任，下了台啥都不是；忘掉过去成就，好汉不提当年勇；忘掉昔日恩怨，什么睚眦之恨、鸡虫之争，全都一风吹。

做到"四个调整"：一是调整生活目标。退休前，主要生活目标是寻职觅位、求建树、积累财富；退休后，应调整为养生健体、找乐趣、欲谋长寿。二是调整生活态度。退休前，办什么事都急于求成、追求完美、苛求他人；退休后，要将浮躁调为淡定、慌乱调为从容、苛求调为宽容。三是调整生活重心。退休前，往往是事业第一、挣钱为先、牺牲健康、忽略家庭；退休后，就应按重要程度把身体、家庭、友谊、事业、挣钱进行重新排列，健康长寿为第一要义。四是调整生活习惯。退休前，熬夜加班、生活无规律、饮食无节制；退休后，就要早起早睡、饭菜清淡、多娱乐、多锻炼。

四、努力过好四道退休关

人退休后都会碰到四道关，能否顺利度过，不但关系身心健康，更关系退休后的生活质量和幸福。

第一道关，要过好适应关。

一是适应社会角色的变化。退休后主要的变化是生活节奏，由工作时的紧张有序变为退休后的松弛清闲。为避免产生失落感，需要重新设计退休生活，开发挖掘自己的潜能，使晚年生活充实快乐。

二是适应家庭变化。尽管老年人对退休生活的态度具有很大的差异，但按老龄化的健康、成功、积极理论的指导，老年人退休的心理反应也越来越趋向于适应家庭变化。比如，退休后当儿女找了对象步入婚姻，就有一个婆媳关系，或翁婿关系要适应，要懂得如何去适应新来的家庭成员。

三是适应未富先老的生活。这是一个最现实的养老问题。当今社会，大家庭结构逐渐萎缩，小家庭是主体结构。当老人靠子女养老有一定困难时，就要提前做好依靠自己养老的多种选择。

第二道关，要过好"空巢"关。子女"离巢"是生活中不可抗拒的事实，子女成年以后离家独立是正常现象，也是社会发展趋势。所以要早有"空巢"心理预期，老年人要学会逐渐转变以子女为中心的思维状态，培养自己具有独立生活的能力，这样子女"离巢"后才有足够的准备和能力，不会束手无策甚至连生活都发生困难。要使"空巢"生活快乐，必须学会两点：一是会玩，这是快乐的源泉，热爱生活、用自己的兴趣爱好填满"空巢"；二是"有为"，这是快乐的灵魂。老年人要主动走出去并融合到社会当中，参加公益活动，为晚辈做搜集材料的辅助工作……自然会找到精神寄托。

第三道关，要过好疾病关。再健康的老人也要生病，得病后要以积极心态面对治疗，即使是重病也要保持良好的精神状态，这对于稳定和改善病情是十分有益的。

第四道关，要过好丧偶关。配偶走了不要悲伤过度。少年夫妻老来伴，老伴儿去世当然痛苦，但不能陷入孤独抑郁的情绪中，或更坚强地独立生活，或考虑与子女同住，重新树立生活的勇气。

退休后如能过好以上四道关，证明老人树立了乐观豁达的人生观，自然会使自己的退休生活更充实、更快乐。

五、学会取悦自己,让退休生活更精彩

退休了,要学会取悦自己,活出人生的真性情、真境界和真意义,如此退休生活才算是人生中最为精彩的日子。

(一)享受生活,找回自我

退休群体不是围城,而是一个可以充分享受人生的群体。享受人生的机会有两次,分界线便是退休。退休前对人生的享受是在成长中、奋斗中进行的,那时的主题曲是学习与工作,享受是伴随物。人往往不甚留意,甚至搞不清它们之间的区别,于是便有了学习就是享受、工作就是享受的说法。实在地说,退休前,学习与工作确实会给人带来乐趣,但那不是享受,那是快乐。享受需要咀嚼,需要回味,需要对比,进而需要身清心静。所以退休前享受的滋味很淡,很难留在记忆里。真正的人生享受在年老退休之后。因为老年才是真正享受人生的季节,享受生活也享受思想,享受经验也享受观察,享受温暖爱恋也享受冷清孤独,享受回忆也享受希望,享受友谊友爱也享受自由自在。更重要的是,因为退休了,可以不再去为社会做奉献,可以不用再为儿孙去挣钱,去攒遗产,而是可以尝试自由、轻松、自助、自信的老年生活,游山玩水、颐养天年,充分享受我们自己的惬意人生。

总之,退休了,就要天马行空,我行我素。看美景、享美食,充分享受社会回馈我们的美好生活,弥补一代缺失,找回失去的自我。

(二)过自己的生活,不跟别人攀比

每个家庭、每个人都是不一样的,人与人之间也总是有差距的。也许别人的职位比你高、退休工资比你高,但是你血脂不高、血糖不高、血压也不高。也许你的老伴身体不是太好,但是你的儿女很上进、很有出息,这是让人骄傲的事。每个人的生活都是不一样的,每家都有喜与忧,每家都有烦心事，我们不要盲目羡慕他人的幸福，没有谁的生活值得羡慕。因为当你羡慕人家的儿女漂洋过海读博士、做大事时，也许人家正在羡慕你的儿女近在咫尺，端汤奉茶尽孝道，享天伦。同样，当你羡慕别人的老伴能赚很多钱时，也许别人正在羡慕你的老头体贴能干会烧饭，如此等等。更何况别人的生活也许不适合你。所以，老了就不要去攀比，过好自己的日子，享受自己的生活才是王道。况且，世界上总有比你过得好的人，这是永远比不完的，比来比去，反倒给自己找不痛快，这没必要。

（三）别放弃年轻时的爱好

爱好会使老年人退休后的生活变得丰富多彩，使老年生活有所追求，有所向往，有所寄托。许多老年人在退休前就已有自己的业余爱好，只是工作繁忙而无暇顾及。退休后有了时间，就可放开手脚，好好搏一搏。即使退休前没有什么特殊爱好，退休后也应该有意识地培养一些。比如写字作画，既陶冶情操，又锻炼身体；种花养鸟也是一种有益身心的活动；跳舞、下棋、垂钓等都能增进身体健康。退休生活可能长达几十年，如果只有一种兴趣，时间长了也无聊。所以，要尽量创造更多爱好，多养成一个兴趣爱好，就多一种享受生活的方式，这不仅是对自己付出的报偿，还是一个新生活的开始。

（四）要有自己的社交圈

退休后才发现朋友越来越重要，那些几十年感情的老同学、老朋友要好好珍惜，有空闲的时候，约出来喝喝茶、打打牌，没什么事时也可以在微信上聊天、视频。结交新朋友也十分重要，参加老年大学，或者在跳广场舞、打太极拳的时候，认识一些志同道合的新朋友也是很好的。总之，晚年生活应该多层面、多元化、丰富多彩，只有一两个好友还不够，要拥有一帮老友新朋，友情能滋润老年生活，使你不会感到孤独，增加快乐。

（五）每周学点新东西

学习新事物，不仅能填补老人退休后在事业上的空虚感和寂寞感，还可以让老年人保持身体和心理上的活力，更容易与他人、家人互动。至于学什么，可以根据个人爱好、身体状况自行选择。比如尝试新的运动方式，学点新菜式，尝试网络购物、用微信聊天、用手机支付等，体会其中的便捷与乐趣。另外，也可以做点小创新，比如参加孙子女的集体户外活动、参加一些电视节目活动、参加一些培训班等，总之，要把生活安排得每天都有惊喜和期待。

第三章 更要保持积极人生态度

人到老年
应当怎样度过

人到老年，由于生活空间和领域的逐渐缩小，不仅容易陷于枯燥乏味的生活之中，也容易对生活采取一种消极的人生态度。看一个老人的人生态度是积极还是消极，主要看他离开工作岗位后，是否还能兴趣盎然地投入自己喜欢的工作，或投入社会人群中。若能，人生态度就是积极的；若不能，人生态度就是消极的。许多事实表明，人到老年，退出工作岗位以后，虽然很多昔日的荣誉或辉煌都已无法再现，但是晚年同样可以活出一番新作为，活出新精彩。关键取决于人生态度。积极的人生态度占主导地位，这个老人的晚年就会是积极快乐、健康向上的。反之，其晚年就会是消极悲观、萎靡抑郁的。

究竟应以什么样的人生态度面对自己的暮年，这对于老年人整个晚年生活，包括身心健康、家庭幸福以及颐养天年等方面，都将起着极大的影响和作用。

第一节　仍要有追求、有希望、有梦想

老年人都希望自己有一个理想的晚年：吃饱、穿暖、老有养、病有医、举家和睦、儿女孝顺等。但，仅此是不够的，老年人既要有理想的晚年，

更要有晚年的理想。这就是说,人老了,也要有追求、有梦想。

一、心中有追求,生命就有活力

(一)为什么人老了也应有所追求

第一,追求是人的本性。人只要活着就会有追求,可以说,人的一生都是在不断追求之中。只是不同年龄段追求的目的和内容不同。青年人走入社会,追求事业有成、爱情浪漫、婚姻美满、生活富裕,是为了享受生活的美好。老年人退休后仍有所追求,主要是追求悠闲生活的乐趣。随着人们寿命延长、健康状况不断改善、受教育水平不断提高,越来越多的老年人转向追求精神享受、社会价值等高层次的"怡情"快乐。

第二,追求是一种动力,可以激发内在潜力,催人奋进。无论谁,人老了,只要有爱好、有兴趣,就会有追求,有追求就要耕耘,有耕耘就有收获,收获了就有了乐趣;追求无论大小,有所追求,生活就丰富多彩,就有生存的价值和意义。更重要的是,意义不仅是生存的目的,还是生存的依托,人只有在为了某种意义而活着的时候,生活才可能充实丰满,生命才可能健康长寿。所以,一个人进入老年,也要有所追求,不仅要追求生活的乐趣,更要追求生存的价值和意义。这样,才不会去想那些烦心事,每天才会都有好心情。每天有个好心情,才能忘却老之已至。无数事实证明,谁追求不止,谁就青春常在。人生天地间,可怕的不是衰老,而是对任何事都无所追求。没有追求的老年是黯淡的老年,没有追求的老年也无法体会人生真正的意义。

追求也是一种养生健身之道。有些老年人之所以整天烦闷不安,大多不是因为工作辛苦和劳累,而是由于无所事事、空虚无聊或没有追求造成的。有这么一对亲兄弟,老大退休后,迷上了书法,每天从早到晚不是看书练字，就是找人切磋，因为他心里有一个追求，就是希望在自己80岁的时候，举办个人书法展。为了实现这个追求，他戒了烟，学会了打太极拳。结果他是越活越精神，越活越受人尊敬。而老二退休后既无爱好，也无追求，一天到晚陷在家庭琐事里，什么事都要过问，只要不按照他的意见做就暴跳如雷。他既固执又专横，没有人可以跟他沟通。大家只能在背后摇头。一次他在大发脾气之后，血压飙升，导致脑溢血，被紧急送去医院，差点命断。

可见，人老了，若无爱好、无追求，便会整天烦闷不安、空虚无聊，不仅自己不快活，也会让别人不快活。所以，人老了，要想有个好身体、好心情，就得有抱负、有追求。

（二）什么才是老年人应有的追求

人生追求，千姿百态。对老年人来说，人生的追求不应停留在生理与物质层面，更应该追求心理健康与精神享受。比如，对于学习、奉献、乐趣、健康的追求，才是人生晚年应有的追求，也是老年生活最高境界的体现。具体来说，老年人精神追求主要有以下几个方面：

一是追求安宁、平静的心境。俗话说："人生老计贵平静。"一个人年轻时再受欢迎、事业再成功，也无法保证一个平静安宁的晚年。尤其是有些事业受挫较深的老人常常觉得，自己一生中有不少愿望未能实现，或者吃过亏，受过骗，遭过委屈，遇过不平，留过遗憾，心中积蓄着怨、悲、怒、恨等复杂情绪，以致心情一直难以平静。安度晚年，必须求得一个相对安静的心境，才能对生活保持豁达乐观和淡泊心态。所以，老年人需要把万事看淡，力求做到人老求顺，即顺应社会、顺应自然、顺应人际、顺应自我，就一定会有平静的心境度过自己美好的晚年。

二是追求健康和情趣。健康，是人生最大的幸福。随着社会的进步和物质文化生活的改善，老年人的愿望不仅仅是长寿，更是生命质量，活得健康，活得快乐。老年生活中的一切都应当从健康这个基点出发。但仅有健康，不见得就能拥有快乐，还有个重要的条件，那就是生活情趣。老年人需要积极地从优美的自然环境中、从参与社会和集体活动中、从培养高雅的兴趣爱好中，去求得色彩多样的生活情趣。情趣还必须有品位。所谓品位是不在乎你做什么，而在于你怎么做。只要向往美好的明天，我们就会用双手把平常粗糙的日子浇灌出芳香的花朵。这就是生活的品位，这就是我们晚年生活追求的一种境界。

三是追求"活到老、学到老"的执着求知精神。颐养天年可以因人而异有多种选择，如果有终身学习的理念作为精神支撑，有一种"学到老"求知欲望陪伴始终，晚年就会因文化浸润而变得滋润，生活就会因为学习而变得充实，从而活出"精神不老"的风采。有人曾做过调查，发现那些经常去老年大学、社区书院的老年人，精神世界更充实，更愿意走出家门跟别人交往。老有所学让他们感觉人生有意义，幸福感也更强烈。

四是追求和谐温馨的家庭氛围。家是生命的摇篮和人生的港湾，是生命的起点和归宿，也是退休生活的主要园地。人的一生在家庭的时间最长，特别是人到老年主要栖息在家里。家庭不仅为老人的生存提供基本的物质保障，而且为老人的精神需求提供丰厚的沃土。"家和万事兴"，如果不懂和老伴相携之道，不懂和子女相处之术，难以获得家和，更难以享受到家庭的幸福和美好。一个人不论多么富有，家不和也不会让人羡慕。家庭和睦晚年就会幸福，家庭不和睦晚年只能是不幸连连。

五是追求老有所为的奉献精神。奉献可以给老年人带来心灵上的快乐。老年人只有在老有所为的情境中生活，才能达到老有所乐，达到延缓衰老、健康身心的目的。一位老年心理学家曾经说过："老年人一般是不幸多于幸福，不满足胜过满足，空虚压倒充实。"为了改变这种情况，老年人需要以老有所为、老有所用来和不幸、不满足、空虚这些消极情绪抗衡，从新的工作中获得欣慰与快乐。老年人在体力和健康允许的情况下，要尽量多参加各种有益的社会活动，尽可能地为社会提供服务。这样既可享受继续奉献的乐趣，又能增加与社会的接触，排除孤寂感和忧虑感。

（三）老年人有追求不苛求，或多追少求

人愈老愈要活得轻松，活得自在。所以，老年人有追求，但不宜苛求。在追求梦想之时，不必定出硬指标。梦想成真固然不错，梦想没成也没有关系。只要抱有一种超然的心态去追求、去努力，也就够了。老年人也可以多追而少求。退休之后，开始了"心有余而力不足"的岁月。心有余就多"追"，追随快乐，追随趣味，追随健康，追随朝云暮雨、湖光山色。力不足，就"少"求或者不求，不求钱财，不求名利，不求"更上一层楼"。爱读书，不必求甚解；喜丹青，不必求工细；好写作，不必求发表；乐弈棋，不必求胜券在握……只要精神不萎靡，灵魂不萎缩，身体不突然滑坡，夫复何求！多"追"而少"求"，就是要重精神世界的丰富多彩，轻红尘人间的利害得失。

二、对未来有希望，对人生有盼头

人到老年，最不可缺少的是拥有希望，要时刻保持对未来的美好憧憬。

（一）老年人也有未来，有未来就有希望

对于未来，有人曾说，青年人只有未来，没有过去，老年人只有过去，没有未来。这话虽有些偏颇，却道出了老年人的悲观心境。那些认为自己没有未来的老年人，不是把自己看得不如年轻人，就是总有个"来日不多"的阴影罩着在自己头上。其实，未来和希望并不仅属于年轻人，老年人也同样拥有未来。不仅 60 岁的人有未来，70 岁、80 岁、90 岁也有未来，活着就有未来。有的时候 20 年、30 年以后是未来，有的时候明天就是未来。未来是从现在算起的。

人生有生必有死，这个道理谁都明白。但有一点并不是所有人都清楚，即不管留给你的时间还有多少，不管你未来的空间还有多大，它都是一种希望，都是一种美丽。老年人心中有无这种希望与美丽，其结果是完全不同的——有则康乐，无则苦痛；有则高寿，无则早衰。因为未来能给人希望，希望常给人以力量。

对于老年人来说，未来的时间比青年人短一些，空间也要小一些，但未来比过去重要得多，过去已经不再属于自己。回忆过去，是为了走好未来的路。心中装着未来，前进才会有方向，脚步才会有力量。

面向未来，就是要"烈士暮年，壮心不已"，珍惜和发挥生命的价值，热爱生活，与时俱进，继续保持和发扬当年那样一种蓬勃朝气，那样一种昂然锐气，那样一种浩然正气。只有这样，晚年生活才能更有意义，生命的晚霞才能放射出更灿烂的光辉。

（二）有希望就有奔头就能长寿

人老了也要点有奔头。所谓"奔头"，就是指可追求的前途或希望，也可以说是一种希望在前的念想。一个人不管活到多大年纪，哪怕近百岁了，也要充满信心地活下去，也要有希望、理想和奔头。一个对生活充满期望和奔头的老人，不仅活得更加快乐，还能收获更充实而有益的晚年生活。比如，农村有些老人一辈子种庄稼，天天劳动，粗茶淡饭，却身体硬朗。原因就是对自己的生活状态很满足，对俭朴生活充满希望和奔头，可以说是天天盼着日子由穷变富，庄稼一年比一年收成好，儿女一个比一个有出息。这美好的希望，就是他的精神支柱，也是身体健康的根本。相反，有些老人退休之后，便感到生命和事业都没有什么希望和奔头了，甚至觉得是绝望的开始，于是就自暴自弃、心灰意冷，或者萎靡不振、自甘消沉，生命之火渐渐微弱了，心也老得快了。

所以，有人说："人有奔头，就会老得慢。"也有人说："人活在奔头中，才会健康长寿。"因为人活着只要心存希望，就会有奔头，有奔头就利于调动潜能，增进健康，抵御疾病。据美国相关研究表明，觉得生活有奔头的人，死亡风险会降低，心脑血管病发病也会降低。因此当你步入老年，对未来无欲无望时，就应该有意识地不断为自己迅速确定一个又一个新的希望和奔头。比如，可以去老年大学学习；可以加入志愿服务团队；可以分担家务，照顾孙辈；可以去菜市场采买；可以读书、写作；还可以科学保健，防治疾病……这些"奔头"的选择因人而异，不图形式，讲究心甘情愿，重在感觉自己还有用。有了存在感，也就有了获得感，从而可以成为晚年生活的一股新动力。

（三）希望的力量是巨大的无限的

人是靠强烈的欲望活着的。一个人一旦心里有了牵挂，便会非常坚强，坚强到可以承载那些生命中不可承受之重。新闻中常有这样的报道：有的母亲遇难事本想自杀，可为了孩子又要顽强地活下去，因为孩子就是她的希望，就是她活下去的强大力量。有位老年朋友退休后酷爱摄影。一天，他突然感到不适，经诊断为癌症。听到这个消息，他恐惧得连站起来的力气都没有了。后来有位大夫对他说："其实许多癌症病人是吓死的。如果把癌症看成像患了感冒之类的疾病，积极配合治疗，很多人是能够战胜癌症的。"医生点燃了他的希望之灯。他遵照医嘱，配合治疗，保持乐观，一年后身体竟然完全康复了。他重新拿起心爱的相机，走遍大江南北，收集精彩瞬间，作品还在摄影大赛中获奖。正是心中的那盏希望之灯，使他创造了生命的奇迹。可见，人生可以什么都没有，但唯独不能没有希望。哪怕是在生命的最后一刻，也不能没有希望。希望是生命的一种色彩，是点燃生命之火的灿烂阳光。只要我们每天给自己一个希望，就是给自己增强一点生存意志，晚年的坎坷和曲折就会变得不再可怕；每天给自己一个希望，就是给自己一个目标，给自己一点信心，就会有勇气和力量面对晚年的种种不幸，晚年的人生就一定不会失色。每天给自己一个希望，将会活得更快乐、更幸福，就容易健康长寿。只要生命不息，就要满怀希望去生活去追求，哪怕这种希望是一些小期待、小成功、小满足、小进步。只要去追求，希望就会实现，生命就会激昂，健康也会与我们同在。我们何不天天怀着一种美好的希望，去乐而为之呢？

总之，生命是有限的，但希望是无限的，只要心存希望，任何艰难都不会成为我们的障碍；只要怀抱希望，生命将会永远充满激情和活力。正如一首诗所写到的：人生虽然短暂，希望却能永恒；有希望就会有光明，有希望就会变得年轻。

三、心中有梦想，活着才觉得有意义

（一）人老了，也应有梦想

梦想是什么？梦想是对未来的憧憬，是人生路上的鲜花和阳光。年轻有梦想，才会有壮美的人生，事业、家庭才会有希望；老年有梦想，才会越活越年轻，晚年生活才会活得有滋有味，充满精气神。

人到老年甚至高龄并不可怕，怕的是生活少希望、生活无梦想。心若"老"，便失去了梦想、激情和活力，变得老气横秋，暮气沉沉，郁郁寡欢，

度日如年。反之，人到老年，只要仍有梦想，就会有憧憬、有希望；就会孜孜不倦地追求、精耕细作地完善、心旷神怡地把玩，只管耕耘，不问收获；就会让自己忘记年龄、忘记忧愁、忘记烦恼、忘记冗杂的琐事，就像孔老夫子所说："乐以忘忧，不知老之将至。"

所以，梦想是人生不可缺少的支撑。当我们步入老年的时候，千万不要因年老力衰而自卑，更不必因岁月苦短而萎靡。一个人可以贫穷，可以孤独，甚至可以不幸，但绝不可以没有梦想。尤其是人到老年，更需要梦想的支撑，而且人到老年有的是闲暇，还有闲趣，又有物质上的保障，何不随心所欲，让好梦成真呢？

（二）敢于追梦的老人活得更精彩

越来越多的老年人，因为他们有梦想，有追求，越活越精彩，越活越有精气神，因而越老越呈现出晚年人生的亮丽风景。黑龙江省绥化市有位传奇老奶奶姜淑梅，60岁学识字，75岁学写作，80岁学画画，至今她已写下近60万字，画了上百幅画，还出版了5本书，并获得多个奖项。姜淑梅老奶奶用自己精彩的后半生，实现了从"文盲"到"网红作家"的梦想。让人们从这个"一生追梦不言老、不言休"的普通老人身上，看到了人生难以预测的潜能，以及岁月和时代给予她的馈赠。或许她自己都没有想到，她的人生在60岁之后，会重新绽放光彩。正如她自己所说："我从来没有想过，自己当了60年文盲，在人生快走到尽头时，能学会写字，能当作家，还能出书。"如今已逾八旬高龄的姜淑梅老奶奶仍不满足，表示"我还要成为四个'家'——作家、画家、书法家、老人家"，她还常鼓励年轻人："不要怕起步晚，就怕寿命短，千万不要懒。如果我都能做到，那每一个人都能做到。"

可见，老年人只要勇于有梦、敢于追梦、勤于圆梦，就能征服岁月，就能焕发青春，因为有梦想就能活得更精彩，有梦想就会有未来。

（三）追梦，多老都不晚

身边有些人，年纪不大却老爱说：已经这把年纪，还追求什么。有不少人以"老"为托词，没有了进取精神。其实，人生虽步入晚年，只要你心中有梦想，就永远不会晚。四川成都92岁的文淑芳老人，86岁开始学画画，91岁开个人画展。她仅用了5年的时间，使自己从一个体弱多病的老人，华丽转身成为一名画家。如今文奶奶已画了20本速写素描、60幅水彩画，并成功开办了三届个人画展。中国台湾的全民偶像赵慕鹤，66岁退休，75岁穷游欧洲；87岁考上大学，91岁顺利毕业；96岁考上硕士，98岁成了台湾南华大学哲学研究所年纪最老的研究生，创下了吉尼斯世界纪录，成了全球年龄最大的研究生。年龄，对他来说从来只是一个数字，这位普通的老爷爷，硬是用一股狠劲、一份坚持、一种努力，做出了很多同龄人想都不敢想，甚至让年轻人自叹不如的事情。

追梦并不分年纪，只要有心，多老都不晚。因为你想做什么和你能否取得成功，与年龄都没有关系。当然，在追梦的过程中，也许梦想最终无法实现它，但却可以无限地去接近它，在走近梦想的过程中，会收获比梦想更丰硕的成果。人生易老梦难老，虽然有的梦想，并不一定能实现，但只要让梦想伴随着我们，就可以做一个真正快乐幸福的阳光老人。当我们挥手和这个世界告别的时候，就会发自内心地说，这个世界我来过，我追求过，我曾有过奋斗与梦想！今生无憾，今生无悔！

第二节 仍要有生活目标

一、目标是老年人前行的动力

（一）要安度晚年，不能没有目标

人活着，年轻时创业需要有奋斗目标，老年时要安度晚年，同样也需要有生活目标。目标能鼓舞人、激励人、鞭策人，能使人的行动更有计划、更富有成效。目标还能给老年人的晚年生活带来许多积极影响。

一是目标能使老年人晚年生活变得紧张而充实，减少了空虚寂寞感乘虚而入的机会，能避免孤僻抑郁等心理危机的发生。二是拥有目标的老人会给自己一些压力，这种适度压力让人的心态更积极，可以促进增强免疫功能。当他们面对更大压力时，身心恢复得也更快。三是有目标的老人生活幸福感会提升。特别是那些设定了人生计划的老人，当目标一一实现时，巨大的满足感会让他们体会到自己的价值，提升生活品质。

（二）心中有目标，才会执着去追求

人总是有惰性的，尤其是进入老年期后，如果无所事事，缺乏明确生活目标，就不会主动或被动地为之奋斗，人就会陷于怠惰，从而疏于运动或劳作，久而久之生活闭塞、反应迟钝，生活质量和生命质量大大下降。比如有些老人退休后，由于没有任何生活目标，每天只是刻板地吃饭和睡觉，虽然生活无忧，但他们的老年生活却过得寡淡无趣、毫无神采。相反，有明确的人生目标，就会有强烈的追求欲望，不管其目标是短期还是长期的，都能时刻在追求中，获得前进的动力和对生活的向往，每天都会觉得具有生活价值感，活得很充实。有了目标，也就有了动力、激情，有了使命感和成就感，即使在做一起微不足道的事情，也都会有其意义。比如老年人帮子女带孩子，只要自己愿意，他的目标就是和谐家庭，奉献社会。老年人坚持适度健身，他的目标就是保持健康，不给子女和社会添麻烦。每天都要做的家务事，也都可以看作是一个个富有意义的零碎的小目标，有了这些生活小目标，就会光阴似箭，日子才会过得带劲，过得有意义。

所以，现在虽说退休老年人衣食无忧，但老年人仍然需要有自己的生活目标。特别是有些刚退休的老人身体还很好，精力也充沛，年纪也不算太大，却过早就放弃追求，每天稀里糊涂、随心所欲，一天天就这样过去了，实在有点可惜。笔者在网上曾看到一个日本老人深田恭子的小目标，她计划退休后出一本画册、写一本小说、学一门外语、爬一次富士山、去一次南极、参加一次东京马拉松、看一次奥运会、资助一个大学生读完博士。20年过去了，她的小目标全都实现了，她也越活越年轻，成为励志的老人楷模。我们没有必要照搬她的内容，但她的精神和做法是很值得学习的。每一位退休老人，只要自己心中有目标，晚年人生就不再害怕漫漫长夜、不再感叹世事变迁、不再抱怨寂寞和烦恼。生活才能充实，生命才能滋润，晚年才能拥有更多美好的憧憬和向往。

（三）有目标的老人更长寿

感到生活充满意义并给自己设定生活目标，这对老年人的健康具有重要作用。许多研究发现，生活目的感越强，死亡和心血管疾病风险越低。这是因为：

一是"目标"能激发生命活力。医学发现，失去生活目标，身体健康和精神健康状况均会急剧下降。原因是，生活没有目标，死亡便成了唯一的"目标"，那么隐藏在潜意识里的自毁机制就会悄然启动，让你的身体每况愈下。有生活目标的人，能够从重要的人生经历中领悟出人生的意义，并将意志集中在明确的目标上,总是感到有做不完的事,这就等于给自己的生命注入了活力。

二是目标对行动具有启动、激励、导向和聚合等作用。一个人树立了明确的生活目标,就会在大脑中形成一个较强的"兴奋灶",从而把主要精力放在对实现该目标的积极投入上,并对其他各种消极的心理因素产生抑制作用。在这个过程中,充满对美好境界的期盼和追求,会觉得生活充实而有意义,甚至感到骄傲和自豪。

三是有目标感,老人生存意识更强烈,健康管理更有序。拥有明确生活目标的老人,更有存在感和成就感,尤其是当设定的生活目标一一实现时,巨大的满足感会让他们体会到人生价值,提升生活品质,进而会促使他们体内的激素水平维持在极佳状态,免疫系统会更强大,心脏也会更健康。可见,生活目标感强、富有积极进取的人生态度可促进生理健康并延年益寿。因为从心理学角度看,拥有明确的生活目标能提高生活积极性,进而对身体所受压力起到缓冲作用。从行为学角度看,生活有目标的老人,更具有较强保健意识,选择的生活方式也更科学。俗话说"生活有目标,长寿概率高",是有一定道理的。

二、有什么样的生活目标,就有什么样的人生暮年

有的原本是一个很有抱负、很有志向的人,但年老退休后,却只把生活目标停留在每天按时起床、锻炼、买菜、做饭、接送孙辈上学上,很少考虑过自己晚年应该有一个比较长远的目标。其实,无论是年轻人,还是老年人,每个人心中都有一个自己的舞台。心有多大,舞台就有多大。有什么样的人生目标就决定什么样的人生。把自己的目标定得卑微、平凡,就很难获得向更开阔的事业和人生奋进的可能。事实证明,一个人有较高

层次的需求，他的欲望就会高涨，在行动中就会表现出积极进取的姿态。反之，长期在低层次需求的环境中生活，心中追求的欲望也会随之降低，无奈感则会与日俱增。所以，在很大程度上，一个人的目标决定了你能够达到的高度。你对自己的晚年有什么样的目标期待，你晚年的人生就会呈现出什么样的结果。杂交水稻之父袁隆平，刚进入 80 高龄时，曾提出到 90 岁的时候，能够实现超级杂交稻第四期目标，亩产达到 1000 公斤。结果到 2015 年就提前 5 年实现了超级稻计划，创造了世界水稻产量最高纪录。事实上，无数追求"老骥伏枥、志在千里"人生境界的老人，无一不是确立了远大的目标。正是这样的目标，一直都在时刻激励着他们，使他们不断创造出人生第二春的种种奇迹。

三、老年人如何规划生活目标

老年人的目标同青壮年时期有着明显的区别，少的是功利之心，多的是趣味、意兴，最主要的是为了让自己开心，丰富老年生活。老年人规划生活目标，要根据生活环境、身体现状、性格爱好等具体情况考虑决定。一般应注意以下几个方面。

（一）生活目标要"以我为主"，可操作性强

老年人设定生活目标要结合自己的实际情况，目标要合理，坚持"以我为主"的原则。生活是自己的，一味迁就孩子，或者为了完成某个"宏大"的目标，彻底改变生活，都是不可取的。

目标制定要符合实际，并结合自己的喜好，这样有利于调动各方面积极性，正确地向着目标前进。比如，喜欢出去走走的，可以设定一个旅行计划，先从周边的旅游景点开始；喜欢学习的老人，不妨参加老年大学，学点感兴趣的东西；热心肠的老人可以参加社区志愿者团队，或者学点心

理学知识，帮需要的人排忧解难。目标还要与经济条件相匹配。如果家里没多少钱，还非要去各地旅游，进而背负经济压力，效果适得其反。目标应具体明确，可操作性强。比如，有的老人喜欢写作，希望晚年成为一名作家。这种愿望就很笼统。不妨把目标定为从写文章开始，随后逐步落实成书、联系出版社事宜。这样的计划既有挑战性，又具有可操作性。至于自己能不能成为作家不重要，你只要享受写作带来的乐趣即可。

（二）目标要有利健康，不要强加压力

老年人设定的生活目标，不要给自己太大压力，不必去拼搏力争，更不要破釜沉舟，只要尽力而为就好，能走多远算多远，能实现多少算多少。比如，上老年大学学知识是好事，沉浸在学习的乐趣中即可，没必要过于在意学到了多少，更不要跟别人比成绩。此外，一些人退休后还会出去工作的，应该以让自己高兴、尽量实现自我价值为目的，不要过于看重收入。

总之，对老年人来说，目标能否实现并不重要，重要的是让自己在实现目标过程中获得快乐，或享受过程，这才是老年人要的快乐生活。

（三）追求目标要持之以恒

实现目标，最重要的是意志和信心。晚年生活不可能万事如意，疾病会有，矛盾也会有，不能由于这样那样的原因，目标朝夕变换。随时变换目标是不成熟的表现，遇到困难就放弃目标是软弱的表现，因为挫折而失去目标是缺乏坚强意志的表现，执着眼前小利而忘记最终目标是目光短浅的表现。所以一旦确定了目标，一定要学会坚持。要记住，只要是你想做的事，就动手去做，永远不要认为太迟啦，做不出什么结果来啦，等等。此时所做的事，其意义本身不在结果，而在过程，在是否做，怎样坚持做，过程带给人快乐。

第三节　仍要保持自信

人到老年，会有各种各样的不顺，七病八痛也会不请自来。困境面前，既不能怨天尤人，也不能一味依靠他人，更不能畏惧逃避，唯有靠自己调适心态，保持自信，乐观向上，才是战胜困境、获取晚年幸福的关键。

一、人老了，更要拥有坚定的自信心

老年人的自信，主要体现在：一是做人的自信，就是对生活充满乐观和进取的信念；二是对自己能力的信心，就是自己对自己的一种肯定和信任，觉得自己虽已年老，但仍然有能力、有价值；三是拥有克服各种困难的决心和勇气，任何情况下都不动摇，并努力为之奋斗。

老年人的这种自信，是一种意志坚强和精神愉快的表现，也是一种积极的人生态度的体现。拥有自信不同于老人的自负，也不同于老人的固执，更不同于偏执老人的"死心眼"。真正老年人的自信是建立在对自身客观评价基础上的，代表着老年人一种优秀的心理品质。

老年人一生经历了很多的风风雨雨，曾经辉煌过，也成就过一些事业，因而那时候他们在许多方面是充满自信，挥洒自如的。随着青春岁月的逝去，自信心却在一点一点地流失。尤其是退休以后，对生活环境不适应，以致逐渐失去了自信。认为自己人老了，跟不上时代了。随着身体机能的衰老退化，总觉得自己这也不行，那也不行，自己瞧不起自己，做什么事都犹豫不决。晚年生活中一旦出现重大变化和遭遇，如丧偶、患病等，更是容易导致精神颓废，心理上会产生自我鄙视、自我畏缩等不良情绪，这对健康不利，晚年幸福指数也会降低。所以，人老了更需要有坚定的自信心。

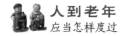
人到老年
应当怎样度过

二、自信是点亮老年人"幸福灯塔"的心理火炬

（一）老年人拥有自信，就会拥有顽强意志和积极进取精神

自信是一种精神，是一种动力，自信能给人带来勇气和力量。对老年人来说，生命的力量首先来自自信，而自信的力量，在很大程度上决定着生命的质量。老年人拥有自信，就能以一种积极向上的心态面对生活，面对年老，并能始终保持百折不挠的顽强意志和奋发向上的进取精神。即使步入人生暮年，也仍然处处呈现出活泼的生气、乐观的情绪和轻松自如的神志。

自信带给人们的不仅仅是积极的人生态度，还能由此带来处理人生事务的能力。因为相信自己，便不会凡事都去指望别人，自信的老人总是自己去努力，很平和很从容地朝着自己人生目标一步步迈进，在过程中体验充实与快乐，在结果中感受成功与满足，在一个个目标实现的同时积累更多的自信。

当老年人有了充足的自信，并不意味着什么烦恼也没有了，而是意味着有足够的力量来处理老年生活中的烦恼。人到老年，生活中难免会遭遇到各种困境、挫折和不幸，但只要老年人充满自信，就不会怨天尤人，更不会畏惧逃避，而能百折不挠地想方设法去克服。即便最坏的情况出现，自信的老人也会抱着"面对、接受、放下"的心态，以顽强的意志从容应对、积极化解，而绝不会畏这畏那、消极退缩。可见，自信才能使老年人拥有顽强的生存勇气，才能真正承受得起晚年生活中所有的痛苦和不幸。

（二）老年人拥有自信，就会拥有精彩的晚年人生

人老了，仍然是社会的一分子，虽不再工作，但并不意味着就不能为社会作贡献。比如，走在大街上，面对别人的疾苦，给予力所能及的帮助；再或者，做一个老年志愿者，每天穿梭于社区或各种运动会、展览会，让

自己的人生过得更有意义。许多事实证明，在事业上有所成就的老年人，都具有强烈的自信心。这些老人尽管出身、经历、思想、性格、兴趣、处境等有所不同，但他们都有一个共同点，就是对自己的才智、事业和追求充满必胜的信心。自信的意识、自信的力量，足以使他们潇洒自如地直面人生，以艰苦卓绝的奋斗改变了自己的命运或是实现了自己的人生价值。所以，一个拥有自信的人，纵然年老，也会有所作为甚至会创造奇迹。自信不分年龄，自信永远不老，拥有自信的人，纵然白发苍苍，心灵的沃土也会长出青枝茂叶。自信是人的精神支柱，没有自信的人，即使年轻，思想的荒地也播不进希望的种子。

　　老年人任何时候都不要看轻自己，不要把自己看得一无是处，即使你现在因年老而处于社会的弱势地位，但你也没有必要自卑自贱，不要因为自己由主要角色变闲暇角色而否定自己的智慧；不要因退休后无职无权而放弃梦想的追求；更不要因为不被家人和晚辈尊重而苦恼。如果我们总是担心自己什么事也做不好，时光就会慢慢削去我们的精力、我们的意志，会使我们丧失许多本该属于自己的机会，会使本来能做好的一些工作半途而废，甚至会使我们衰老得更加迅速。老年人只要拥有了自信，就会拥有希望，有了希望才有动力和方向，就会对生活充满期待，对未来充满向往。因而就会顽强、乐观、积极地追求晚年生活目标和美好的第二人生，晚年人生也必将因自信而精彩，因自信而灿烂。

　　（三）老年人拥有自信，就会拥有战胜疾病的内在动力

　　一个人进入老年期后，能否在事业上继续有所作为，自信起着特殊的作用。而一个人年老后对待生活和疾病的态度，对其健康长寿，同样起着至关重要的作用。一般情况下，凡是平时自信自己身体健康的人，其身体一般是健康的，而总是怀疑自己有病的人，得病的概率就大一些，这就是

自信心对身体产生的影响。大量科学研究表明，如果一个人的自信心十分坚定而又能持之以恒，并保持良好的情绪，就能使机体分泌有益的激素，将血管和神经调节到最佳状态，从而增强机体抗病能力，达到健康长寿目的。反之，面对生活中的种种变化和遭遇，缺乏足够的信心，必然导致精神颓废、情绪悲观，于是百病应运而生，健康和长寿便与你无缘。生活中常有这样的现象：同样身患重病的人，其结局是不一样的。这是因为，在疾病面前，缺乏自信的人，大多意志薄弱，神祛气虚，因而难以康复，甚至很快走到生命尽头。相反，自信心强的人，在病魔面前会显得意志坚强，而意志能够支配精神，使人乐观，从而起到防御疾病和促进康复作用。可见，自信是战胜病魔的最神奇力量。正如哲学家和心理学家所言："对自己有信心，是所有其他信念中最重要的部分，缺少了它，整个生命都会瘫痪。""信心是半个生命，淡漠是半个死亡。"

人到了老年，身染病疾者总有十之八九。然而，生命或许很脆弱，但是有了自信，生命就能强劲起来；生命极易萎缩，但有了自信，生命就能挺拔和旺盛。自信所给予生命的，不只是一种依托、一种支持，自信给予生命的是永远的坚强和力量。有了自信，就会焕发出活力和勇气，即使天有不测风云，病魔突然袭来，也会处变不乱，气足胆壮，相信通过医疗和调养能获得健康和长寿。当你有了这种自信心，晚年生活一定过得快乐而充实，最终达到健康长寿的目的。

三、老年人的自信从哪里来

自信通常与学识修养、知识储备是成正比的。老年人要拥有自信，首要一条，就是在任何时候都应重视品质修养、处世能力等方面素质的提高。除此，还应努力做好以下几个方面。

（一）正确认识和评价自己

老人自卑心理的存在和产生，不完全是由于在能力上或知识上不如人，而是由于不如人的自信心态和自信力量。有自卑感的老人，总是习惯拿自己的劣势和短处与别人的优势和长处相比，结果越比越自暴自弃，越比越觉得不如别人。老年人要想增强自信，必须正确认识和评价自己，不要把自己看得一无是处。在老年人中，不少都是有文化、有技术、有能力的人才，他们一生经历了无数的困难和挫折，积累了丰富的社会阅历、深厚的工作经验、扎实的专业知识等，所有这些都可以成为老年人自信的资本。还有不少老年人虽然没有什么文凭，也无什么专业技术，但却拥有诸多特有的专长，比如有的能写一手好字，能唱一首好歌，能绘一幅好图，能烧一桌好菜，能培养一个好儿女，能找到一个好伴侣，以及把自己打扮得漂漂亮亮，不管七老八十，照样身材笔挺，走路健步如飞……不管谁，只要拥有其中任何一项，都是值得骄傲的理由，也都是值得自信的资本。所以，老年人不要总过分约束自己，要大胆展现自己的优点和长处，敞开心扉，潇洒而活，就能有助于提升自己的自信。

（二）善于从小事做起并能锲而不舍地坚持下去

有的老人缺乏自信，是由于挫折长期积累的缘故。在一些小事情上没有处理好，不断积累，久而久之，就会觉得自己什么事情也做不好，以致使自己越来越失去自信。增强自信的最好办法，就是要认真对待每一件小事，努力把它做好。比如，退休后你希望能改一改睡懒觉的坏习惯，不妨先给自己订一个有期限的计划，如坚持一个星期晨练，快走或慢跑。每天早上，无论天气如何，一定要坚持下来。7天以后，如果你做到了，你对自己守了信用，自信心也就会慢慢产生。当然，你还可以根据自己的实际情况制订一些其他切实可行的计划，特别是针对自己的一些不良习惯。千万记住一点：一旦制订了计划，就一定要锲而不舍地坚持到最后，无论遇到什么困难。这样才能真正体会到成功带来的自信。老年人只要将自己擅长的小事情做得更精、更好，又何尝不是一种对自身能力的突破呢？

（三）要学会自我激励

年老了，并不是什么都不能做，永远也不要消极地认定什么事情是不可能的。首先你要认为你能行，然后去尝试、再尝试，最后你就会发现你虽然年老了也同样能做任何事。因此，老年人要不断对自己进行正面的心理强化，鼓励自己别人能行，相信自己也能行；其他人能做到的，相信自己也能做到。长此以往，你会发现自己变得很自信。各种烦恼、痛苦、忧愁将很少发生在你的身上。特别是疾病缠身时，必须不断地告诫自己："我一定会好起来的！""我死都不怕，还怕疾病吗？"以此不断激励自己，就一定能树立起战胜疾病的信心。

当生活中遇到比较大的困难无法摆脱时，也可用某些哲理和古今中外一些生活的强者为榜样，鼓励自己同挫折抗争，增强生活的勇气和力量。还可以与自己身边的人比一比，特别是与那些比自己遭受更大挫折的人比一比，他们是靠什么力量战胜烦恼而变得愉快呢？这个时候，就更要多想自己的优势、肯定自己的能力、增强自己的信念。只要坚持积极的自我激励，就会使自己变得自信主动，有生气有活力。

第四节　保持对生活的激情

所谓激情，是一个人受外部事物冲击而引起的一种强烈激动的情感。用通俗的话说，激情就是对人生、理想的追求而产生出来的兴奋点。激情代表着一种积极的精神力量，是人生前进的动力，也是一个人生存能力的表现形式。人的生命不能没有激情。艺术家没有激情，不会有好作品；领导者没有激情，不会振兴一方；老年人没有激情，生活会过得乏味，人生会充满了贫瘠。可见，任何人都需要拥有激情，尤其对老年人来说，由于身体和年龄的原因，比年轻人更需要保持快乐生活、健康生活的激情，才能使晚年生活富有活力、富有情趣。

一、人老了，就不会再拥有激情了吗

常常听到许多老人的抱怨，抱怨生活的淡然无味，抱怨活着的无奈与苦闷。有的说："人到老年，力不从心，还谈什么激情"；还有的说："我自己都不知从什么时候起，就已失去了激情，无论去看什么名山大川，还是遇上什么重大喜事，都已不能让我激动起来。"对于老年人来说，不是从来就没有激情，只是后来由于某种原因而失去了激情。比如，有些人原本工作、生活都是非常勤奋的，非常有热情，一旦退休离岗后，就自然觉得工作热情陡衰、生活情趣日减。不仅对周围的人和事不热心、很冷淡，而且对什么都无动于衷漠不关心；有的一天到晚无精打采，有气无力，仿佛与现实生活失去了联系，甚至连家属也不愿理睬；还有的意志衰退，浑浑噩噩，得过且过，如此等等。他们不相信别人，也不相信自己；不钟情于现在，也不希冀于未来。对这种现象，青年人要予以注意，老年人尤为警惕。

究竟是什么原因使一些老人失去了对生活的激情呢？老，不应当是原因，因为谁都会老，比你年长而又激情洋溢的人比比皆是。权力的丢失也不应当是原因，因为谁也不能在权力的巅峰上久居不下，曾经比你位高而热情快乐的人有很多很多。金钱的短缺更不应当是原因，因为钱财毕竟是

身外之物,生活中有那么多比你困难的普通百姓不也整日很自在、很快乐的吗?

可能你确实遇到了不幸,重的如丧偶、失子、疾病缠身;轻的如家庭不和、儿女不孝,但即便如此,你也应当振作起来。你应当把事情看得透一些:生活原本就充满酸甜苦辣,人生道路原本就弯弯曲曲。能够这样看、这样想,你的心境就会好一些,对生活的激情就会多一些。

应当相信,失去的激情是能够寻找回来的。只是需要记住:寻找激情本身也需要激情——它首先是自信。激情能够唤起自信,自信也能招来激情。自信的神灵一旦温暖了你的心,激情的火花就一定会迸发出来,为你的晚年生活披上美丽的盛装。

二、激情是人生暮年不可缺少的生存要素

(一)充满生命激情的老人永远不会厌倦生活

年老后疾病多了,体力差了都不可怕,可怕的是没有激情。没有了激情,就不想做任何事情,就没有克服困难的力量。有了激情,你就会有很大的改变,就会对做什么事都能产生深厚的兴趣;你会变得神采奕奕,精神焕发;你就会有把事情做成功、做好的欲望;就会变得心胸宽广,轻松愉快,就会把平淡的生活当作不平淡的事来对待,甚至会觉得做家务也是一种惬意的享受。比如,当你洗碗时,会把自来水想象成一股山泉,正在叮咚流淌;当你擦地板时,会仿佛看到孙子孙女放学回家后,坐在干净光洁的地板上,玩心爱的玩具小火车;当你整理床单时,就会仿佛看到老伴晚上临睡前,总习惯半躺在舒适的床上,与自己共同甜蜜地回忆年轻时的往事,多么温馨和浪漫啊!就连摆放一些小装饰品时,老人的脸上都会充满笑容,内心充满一片愉悦。总之,一个内心充满激情的人,无论做什么,

都会觉得是一种享受，即使再苦再累的日子也能从中品味到甘甜。拥有生命激情的老人，永远也不会厌倦生活，始终都认为自己是这世界上最快乐、最幸福的人。

（二）激情会使古稀之年依然年轻

生活得富有激情、富有活力、富有情趣，这也并不是年轻人的专利。活出一点儿风采，活出自己独有的个性，这常常与年纪并无多大的关系。20岁的人因缺乏激情，可能活得暮气沉沉；90高龄的人，内心的激情可使他晚年充满活力，活得有情有趣、有滋有味，让年轻人都会羡慕不已。可见，激情是心灵内部迸发出来的力量，能激励人去唤醒沉睡的潜能，发挥出无穷的才干和活力。会使你即使到了古稀之年，也依然年轻。国外有一位老太太，做什么事都从不在乎自己的年龄，而在于自己的想法。于是，她在70岁高龄之际开始练习爬山，其中不乏世界名山。令人惊讶的是，她以95岁高龄登上了日本的富士山，打破了攀登此山年龄最高的纪录。她就是著名的胡达·克鲁斯老太太。

（三）生命富有激情，能创造出生活奇迹

英国哲学家罗素78岁获得诺贝尔文学奖，他说："是一种强烈的激情支配着我的一生。"

西班牙作曲家、指挥家P.卡萨尔斯在90岁高龄的时候，才开始学钢琴，每天坚持练琴4小时到5小时，当乐声不断地从他的指尖流淌出来的时候，他弯曲的双肩又变得挺直了，疲乏的双眼又充满了欢乐。是音乐，不，是激情，使卡萨尔斯的生活变成了没有终点的精彩历程。

激情是世界上最有感染力的情绪。激情增添一点，人生就大不一样。充满激情，最后你自己也将被激情点燃，你的生活也会因为激情而多姿多彩。

三、老年人如何重新获得生命激情

人到了晚年,生命有无激情,将会直接关系一个人的生活质量,关系到能否感受到夕阳的美好、晚霞的绚丽。那么,如何才能重新获得生命的激情呢?

(一)要正确看待老年

有些人上了一点儿年纪便郁郁寡欢,一个重要因素就是认为"日薄西山,来日无多",生命已经到了尾声。其实,人到老年应该越发宁静、越发深沉,以享受晚年的乐趣。对此,享年98岁的英国哲学家罗素有段话说得极好,他说:"一个人的生存应当像一条河流,最初潺潺如溪,河床窄小,然后很快冲过挡路的一块块磐石,飞越一道道悬崖瀑流,河床变得又宽又大,两岸相隔愈来愈远,雄伟的河水流得愈发的宁静、深沉,最后极目远眺,注入汪洋。"老年人若能这样看待老年,晚年又何须长吁短叹、郁郁寡欢呢?

(二)要重视晚年的学习

拥有丰富知识、开朗性格、乐观精神的老人,大多富有生活激情。一个人要想能真正拥有生活激情,就必须重视晚年的学习,活到老学到老。因为学习,一方面可增长知识,正确地对待世界,正确地对待自己;另一方面,可以帮助自己看清目标,在精神上找到寄托,使自己全身心地投入到事业中去。这不仅可以改变心里空虚状态,而且可以医治精神抑郁。精神生活充实了,自然就会激发出老年人对生活的激情和乐趣。

(三)把平淡的生活过得不平淡

生活对大多数人来说都是平平淡淡的,尤其是老年人的生活更像一潭湖水般平静。老年人要善于从平静中跳出来,多培养自己一点儿爱好,如书法、绘画、唱歌、跳舞、打球等。有了爱好,才有快乐,激情才有载体,才有机会充分表现出生命的活力与人生的尊严。平淡事就会产生不平淡的效果。一位名人说过这样一句话:"创造激情,最主要的是投入到一项具体的工作中去。"

如果你从未找到自己的激情,就必须解放自己,尽可能多地接触外面的世界,比如阅读文艺作品,欣赏音乐戏曲,游览名胜古迹,参加各种社会活动,学习琴棋书画,烹调钓鱼技艺,等等。多接触一些充满正能量、有成就且乐于助人的人。要注意的是远离愤世嫉俗、爱发牢骚、充满负能量的人。

激情是人生不可缺少的生存要素。释放激情,感悟激情,让激情伴随着人生十分重要。因为,谁拥有激情的生命,谁就能营造出绚丽夺目的美丽晚霞。

第五节 仍要有所为有所用

人到老年最怕什么?有人说是"孤独",有人说是"疾病",其实,这都不是老年人最担心的。一项网络调查表明,老年人最担心的,是怕被社会淡忘、没有事情做。许多老年人对社会活动都有着极强的参与欲望,他们可以不计报酬,也可以不计名利,他们只要自己心中能够感到"社会还需要我,人们还需要我"就足够了。可见,人到晚年怎样生活得有价值,一个重要的标准,即在晚年要有所作为。吃好玩好,坐享清福,不能反映老年人生活的真谛。老有所为才是老年人人生价值的重要体现。

人到老年
应当怎样度过

一、老有所为是老年人的普遍愿望

"老有所为",并不是指退休后还必须参加什么工作,而是指老年人仍能用自己长年积累的知识、技能和经验,在社会活动中继续发挥力所能及的作用,为社会为他人继续作出自己的一份贡献。这是一种积极的养老方式,也是绝大多数老年人的共同愿望。北京老年大学曾做过一次调查,题目是老年人最感兴趣的是什么?一个普遍的回答是:老有所为。另一份有关调查资料显示,在身体健康状况允许的条件下,83.5%的老年人有就业、从事家务劳动、参与社会服务等继续工作的愿望。

(一)老有所为是老年人实现自我价值的心理需要

所谓自我实现的心理需要,是指老年人希望能充分发挥自己的才能,努力实现自己理想目标的需要。从心理学角度看,人类自我价值的实现是人生的最高心理需要,这种需要远远高于吃喝玩乐。为什么人能承受短时间的悠闲,却不能忍受长时间的无所事事带来的空虚、无聊?这是因为人并不是仅仅活着就好,更为重要的是人活着的最终目的,应该在于寻找自己的人生价值和实现自己人生的目标,也就是说,人活在世上总要有所作为。正如有些老人所说:"我们要求工作,不是为了钱,不给报酬也愿干,身体还好,拿着退休金在家闲着,很不是滋味。"所以,人老了,即便是离开了工作岗位,心理上仍然有希望实现成就的动机,希望在老有所为中度过自己的人生晚年。并且不管在哪个方面,只要能有所成功,有所进步,都会产生一种"成就感"。"成就感"是一种向上的动力、前进的牵引力、永葆青春的助推力。老年人有了这种成就感,就会更加积极找事情做,觉得自己是一个永远充满生命活力的人。可见,老有所为的生活是老年人晚年最核心的精神追求,不仅能有效地填补退休后的失落感、无用感,而且让人觉得生活得有价值、有意义。正是在这种"成就感"的驱动下,越来越多老年人开始转变消极的养老观念,在奉献中寻找个人价值,在有为中体现生命的意义。

(二)老有所为有益身心健康延缓衰老

一是忙而无忧不知老。笔者有一位姓范的邻居老友年届76岁了,我们戏称他为"第一忙"。他原来是一家机械行业的公司老总,退休不久就去乡下承包了20亩荒山,先后种了800多株甜蜜柚、白枇杷、杨梅等果树,还种了2000多株白茶。为了开发好这个果园,他每天起早摸黑、风雨无阻,天天忙得连吃饭都顾不上。开始,笔者每当见到他时都要劝他:"范总,你这样没日没夜地干,要不了多久,人就会很快变老的。"没想到,几年后他的身体和气色却越来越好。许多朋友见到他,都说他是越忙越年轻了。问他什么秘诀,他乐呵呵地说:"山上天天都有忙不完的活,哪里有时间想老啊!"

大量事实证明,老有所为的人的确比一般人衰老得慢,因为他们有追求,几乎把全部精力用在自己喜欢的兴趣活动上,不仅没有时间思老、忧老,而且能从老有所为的活动中体会到生活的意义和乐趣,使自己完全感觉不到已经变老。像老范这样的老人,坚持天天上山开发果园,既有精神寄托,又有适度劳作,而且随着果园的陆续落成,更激发他对晚年生活的憧憬和向往。如今他虽年事越来越高,开发果园的劲头却越来越大。老年人能如此心理年轻、精力旺盛,生命之树能不常绿而繁茂吗?所谓退而不休、老有所为,便是这类老年人精神追求的真实写照。拥有这种精神追求的人,何尝不是"没有时间变老",他们正在书写的是人生智慧的精美诗篇。

二是老有所为寿自高。在人们的传统观念中,认为注意饮食、讲究卫生、加强锻炼、心情舒畅是健康的基本保证,这无疑是对的。而对于老年人来说,老有所为更是健康长寿的要诀。

大量研究表明，人到老年，有点事做，生活有一定的节奏感和紧张感。便能活得更健康、更长寿。中央电视台曾采访制作了一部百岁老人的专题片，他们先后采访过的七八十位百岁长寿老人中，有的打拳舞剑，有的在田间劳作，有的忙于家务，有的忙于书画，没有一个闲着的。他们的长寿经验各具特色，但他们共同的长寿诀窍只有一个字：忙。正是因为"忙"，才有助于这些百岁老人的健康长寿。然而其中道理何在？

这是因为，"忙"可以活跃细胞，保持心智，振奋精神，等于给人增加营养。"忙"也是一种修行。人忙了，肯定不会愁闷忧郁、胡思乱想，那些困惑老年人的"心病"自然离你而去；整天沉浸在忙碌之中，那些烦琐杂念、钩心斗角，也不会扰乱你的心思。养生重在养心，而养心首在心中无杂念、无争斗，长寿自在其中。国外曾有心理专家对世界上500名工作最忙碌、最紧张的名人进行调查，发现他（她）们的平均寿命要比普通人高出29%。他（她）们不仅寿命长，而且直至高龄仍然思维敏捷，想象力丰富。

相反，如果老年人长期不做些力所能及的事情，久而久之就会变得懒惰孤僻，就会迅速衰老，百病上身，甚至很快垮掉。在同样的年龄和身体条件下，退休无所事事的老年人比起老有所事、老有所忙者，衰老要快得多，死亡率也高得多。

所以，人过"花甲之年"，千万不能无所事事地坐享清福，务必重新扬起生命风帆，认准一个奋斗的方向，实践一项喜爱的事业，不停地忙碌着，晚年会更充实，生命力会更旺盛，人也会更长寿。

（三）老有所为是老有所养的有效途径

从经济角度而言，目前企业职工退休金普遍较低，尽管这几年退休工资逐年有所提高，但由于物价不断上涨，"死收入对活物价"，必然会影响到他们的实际生活水平。还有不少老人在经济上、精神上承受着相当重的家庭负担，成年的孩子往往还得靠父母补贴。这也迫使一些退休老人，千方百计要继续做点有报酬的工作，增加收入。

此外，国家还不富裕，没有足够财力解决老有所养的问题，尤其在基层、在农村，困难会更多一些。因而不少老年人希望通过参与力所能及的工作，获得合理的报酬，这也是改善老年人生活，促进老有所养的有效途径之一。

二、老年人能老有所为吗

不少老年人退休后，总觉得自己已离开了工作岗位，还能有什么作为？还有的认为，自己在年轻时都没有什么作为，老了更不可能有什么作为。其实，这种看法是没有科学依据的，在实践中也是不可取的。

首先，我们可以看看老年人究竟有没有继续工作的能力。人到60岁年龄就要退休，但并不是到了60岁的人就会变成健忘、固执、生理退化的无用的人。他们当中许多人仍然身体很好，加之丰富的经验，仍可做许多工作，特别是60岁至70岁这段低龄的老年人。在中国60岁以上人口中，占55.83%，继续发挥作用且潜力较大。这是因为这些老年人都是刚从工作岗位上退下不久，大部分人的工作能力都未衰退，而且其知识、技能等经验性能力还很强。可以说，这段初老时期是老年人真正老有所为的黄金期，他们不仅拥有成熟的工作经验，而且还有值得年轻人钦佩的敬业精神和责任心，只要他们接手任何一项工作，都能像在职时一样，兢兢业业地干得有条不紊、有声有色。

国际发展趋势同样表明，老年人尤其是具备专业技能、特长的老人，退休后不仅有继续工作的能力，还会成为"香饽饽"。有一年日本在西班牙举办了一次人才交流活动，与会70岁以上的退休者就有200多名。当时在西班牙这些70多岁的老人非常抢手,因为这些老人都是政治、经济、科技等方面的大学者、企业家、董事长和专业技术人才。不要小看这些老人,一个有本事的老人就能挽救一个工厂。可见老年人退休后所发挥出来的老有所为的作用,往往不是我们所能估量得到的。

其次,从老年人的智力情况看,虽然人的智力是随着年龄的增长而衰退的,但后天获得的知识、文化和经验,包括理解力、判断力等,反而会随年龄的增长有所提高,即使到了70岁、80岁也不会衰退。所以,不少老年人退休后仍然还具备很强的研究能力,甚至是创业、创新能力。古今中外,耄耋老人老有所为的实例并非鲜见。歌德写完他的《浮士德》时已经83岁了,萧伯纳93岁时还写下了剧本《牵强附会的寓言》,我国国画大师齐白石在93岁高龄那年还作画600多幅。由此可见,人到老年,壮心不已,继续为社会做贡献者比比皆是。为什么这些老人到了晚年仍然还能够取得这么惊人的成绩呢?除了他们在青年时代有优越的受教育条件,智力发展得好外,更为重要的是他们到年老时,仍具有明确的奋斗目标、强烈的成就动机、勤奋进取的精神、超人的意志、对事业的执着追求。所以,人到老年,尽管体能有所下降,机体及各器官的功能也渐渐衰退,但只要不放弃理想、不停止追求、扬长避短、发挥优势,就仍然可以大有作为。甚至还有可能更上一层楼,做出原先在位时意想不到的成就。

最后,从现实情况看,全国各地有成千上万的老年人,退休后在许多领域获得重大成就。他们中有的积极参加社会公益活动,做出显著成绩,被评为先进,成为年轻人学习的榜样。有的通过参加老年大学多年的学习,在文学创作、论文撰写、书法绘画、声乐器乐、摄影收藏等多方面获得了显著成绩,比如,有的在省、市、全国乃至国际上参展参赛、交流和获奖,有的还成功地举办了个人画展、书法展,成为著名的画家、书法家。更有成千上万的老年人自主创业，搞科技开发，取得了丰硕的成果。所有这些事例充分说明，在老年人身上有巨大潜力可开发，老有所为不是不可能，而是大有可为的！广阔天地可由那些老当益壮、自强不息的老年人纵横驰骋，他们完全能将积累一生的精神财富继续奉献给国家和社会，并造福于民。

三、老年人怎样才能有所为

（一）克服"老不中用"的心理障碍

不少老年人退休后常有一种"老不中用"的末日感或老朽感，这种心理状态会压抑、熄灭老年人奋发向上、积极进取的欲望，丧失老有所为的自信心。老年人要克服这种心理障碍，战胜生理衰老给自己带来的精神衰老。应该认识到，一个人生理上的衰老不可抗拒，但是自强不息的精神不能老。不要轻易认老、服老，更不要认为人老了，一切都完了，什么事都做不了了。老年人有几十年的工作实践和积累，蕴藏着无限的潜能。只要抱着积极的心态去开发自己的潜能，你就会有用不完的能量，甚至能开发出自己从没有意识到的潜力。爱迪生说：如果我们做出所有我们能做的事情，毫无疑问地会使自己吃一惊。老年人也是这样。

所以，老年人不要自卑，只要是生活能够自理或思维正常的，仍然可以凭借自己的经验和技术专长为社会作贡献，尤其是能树立大器晚成的雄心壮志，就更能在晚年有所作为、有所成就。

（二）不以善小而不为

有些老年人身体尚好，不愿闲在家，想再工作但苦于找不到合适的，或者嫌专业不对口；或者离家太远、报酬低，也不愿干。其实是传统观念锁住了自己的手脚。要知道老有所为不仅仅是为了挣几个钱，更重要的是为了摆脱自我封闭和单调的生活方式，丰富生活内容，加强人际交往，使精神有所寄托，有利于身心健康。社会上可为的事很多，做事不在大小，而在于各尽所能，人尽其才，在于自我价值的实现，切勿"以善小而不为"。位不计高低，事不问巨细，钱不问多少，只要肯为，只要与社会的需要合拍，就一定能谱写出新的篇章。

（三）坚持锻炼，保持身心健康

健康是保证晚年生活质量的基础，也是晚年老有所为的重要条件。健康能促进老有所为，也能制约老有所为。因此，老年人要高度重视自己的身心健康。健康老人要努力使自己的健康尽可能长久地保持下去。失去部分健康的老人也要树立战胜疾病的信念。著名保健专家洪昭光说："自己才是自己真正最好的医生。"老年人在健康方面一定要抱着积极的态度，我的健康我做主，为防病治病努力钻研卫生、养生、保健知识。并且身体力行，成为长寿和助人长寿的有为老人。同时还要坚持活到学到老，这是老有所学的重要前提。老年人一定要通过加强学习，不断充实自己，才能将老有所学变成老有所为、老有所用。

老有所为并不是指非要做出一番惊天动地的事业和成就，其实，一切有利于他人、家庭、社会的言行，都是老有所为的表现，如带头遵纪守法，为孩子讲讲民族美德和光荣传统，做点力所能及的家务事，也都是老有所为。还有不少老年朋友，热爱生活、身心健康，合理安排饮食，积极锻炼身体，提高生活质量，减轻社会负担，减少子女后顾之忧，用实际行动支持儿女们工作，对社会多作贡献。这实际上也是一种老有所为。老有所为并不是一件难事，也不是去干大事，只要我们想着做，就一定能做到。我们没有必要追求生命的轰轰烈烈，但有必要追求活得有滋有味。

第四章

活得快乐，
才是最大幸福

人到老年

人到晚年究竟什么最重要？不少人觉得健康最重要。其实，还有比健康更重要的，这就是快乐。有人曾给人的幸福下过一个定义：只有快乐才是人生幸福的唯一标准。无论我们对金钱、物质、名誉和地位表现得多么渴望，孜孜以求成功的事业、富有的家产、自我价值的实现等，归根结底都是为了求得最终的快乐。假如一个人一辈子有钱、有权、有名，却没有快乐，仍旧只能算是虚度此生。如果一个人年老了，什么都不缺，唯独没有快乐，那么他整个晚年都不会感受到幸福。因为幸福与否，既不是退休前职务高低，也不是退休后住房的大小与财富的多少。幸福是一种实实在在的自我感觉。这种感觉来自身体无疾病、思想无负担，生活充实，精神愉悦。有句话说得好：一个人的晚年生活是幸福的，他的一生就是幸福的。晚年生活的质量在很大程度上决定你一生的生活质量，可以改变你对自己一生的看法。

第一节　快乐比长寿更重要

健康长寿是当代人类的共同理想和追求。随着人们物质生活水平的日益提高和医疗技术的迅速发展，越来越多的人都希望自己能活得长寿，但活得长寿往往不一定活得快乐，有的人活到 100 岁，但 70 岁就卧病在床，连自理能力都没有，他们十有八九感觉不到一丝一毫的快乐；有的人活到了 80 岁，无病无痛，一直高质量地生活着，这样活到 100 岁，他们也是快乐的。可见长寿并不是活得幸福快乐的唯一标准，生活质量如何才是影响幸福快乐的关键。如果长寿意味着忍受病痛折磨，那长寿还有什么意义？所以，我们说人不快乐的时光就是多余的寿命。如果每天都活得很痛苦，很抑郁，甚至生不如死，寿命再长又有什么意义？正如现在流行的一句话："高官不如高薪，高薪不如高寿，高寿不如高兴。"细细解读一下，还真有一点道理。高官也有人走茶凉的时候；金钱也许会招来杀身之祸、会让家人反目成仇；高寿虽好，但如果没有快乐，与蹲大狱又有何区别呢？

可见，活得快乐比活得长寿更重要。特别人到老年，不如意事多，而且面临的是人生晚期，遇到的问题也是人生中最困难的。所以人越是老，越是需要快乐来调节身心，来支撑意义，来适应变化，来焕发精神。

一、快乐能使老年人增强生活信心

快乐能使人精神振奋、积极向上；快乐能使人易于承受生活的压力，提高经受挫折、痛苦的能力和耐力。快乐使老人对未来充满信心，善于摆脱困境。我们身边就有不少快乐老人，心胸开朗，想得开、放得下；碰到不幸事件，不悲观、不失望。他们能在艰难困苦中以顽强的毅力、乐观的精神，微笑迎接光明，等待光明。

二、快乐能使老年人获得心理享受

快乐是在人的生理、心理需求得到满足后产生的一种情绪。一个人快乐的时候，常会将笑容挂在脸上，面颊鼓起，额头平展，眼睛发亮，心情舒适，这是一种"心理上的享受"。

对于老年人来说，心理上的愉悦对身心健康具有重要作用，而且有助于改善枯燥乏味的生活，特别是当一个人心理需求、精神需求得到满足时，更会给人带来极大的愉悦感、幸福感。比如，当你得到社会、子女的尊重、爱戴时，你的心中会充满感动和欣慰；当你为自己的事业、为子女的成长作出贡献时，你心中会涌起骄傲与自豪；当你与朋友促膝谈心，相互理解支持时，友情的快乐会使你心中充满慰藉；当你的生活目标得到实现、才干发挥出来时，会使你的心中荡漾着成功的喜悦；当你写了一幅好字、画了一幅好画时，会使你有种自我欣赏的成就感；当你与老伴携手并肩在洒满阳光的林间小道漫步时，会使你的心中洋溢着爱的甜蜜；当子女们携家带口回到你身边，祖孙三代欢聚一堂时，会使你的心中流淌着亲情的欢乐。所有这些愉悦、舒适的感受，都能使人获得无比快乐的心理享受。

三、快乐能促使老年人身心健康

"快乐是养生的唯一秘诀。"这是俄国著名生物学家巴甫洛夫的一句至理名言。不论是现代医学，还是实际生活，都充分说明，快乐情绪与健康长寿有着极为密切的关系。生活处境、生活状况相同的人，乐观主义者往往健康无恙，即使有时患病，也容易不药自愈。这是因为快乐、愉快、喜悦的情绪，能增强大脑皮层的功能和整个神经系统的张力，使机体抗病能力增强，并能极大地活跃免疫系统，从而有利于防病治病。这就说明，除了快乐情绪可以悦心而外，没有一种良药是可以通心的道理。不快乐是一切精神疾病的唯一原因，而快乐则是治疗这些疾病的唯一良方。

快乐具有无穷的能量，蕴藏着强大的生命力和创造力。看看那些处于高龄的健康长寿老人，哪一位不是春风满面，笑容可掬呢？很难想象一个整天愁眉苦脸，没有一点欢乐和愉快的老人，怎么会有一个好的心情呢？又怎么可能有一个健康长寿的身体？一个人活不到应有的寿命，有时就是自己的过错。一个精神充实、生活充满快乐的老人，必然是一个心理健康的老人。许多高龄老人都有一条共同体会，那就是要让生活充满快乐，快乐可以治百病，可以使人青春永驻，长寿不老，任什么灵丹仙药也比不上。

综上所述，活得快乐与活得长寿是人生追求的两大目标。毫无疑问，活得快乐比活得长寿更有价值，也更值得人们重视。人生的最高境界无疑是实现快乐与活得长寿的统一，既活得流光溢彩，还能从容地享受那斑斓纷呈的过程。

第二节　只有自己才能决定自己的晚年是否快乐

一、快乐不在环境，不在别人，全在自己

快乐感是主客观因素共同作用的结果，虽然快乐的客观条件很重要，比如健康状况、经济状况、生活状况以及社会关系等方面，但个人的主观意识和态度却是更重要的决定因素。快乐与年龄、学历、职业、地位及个人占有的财富没有多少内在联系，而是与自己的心理状况、主观态度以及生活满意度密切相关。

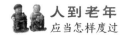
人到老年
应当怎样度过

(一) 快乐与自己的心情有关

在很多情况下,快乐与否,并不是由客观环境的优劣决定的,有的人处于贫困患难之中仍不改其乐,但有的人处于优越的环境,却郁郁寡欢。可见环境并不能决定我们是快乐,还是忧伤。我们快乐与否主要是由自己的心态、情绪决定的。比如当我们心情愉快时,会发现天空格外蓝,花儿格外香,人是那么亲切,生活是如此美好。而当心情沮丧时,看什么也不顺眼,天也不蓝了,花也不香了,人也不亲近了,生活也失去意义了。

为什么同样的环境会有如此鲜明的反差呢?关键在于我们内心对周围环境的看法如何。如果心里想的都是快乐的事情,那么我们就能快乐;如果想的都是悲伤的事情,那么我们就会悲伤;如果想的全是绝望,那么我们就会绝望。生活就好像一面镜子,你对它哭,它就哭;你对它笑,它就笑;你快乐,生活就变得快乐。纷繁的社会,相同的人生际遇,却可以折射出不同的人生态度。只要有阳光般的心态,就会看人人亲近,看花花有情,看树树可亲,看山山会笑,看水水怡人。既然快乐是一种心境,我们就有权决定自己高兴不高兴。只要学会做自己情绪的主人,无论在任何情况下,都可以感受蓝天、空气、阳光和大自然的魅力,都可以追求人与人之间的亲情、友情,进而营造快乐的生活氛围。

(二) 快乐与自己的生活态度有关

一个人的生活态度不同,对同一件事,从不同的角度去理解,就会有完全不一样的结果。有一个人辛苦积存了好几年钱,买了辆梦想了半辈子的宝马轿车。拿到新车的那一天,他特地开到郊外,享受一下好车的动力和驾驶新车的滋味。不知是因为兴奋,还是没有熟悉新车的性能,他居然撞上了路边的大树,把车头撞坏了。朋友们都认为他运气不好,上百万的全新宝马车,第一天就撞坏了。但这位车主却毫不难过,反而开导大家说："幸亏是新车，结实，车况好，虽然车坏了，人却一点事也没有。"

生活中类似这种不开心的事很多，但只要我们换个角度，或许就没有那么糟糕，所谓"祸兮福之所倚"。很多老人之所以比谁都快乐，就是因为他们能善于从不同角度看这个世界。比如不小心摔碎了东西，他们会说"旧的不去新的不来"；在外面遇事吃了亏，他们会说"吃亏就是占便宜"；侥幸逃过一劫，他们会说："大难不死，必有后福"；丢失了财物，他们会说："破财消灾"；失了火，烧得一无所有，他们会说"留得青山在，不怕没柴烧"……可见只要换种生活态度，我们就能每天微笑着面对生活，生活就会到处充满快乐，快乐就会随时都在我们身边。

（三）快乐与自己对生活满意度有关

快乐与否，与需求是否得到满足密切相关。有些老人不快乐，就是因为常常不考虑自己的实际情况，对自己提出过高要求或过分与别人攀比所造成的。比如，有60平方米的房子就想住100平方米，才会有快乐；有了100平方米房子又想住别墅，才会觉得幸福；有一处房子又羡慕：看人家有两处多好！欲望太多，快乐自然就少了。

俗话说，"知足常乐"。需求与欲望，要与本人的能力及社会条件相符合。特别是老年人，更应随遇而安，不要过分挑剔。由现有的条件中，尽力寻求那份应该属于自己的快乐。

一个人生活快乐不快乐，不在环境，不在别人，全在自己的一种自我心理体验。生活经验表明，智商高的人比智商低的人缺少快乐，是因为对自己的成功总是不满足；工作忙碌的人比空闲的人快乐多，是因为忘却了烦恼；喜欢参加体育文娱活动的人快乐多，是因为他们找到了调节的手段。当对生活中诸多不顺抱着接纳的心态，潇洒一点、宽容一点、坦然接受，积极应对，心情自然会变得更加轻松、无拘无束，身体也会相应变得更加健康灵活。

二、快乐不能等，快乐不在未来而在现在

很多人不快乐，因为总是希望按照一个难以实现的计划而生活。他们现在不享受，而是在等待将来发生的事情——等找到好工作之后，买下新房子以后，孩子大学毕业以后，完成某个任务或取得某种成功以后，就会快乐。其结果等了一辈子、苦了一辈子，仍然始终都无法快乐起来。不少老人在过去几十年岁月中，几乎放弃了每一个可以放松和追求快乐的机会。他们从不让自己有任何奢侈行为，不会去看一场戏剧或听一场音乐会，也不会去做一次郊游，不会去买一本自己渴望已久的书。他们想，等有了足够的金钱，就会有更多的享受了。每一年他们都渴望着来年会过上幸福的生活。但是当第二年来临的时候，他们会发现必须再忍耐一些，再节约一些。于是，一年年这样推迟，直到自己变得麻木。最后当他们发现自己可以追求一点快乐的时候，一切都晚了。等他们可以去国外旅行，可以去听音乐会，可以去购买一件艺术品，可以通过阅读开阔自己的眼界时，他们已经没有时间，没有健康，或已经习惯了单调的、失去色彩的生活，热情早已消逝，愿望早已磨灭，享受生活的能力早已被长年的压抑生活所破坏。

为什么会这样呢？其实道理很简单，快乐并不是在解决某个问题后能产生的，一个问题解决了，另一个问题又会接踵而来，可谓无穷无尽。因此，千万不要等到什么什么以后才有快乐，要乐现在就要乐起来。不管处境好坏，都要培养一种乐观的态度。快乐是为人处世的一种正确态度，也是一种心理行为习惯。不培养这个习惯，不训练这种态度，就不会体验到快乐。

你如果总想等情况好转后就会快乐，那可能等上一辈子也不会有你预想的快乐出现。所以，快乐必须从现在开始，哪怕在挫折逆境中也要保持快乐的心态。因为只有善于"苦中有乐""苦中求乐"的人，才能在残酷的现实中，体会到人生的真正意义和领悟到快乐的真谛。

有的老人说："我现在有病，怎么能快乐得起来啊，只有把病治好以后，我才会有快乐。"实际上，越是有病，越是要保持乐观的情绪，才更有利于康复。快乐不是在未来条件改善后的某个时刻，而是就在现有条件下，有意识地去学习和培养这种乐观的态度。我们在任何时候、任何情况下，都千万不要错过现在的快乐、现在的机会、现在的享受，因为真正的快乐不在未来而在现在，就在生活的每一天里。

第三节 真正持久的内心快乐来自老有所为的生活

老年人要想拥有一个真正快乐的晚年，老有所为、老有所忙是根本。

生活中有各种各样的快乐，比如，人们在玩笑和娱乐中会得到快乐，节日晚会、朋友聚会或家人团聚等都可以带来快乐。但是，所有这些快乐都不能代表作为社会化人的真正快乐。真正的快乐是在从事建设性、有意义的活动中产生的，是在人的社会活动中获得成就、增强自信、得到自我满足时产生的；也是在得到他人认同，被他人所接受，从客观上证实自我、肯定自我的时候所产生的。所以，老年人的快乐，最重要的仍然是能做力所能及的工作，能为社会和家人服务，能觉得活着有用，能被人所需，能受人尊敬。因此，能够真正激发出老年人深层次和保持长时间的快乐，最根本的还是要自己积极参与社会，老有所为。虽然每个老年人的情

人到老年
应当怎样度过

况都不一样，能使这个人快乐的事情，不一定适合其他人。但是老年人要"被需要"，要有所作为，通过自己有意义的活动取得成就后感到快乐，这却是共同的。为什么老年人的快乐可以各有各的不同，唯有通过老有所为获得快乐，才是老年人真正的共同所求？究其原因，主要有以下几个方面因素。

一、老有所为是一种精神上的快乐

快乐不能仅靠感官享受和恣情纵欲来实现。醉生梦死、花天酒地能带来一时的快乐，但这不是快乐的真谛。因为物质欲望的满足只是短暂的、一时的，最终摆脱不了随之而来的更进一步的空虚、无聊与苦恼。能真正有效消除负性情绪，使人生充满意义的还是对事业的追求。人生真正的快乐在于精神的快乐、心灵的快乐。这种快乐，是人的精神需求得到满足后产生的情感体验，它常常来自辛勤的工作之中，有时甚至来自艰苦的、枯燥乏味的创造性劳动之中，而且往往是完成的工作难度越大越艰辛，从中得到的快乐也就越多。所以，许多老有所为并有所成就的老人，常常会觉得自己最快乐的感受出现在艰苦工作的时候，而且这种付出艰苦劳动后获得的精神快乐，远比由物质享受带来的快乐更持久，更不易消失，也更难以获得。能否获得这种精神上的快乐，往往与一个人生活情趣和思想境界有密切关系。只有热爱事业、乐于奉献的人，才能时时刻刻品味出人生的快乐。老有所为的人，不过分注重物质带来的快感，向往精神生活的充实，能经常从自己的奉献与付出中看到自己的人生价值，即使最平凡的劳作，也能兴趣盎然，快乐无比。快乐需要正能量，快乐需要艰苦奋斗，快乐需要去付出，去创造，去奉献。对于老年人来说，老有所为，才能真正拥有愉悦的心灵感悟和快乐的精神享受。

二、老有所为既能享受过程快乐，更能享受成果喜悦

有所作为的生活可以有效消除失落感，摆脱忧虑和烦恼，也是老年人获得快乐的根本途径。这种快乐的获得，既有老有所为过程中的快乐，更有参与过程获得成果的喜悦。老年人参加了有意义的社会活动，或为社会、为他人做出了某些贡献，会获得荣誉感、成就感，感到生活充实，就会有积极、振奋的精神。就像有些喜欢写文章的老人一样，写作过程很辛勤，也很享受。文章发表了，这对作者来说是一种快乐，收到稿费后更是一种快乐。勤奋写作有了收获，这就是有付出就有回报的喜悦。

老年人在实现老有所为的过程中，一方面能看到自己"阶段性的成果"，肯定信心，充分享受取得成果的喜悦；另一方面这种喜悦也是继续老有作为的动力。正如有哲人所说："人生最大的快乐不在于占有什么，而在于追求什么的过程中。"

三、老有所为才能拥有被需要的自豪感、满足感

人一旦感到自己老而无用，就会有种被社会淘汰、被家庭嫌弃的感觉，因此就会失去希望、失去精神寄托，甚至失去生存的勇气。因而许多人越老越怕别人，尤其是怕儿女不再需要自己。其实人是希望"被需要"的，觉得自己"有用"，这是人的本质特征之一。尤其人老以后，这种"被需要"和"有用"的感觉不仅未消失，反而更强烈，而且越来越成为老年人晚年生活的精神支柱。因为"被需要"，他们才自信仍有生存的价值；因为"被需要"，他们才有了继续施爱于儿女的载体；因为"被需要"，他们才能有尊严地生活……但是"被需要"，不是老人一厢情愿的事，而是需要社会、家庭给予的。所以，对老年人来说，这种被社会、家庭需要的感觉是最有价值的，也是老年人最重要的心理支撑。老年人赋闲后如果仍然能融入社

会、融入家庭，从事力所能及的事，就会产生新的精神寄托，使自己远离失落，远离自卑，真正从内心拥有一种被社会、家庭需要的自豪感、满足感。有位老人在老年大学学了烹调课程，对烹调技艺的兴趣越来越浓，每天从菜市场买菜回来，都要根据老师教的方法为家人做很多好菜，每当孩子回家看到摆在桌上的饭菜，高兴地拿起筷子连声说好吃、好吃，他就会从内心感到很开心，很有成就感。他说："每天为孩子们做菜做饭虽然很累、很辛苦，但只要看到孩子们喜欢吃自己做的菜，就会觉得家庭还需要我，孩子们还需要我，我就非常知足了。"

第四节　主动去发现、寻找快乐

"世上并不缺少快乐，缺少的是发现快乐。"有些老人一切都不缺乏，但是总觉得"快乐不起来"。其实，快乐无时不在，无处不有，只要自己主动去发现，去寻找，身边就会天天有快乐，处处有快乐。

一是从爱好中获得志趣之乐。兴趣和爱好是老年人充实生活的妙药良方，会使自己找到晚年生活的位置，从中获得自我价值感。有位老人经常去舞蹈队学跳舞，时间久了，只要音乐一响，节奏一上来，一切烦恼便烟消云散，神清气爽。跳了舞，饭吃得香，觉也睡得踏实。老年人对自己爱好的事情，容易专心致志，只要对某件事情发生了兴趣，感受到的全是兴奋，疲劳也不知到哪里去了。比如，喜欢钓鱼的老人，有时要走好远的路，有时还要冒着严寒或酷热，有时甚至挨饿受累，也不觉得疲倦，因为他醉心其中，万忧皆忘。所以，老年人只要能培养一两项属于自己的兴趣爱好，每天做点自己喜欢的事，就会心有所归，不再觉得生活孤寂或闲愁空虚了。

一个没有志趣爱好的人，实际是不懂人生快乐的人。不论什么志趣爱好都行，全身心投入才是最重要的，唯有全神贯注，才能使兴趣爱好的有趣度越来越高，产生愉悦快乐的心情自然倍增。

二是从助人中获得奉献之乐。人到老年，也要尽己所能，经常不断地帮助别人，安慰别人，照顾别人，服务别人。爱因斯坦说："人们能得到的最大幸福、最自由最快乐的心境，莫过于爱人和为别人献身，不在乎个人占有多少。"或扶老携幼，或救灾济困，或见义勇为……常为别人创造快乐的人，自己也就常会享受到奉献的快乐。因为你为别人付出了爱心，别人会感激你，你也会感激别人接受了你的爱心，这样你永远都会生活在快乐之中。而且你付出的爱心越多，你心中被助人的乐趣所挤走的烦恼也越多，你得到的快乐自然也就越多。所以，喜欢助人的老人，生活中的烦恼、忧愁常常被助人的乐趣所代替。

三是从交友中获得友谊之乐。空闲时与朋友相聚，海阔天空地聊聊，既能增长见识、交流信息，又可把难愁之事直言相告，朋友会为你排忧解难，增强自己排除困难与忧愁的信心和勇气。聚会形式不限，如艺友晚会、老同学聚会、老同事聚会、网友聚会、外出活动等。聚会可以在家里举行，也可以在酒店或郊外举行。经常一起聚聚，聊天、吃饭、拉家常，有益于消除孤独寂寞，达到沟通情感、愉悦心情的目的。

四是从集体活动中获得参与之乐。社区经常会有很多专为老年人举办的集体活动，如合唱、舞蹈、戏曲、书画、手工，还有社区巡逻等一些公益性活动。只要身体许可，老年人都要积极参与，既可以学习一两项新技能，又可以锻炼身体，还可以结交朋友，让自己充实、开心、快乐。

五是从网络上获得科技之乐。随着智能手机的普及，越来越多的信息交流、娱乐项目可以在网上进行。老年人只要学会电脑，学会上网，不出家门，就可直接与外地儿女们视频，与天南海北的朋友唠家常。可以在网上看新闻，知天下事。还可以进行网上娱乐，如逛商场、逛书店、看电影、看球赛等，和年轻人一样享受高科技带来的现代时尚生活的愉悦和快乐。

六是从大自然中获得山水之乐。自然环境是生活乐趣的源泉之一。高峻的山峰、蜿蜒的江河、变幻的云海、绿色的草原，以及新鲜的空气，静谧的园林，都能使人心醉神迷。尤其对老年人来说，经常走进大自然，不仅精神上得到安慰和享受，生理上也会得到营养和调适。

七是从日常生活中获得更多小快乐。对于绝大多数普通人来说，一生中比较大的快乐，除去买房、结婚、生孩子，也就很难再有什么了。但是现实生活却到处都有小小的喜悦和快乐。比如，失业的儿子、媳妇找到了工作；孙儿学习取得了好成绩；买基金理财，净值增长一点点；钓鱼，钓上来几条小鱼；下棋，走了一步好棋，赢了对手；还有，清晨在明媚阳光中醒来；在晴朗的天气里开车兜风、听一首令人想起往事的歌曲、翻看老照片、安静独处以及乡间散步等等，如此种种日常的赏心乐事，都是每个老人随时可以享受得到的。所以，老年人要学会感受日常中那些可爱的小喜悦、小快乐。这种小喜悦、小快乐来自平平常常的小事物中，像明媚的阳光，清新的空气，朋友的一句亲切问候，一本好书，一张美丽的贺卡……这些都会使人心里暖融融的，一种充实感、幸福感会长久驻留心中。这些小小的快乐不仅比大快乐更让人感到幸福，也更持久，而且也就是这些小小的快乐，让我们的生命更可亲，更可眷恋。所以，老年人每天都应坚持寻找一件让自己快乐的事，一年就会找到365个快乐。小快乐会积少成多，由量变到质变，就会渐渐汇成满满的快乐、莫大的幸福。

第五节 怎样做一个乐呵呵的快乐老人

老年朋友们，不要认为快乐是高不可攀的，只要你能懂得知足，学会感恩，生活简单，心中不存烦恼，那么你就一定会成为一个快乐老人。

一、老年人生活越简便，越能感受到轻松自由快乐

走过了大半生的老人，大多已经厌倦了过去在岗位时那种车水马龙的喧嚣、迎来送往的劳顿、烟熏酒灌的应酬等纷繁复杂的生活。老年人要想晚年过得快乐，就得活得单纯一些、简便一些，才能活得更轻松、更自由、更快乐。

（一）活得简单是一种境界

活得简单一点，是一种理智的生活态度。生活简单，就是不该苛求的事不去想，不去求。生活简单，没有过高的奢望，就可以活得逍遥自在，有利于淡化欲望和减少琐事，免去诸多烦恼。生活简单，可以使人保持心境宁静，令人心旷神怡。生活简单，自然需求不多；而需求越少，得到的自由就越多，快乐自然也就越多。

自古以来，贤哲都主张过简朴的生活，以便不为物役，保持精神的自由。纵观古今中外，那些健康长寿的人，那些人格高尚、具有爱心、在专业上有所建树、给人类社会留下精神财富的人，无不生活俭朴，思想单纯专一。因为简单使人宁静，宁静使人快乐，而快乐才是生命不断走向远方的动力。

然而，现代人却是活得愈来愈复杂了。虽然得到许多享乐，却并不幸福，虽然拥有许多方便，却并不自由。过多繁复的应酬，过重的竞争压力，令人身心疲惫。五光十色的现代生活，让我们不断感悟一个古老的真理：

人到老年 应当怎样度过

"活得简单才能活得自由。"人生在世,千万不能太过复杂。因为生命之舟载不动太多的物欲与虚荣。多余的脂肪会压迫人的心脏,多余的财富会增加生命的负担,多余的追求会拖累人的心灵。简单并不是浅薄,更不是平庸。简单是面对繁杂喧嚣的一种清醒,是一种对复杂事物的彻悟,是一种把握自我的精神境界。

(二)老年人更应崇尚简化生活

人到老年,生理功能减退,适应性差,耐久力差,容易疲劳;心理承受能力弱,情绪容易激动。这些变化,容易使血压升高,内分泌紊乱,血糖上升,免疫力下降,潜伏着疾病的危害。如果频繁地赴宴、聚会、游乐等,对年轻人来说,也许兴趣正浓、毫无倦意,而老年人往往已力不从心、筋疲力尽了。这些可能成为诱因,使得原有疾病突然发作或复发恶化。

为此,老年人应该简化生活,简化生活程式,简化生活节律。人到老年,生命越来越有限,要使有限的生命尽可能不虚度,多做一点有益的事,老年人就更应求真务实,删繁就简,减少不必要的时间和物质的浪费,才能保持轻松自然、和谐稳定和素有规律的老年生活。

(三)老年人应怎样简化晚年生活

提倡简单的生活,并不是要过得清苦贫困,更不是减少生活内容,降低生活质量,取消应有的欲望,而是要活得轻松自然、洒脱自由。那么,究竟什么是简单生活呢?

一是简单的饮食。坚持以营养为主,粗茶淡饭。整天思考怎样进补,或保健品不离身,实在是没有必要。特别是动则煎炒烹炸,高油高糖高盐,更是有害健康。整天嗜烟酗酒的生活,只能让人疾病增多,寿命缩短。

二是简单的衣着。除非是参加重要的社交活动，平时衣着应该舒适而随意。没有必要整天西服笔挺或浓妆艳抹，处处拘束自己。

三是简单的出行。出行路途较近，也不必车接车送，乘坐公交、骑自行车或步行，会更随意而有利于健康。

四是简单的健身。走路是最简单也是最好的运动，一分钱不花，随时外出走走就能达到锻炼目的。有条件的可以在社区场地内，打羽毛球、乒乓球、跳广场舞、打太极拳等，都是很好很简便的运动。

五是简单的人际关系。要千方百计摆脱人际关系的羁绊，比如，对老朋友、老同事，"君子之交淡如水"，平时交往注重情感交流，不必过多相互吃请，逢年过节，更不需要频繁走访送礼，有时间见见面，聊聊天，有困难，尽力帮助，这就足够了。对于亲人、朋友之间的红白喜事，婚丧嫁娶，要一律简单处理，不追随社会陈规陋习；至于节日、生日、团聚等活动，可遥祝同贺、点到而已，不求始终。

总之，活得简单一点，是一种理智的生活态度，是一种健康向上的心态。人老了，倘若能学会做一个简单的老人，过一种简单的生活，这样的老人才是生活的智者，这样的老人也往往是幸福的、是健康的、是长寿的。

二、老年人要懂得感恩，才能更多感受到人生快乐

（一）懂得感恩，就懂得珍惜

有些老年人总认为自己为家庭、为社会奋斗过、奉献过，现在退休了，就应该享福了，心中缺少感恩之念。以致平时常把老伴对自己生活的照料当作理所当然，把子女对自己的孝敬当作理所当然，把亲朋好友对自己的关心当作理所当然。当别人对自己稍有照顾不周、关注不到，就怨天尤人，

人到老年
应当怎样度过

牢骚满腹，感觉别人都对不起他。像这样的老人，不可能有人生的快乐和幸福可言！

感恩是快乐的必要条件。老年人有了感恩之情，就能珍惜眼下拥有的一切。这拥有的，并不是指什么了不起的成就、钱财、名声，而是生活中极为普通的友情、亲情、爱情。而你对所有这些"拥有"最终是会失去的。能够享受眼下的拥有，就是一种莫大的幸福。所以，任何时候都不要把自己已得到的一切视为理所当然。只有对自己生命中所拥有的一切，都能心存感恩的人，才会懂得珍惜，才会对生活没有太多抱怨。而没有了抱怨，就没有了嫉妒，没有了愤愤不平，自然也就有了一颗从容淡然的心，从而才能真正体会到人生的快乐、人间的温暖以及人生的价值。

（二）懂得感恩，就懂得回报

人到老年，成为别人劳动果实的分享者，成为别人服务的对象。随着年龄的不断增大，个人在整体中越显得微不足道，于是个人越发只有与他人、与后人相联系、相帮助、相承接，才能使余下的生命更有意义。所以，人到老年，对人对事更应时时常怀感恩之心，常存感激之念，常有感谢之情，这样，别人才乐于为你服务。你能以感恩的心态对待别人，别人才会以同样的心态对待你。这样，你就会发现晚年是如此美好，晚辈是如此可爱，人间自有亲情在，生活处处有阳光。一个时刻充满感恩之心的人，从不会觉得世界欠了自己什么，相反还会觉得，自己无以回报这个世界的慷慨。老年人有了感恩之情，就能将别人对自己的一个哪怕是微不足道的帮助，都会深深地感念在心，因而也就会真心待人乐于助人，在别人需要自己帮助的时候，就会挺身而出慷慨相助。反之，没有感恩之心，就会把社会和他人的帮助当作自己理应享受的待遇，只知索取不知奉献，由于他对别人的冷漠，自己就会变得孤立起来，甚至成为孤家寡人，渐渐地失去了友情、亲情，自然也失去了快乐。

（三）感恩也是一种养生之道

常常心怀感激，会使自身的健康状况得到改善，有利于益寿延年。因为在"心存感激"和"健康"两者之间，存在着某种正相关性。越来越多的科学研究发现，那些心存感恩的老人身体更健康。他们善于应付日常生活中的压力，得了病能很快恢复，睡觉也更香。有些老人虽然会遇有不顺心的事，却从不抱怨命运，而是对一食一饮、一布一衣，都心存感恩之情，能以坦荡的心境、开阔的胸怀来应对生活中的酸甜苦辣，让自己很快找到心理平衡点，变得心情舒畅，精神愉快。所以说感恩是滋润生命的营养素，一点也不过分。

常怀感恩之心的老人，还会感受到更多积极的情感，比如喜悦、热情、善良、自信、坚定等。用积极的感恩心态看人，就会觉得世上还是好人多；用积极的感恩心态看事，就会觉得好事终归有好报；用积极的感恩心态律己，就能一辈子做好事不做坏事，并将此作为对社会最好的回报。总之，老年人有了这种积极的感恩心态，无论看什么都会觉得很美好；无论干什么，都能从中汲取快乐。所以，人老了，也要懂得感恩，学会感恩，感谢大自然的福佑，感谢父母的养育，感谢社会的安定，感谢衣食饱暖，感谢花草鱼虫，甚至感谢苦难逆境。尤其是当我们年老多病，或遇到困难的时候，更需要牢记拥有一颗感恩的心。因为只有真正懂得感恩并知恩图报的人，才是天下最快乐的人。

三、老年人要学会知足，少点期盼，就能与快乐常相伴

所谓知足，这里主要是指对物质生活享受的知足。知足的真正含义就是用自己的付出换来的结果来充实自己，不去和别人攀比。老年人只有学

会知足，才能使自己始终保持轻松、和谐、平静的境界。这是因为懂得知足，我们才没有了年轻时不甘人后、事事处处想争先的劲儿，因而总是感到活得轻松、悠闲而快活；因为懂得知足，就不会抱怨社会对自己不公，因而总是以满意的心情对待家人和社会；因为懂得知足，才会没有非分之念，才会没有必要仰人鼻息，看人眼色行事，因而总是感到活得坦然、舒心和快乐；因为懂得知足，才不会贪心，才不会绞尽脑汁和别人比这比那，因而总是感到活得心安理得，心平气和。总之，老年人只有懂得知足，才能立身长久，避免生活中的许多烦恼和忧虑，从而让快乐的心情永远占据自己思维空间，尽享天年的乐趣。

（一）老不知足就会错过快乐

有时只要我们沉下心来看看今天的社会，就不难发现有一种奇怪的现象：日子越过越好，抱怨却越来越多。有的老年人明明衣食无忧、健康状况良好、子女孝顺、居住宽敞，甚至每餐吃佳肴、天天吃补药，富裕得每天都像过年似的，却还是嚷嚷着吃不香、住不好，"郁闷""悲摧""没意思"更是天天挂在嘴上……不满与指责似乎成为一种心理常态。据"人民网"人民论坛一项共有 864 人参与的大型问卷调查显示，尽管并不缺衣少食，70.1% 的人认为自己仅仅是处在解决"温饱的状态"；大约 90% 的人认为衣食无忧后，幸福感不升反降。这些老人大都有一个幸福家庭，正在享受着"长寿、有钱、健康"的人生之福。为什么生活条件越来越好，感知幸福的程度却越来越差？

身在福中不知福，说到底就是身在福中不知足。知足是享福的第一要素，不是吗？不少老人之所以常常感到不快乐，都是因为欲望太多了，我们所有忧郁、无聊、困惑、无奈，都是因为渴望拥有的东西太多，或太执着，以致总是感觉不到快乐。

大文豪托尔斯泰说过："欲望越少，人生就越幸福。"因为欲望越多，必然会为得不到而痛苦。一个欲望实现了，等待你的可能还有更难实现的欲望。因为上苍是不会让所有幸福集中到某一个人身上。得到了尊严未必拥有金钱，拥有了金钱未必得到快乐，得到了快乐未必拥有健康，拥有了健康未必一切都会如愿以偿。退一步说，就算心想事成，种种欲望都得到了满足，还是不能给人快乐。特别是人老了，体力和精力都大不如青壮年时期，更不应有太多期待和过高欲望。否则会使自己精神永无快乐、永无宁静，甚至还会给自己带来无限的痛苦和烦恼。老年人只有常怀知足之心，才能感到社会已经给我们很多，才会满意现有的生活，快乐才能弥漫心间。

由此，我们似乎可以用"知足常乐"来诠释老人的快乐。人的一生，不管是伟大的一生，还是平凡的一生，其实都是追逐幸福和快乐的一生，但很多人一辈子都在痛苦之中。痛苦是因为不满足，是因为他们追逐的幸福和快乐总是离他很遥远。

人生苦短。一个人只有对自己有清醒的估价，知道自己能得到什么，不能得到什么，才能活得潇洒从容。我们所能得到的幸福是有限的，有了这种人生智慧，我们就会抵达"千江有水千江月，万里无云万里天"的超脱境界，我们的幸福和快乐就会无边无际。

（二）老年人越知足就越常乐

一是要学会降低期望值。有些老年人不快乐，常常是由于不考虑自己的实际情况，心中许多期望与要求过高所造成的。在对待自己的需要和满足的问题上，应当随着社会角色的改变而更加现实和实际些。也就是说，要使期望值尽可能与实现值相一致，少一些不切实际的空想，多一些现实感。应该明白，人老了，既需要家人、朋友、社会的关心，更需要立

人到老年
应当怎样度过

足于自己关心自己。因为越是希望家人、朋友、社会关心自己，越是难以感到满足。老年人千万不可对社会、对家庭、对朋友抱有不切实际的期望，更不要过分挑剔。比如，在家庭内，不要苛求子女的关心和照顾，只要一般过得去，就不要过多计较他们。父母如果对子女期望过高，就会极易感到不如意，感到空虚和失落，找不到自己的生活。因此老年人要学会降低对儿女的期望值，尤其不要把晚年的一切期望都寄托在子女身上，这是现代父母需要确立的新观念。子女们孝敬自然更好，但作为老人对子女的期望最好是指望并不依赖、自立而不苛求，会更能获得内心的平静和满足。

对友情也不可奢望过高。当你春风得意时，围着你转的人自然就多，若以为这都是你人缘好，那就大错特错了。很多人注定是只会陪你笑，而不会陪你哭的。所以，一旦身边冷清了，你也就清醒了。

对原单位更不可奢求过高，不要期待他们人走永远不能茶凉，这是不现实的。只要基本的照料到位了就该满足。至于说哪个单位组织退休老人外出旅游，哪个单位春节多给老同志发了一袋大米，这都是大平衡中的小差别，不必提及。

总之，无论对子女、对社会都不能期望太高，千万不要过于迷恋于"子孙孝顺""公众敬老""社会回报"，否则往往容易产生更大的失落和痛苦。应该看到，我们今天的日子已经很不错了，退休后吃饭有保障、看病有人管，出门坐公交车不花钱，上公园不要门票，这就挺好了。只要我们能经常这样想，就什么都能想得通，看得开了。

二是要学会纵向比较。人生的不知足大多是相互攀比造成的。不少人往往是通过与人比较来确定自己的幸福程度。比如，通过与比自己条件好的人相比，发现许多"自己还没有的东西"，就觉得"自己还不行"，因此闷闷不乐，愤愤不平。俗话说：人比人，气死人。如果老是想着自己这也不如人，那也不如人，你生活里怎么会有快乐呢？其实，别人幸福，你也有你自己的幸福；别人快乐，你也有你自己的快乐，只是程度不同，内容有别罢了。所以，要比，不能只是横向比较，而要学会纵向比较。因为横向与别人比，只会比出自卑，比出烦恼，比出怨气。而纵向比较，就是回头比自己过去的工作和生活。这样，你就会觉得今天比昨天好，你就会觉得自己的生命有意义，你就会感受到自己生活中的幸福和愉快，你就会用愉快的眼睛看世界，你就会站得高、看得远，你就会更加珍惜自己的晚年。所以，只有学会纵向比较，就会比出知足，比出信心，比出干劲，比出热情。俗话说："人外有人，天外有天。"一个人什么都想比别人得到更多、更好，那是永远不可能的。人到老年，尽量少一些攀比，就会少一些烦恼，少一些浮躁。人老了，更应把金钱、名利及一切物质利益看淡些，做不到无欲无求，也要少欲少求。因为想得到的东西少了，失望也就少了，快乐自然就多了。总之，老年人只有看淡身外之物，精于心，简于形，才能得到人生的真正大智慧。

　　三是要学会知足、知止。不要总觉得亲人或社会欠你什么，在这个世界上，没有谁欠别人的。不管经历多少风风雨雨，都不要把个人的物质享受看得过重。作为老年人，我们有权去追求物质方面的享受，但是这种追求是有限度的，因为物质的享受是没有止境的，若被过度的物欲所操纵，就会失去那颗平常心，不仅不能安度晚年，反而会被物欲所累。我们应该明白，衣食无忧，生活闲适，最基本的生活条件得以满足，这就是快乐晚年的基础。有些老年人总是埋怨：自己辛苦了一辈子，攒的钱还没有现在小青年几年挣得多，以致往往对周边的年轻人居高位、住豪宅、开豪车等现象心存嫉妒或不满。这实在是没有必要，每个人都有自己的生活轨迹和生活选择，每个人的生活也有其根由。记得美国在20世纪60年代，当时的总统肯尼迪讲过一句至今让美国人心动的话："不要问你的祖国为你做了什么，要问你为你的祖国做了什么。"也许我们所得到的比我们付出的要少，但想想为我们自己的祖国、自己的时代作了贡献，难道说我们吃亏了吗？国家亏待我们了吗？即使到了今天，虽然社会上仍会存有分配不公，仍会有各种贫富不均现象，但始终保持一颗平常心在当今社会同样重要。因为拥有一颗平常心的人才会知足、知止。心平常了，什么都会美好起来，不仅使我们能正确看待社会变革与不公现象，更能对社会充满信心，对未来充满希望。

四、老年人心中不存忧虑烦恼，生活就会天天有快乐

所谓烦恼，是由某种不顺心因素引起的不愉快情绪的反映。只要人活着，就会有烦恼，有烦恼才是正常的人生。人到老年，总有许多这样那样不顺心的事自动找上门来，诸如关于疾病的、家庭的、社会交往的、邻里亲戚之间的等。有些老年人尽管没有遇到什么大的挫折和创伤，但一颗心却总是时时被烦恼紧紧缠裹着。比如有很多老人生活样样都好，什么都不缺，却常常整天在家里不是烦老伴菜烧得太淡了，就是烦孩子没有找到好工作，甚至烦自己的彩票总也中不了奖，等等。往往是些微不足道的小事情，让我们这些不知经历过多少风雨的老年人，整天愁眉不展、烦恼不止。笔者很认同一句名言："你不快乐的每一天都不是你的，你只是虚度了它。无论你怎么活，只要不快乐，你就没有生活过。"

一切烦恼其实都是自寻烦恼。烦恼作为一种不良情绪，会使老年人感到焦虑、气愤、抑郁和痛苦，严重的会造成心理失衡，个别人可能会精神崩溃而陷入无法自拔的深渊，极大地损害老年人的身心健康。古谚说得好：

"要想身体好，心里不要有烦恼。"有烦恼并不可怕，可怕的是不能化解。化解烦恼，应从以下几方面入手：

（一）学会转移烦恼、冲散烦恼

老年人一旦有了伤心烦恼之事，一定会伤害身体。必须以最快的速度，最短的时间，把这些烦恼事从脑海里驱逐出去，学会忘掉它，似乎此事没有发生过一样。如果一时无法忘掉就暂搁一下，设法使自己的思绪转移到更有意义的方面去，比如可以想想自己的退休计划、生活目标实施得怎么样。经常在心中想到生活目标，就会经常想到自己还要奋斗，还要为社会作贡献，就会淡化那些引起烦恼的区区小事，烦恼自然就会离你而去。

还可通过做一些平时自己最感兴趣和喜欢的事情，转移烦恼。比如，如果爱好文艺，不妨去听听音乐、跳跳舞；如果喜欢体育活动，可以去打打球、游游泳等，借此松弛一下紧绷的神经；或者观赏一场幽默的相声、小品；如果天生好静，可以读读内容轻松愉快、饶有风趣的小说和刊物。还可以走出家门，到外面转一转，或是探望久违的老朋友，或是到晚辈的家中小住几日，或是到名山大川玩一玩，或是到公园及其他公共场所走一走，等等。只要把自己的心思转移到这些自己喜欢的事情上去，就有助于转移烦恼。如此，心情会随之轻松起来，心灵也将会被注入一股奇异的力量，替换心理上的不利因素，渐渐淡忘不幸，重新开始新的生活。

（二）学会用积极心态看烦恼

烦恼这种消极情绪是人的心理体验，是一种主观感受。有些老年人感到不舒心、不快乐，常常不是事情本身有什么错，而是老年人对一些事的态度不对。同样一件事，用消极的态度去看，可能会使人感到烦恼，而用积极的态度去看，可能使人产生快乐的情绪，比如，有些老年人，当儿女平时不能经常回家探望时，就埋怨儿女不孝顺，可当儿女经常回来探望时，又埋怨儿女不把时间放在工作学习上。其实，老人如果转变一下想法，心情就会好起来。当儿女不能经常回家看看时，就想我的儿女忙于事业，忙于工作，值得为他们高兴。当儿女常抽空回来看望时，就想我的儿女真孝顺，孝顺的儿女是会有出息的。

（三）不求完美，才能摆脱烦恼

有些老年人喜欢事事处处追求完美，讲究"求全"，遇事一衡量，不够尺寸，于是气不打一处来：买的冻肉馅，含水太多；买的水果，分量不足；小区路上，狗屎遍地；过马路，开车人不减速让行；上了公交车，没有人让座位……真所谓"不如意事常八九"，处处叫人生气。

这些烦恼，多半是由于外界环境不够完美，人们没有照顾我们的利益，甚至损害了我们的利益，令人难以容忍。其实，应该清醒地认识到，无论你去哪里都一样，没有百分之百让你满意的环境和人。在这个世界上，完美是个别的、偶然的、暂时的，不完美才是普遍的、绝对的、永远的。你如果能这样想，可能就心平气和，不会动不动就用生气来惩罚自己。

再说，老年人对环境、对人和事尤其不能苛求。因为你已经今非昔比。你老了，精力体力都大不如前。年轻时能把这件事办得十分漂亮，现在就难免要打些折扣；你老了，还想象以前那样随心所欲地调动各种资源，没有人理睬你了，或者只是热情地敷衍，而不会去认真帮忙，事情自然难得圆满、完美；你年轻的时候如花似玉，办一件事情，大家围着你转，因为你有吸引力，给人们留下了无限可能性的想象。而现在你鸡皮鹤发核桃纹，还要享受年轻美女一样的青睐，怎么可能呢？把这些想明白了，你就会把心情放松下来，不会再急吼吼地东奔西突，不会再气急败坏怨天尤人。只有彻底割舍"完美情结"，才能真正从心灵上摆脱许多不必要的烦恼。

（四）不自寻烦恼，不过分担忧未来

很多老年人总是喜欢沉浸在过去的岁月中，身心的日渐衰老让他们无法释怀。比如，有的认为自己几十年辛辛苦苦，发挥了专长，做出了成绩，没有得到应有的肯定，感到不舒服，心中忧郁；也有的怪自己无机遇，一事无成，如今老了，一切都完了；更有不少老年人对未来忧心忡忡，整天不是担心这个，就是忧虑那个，怕老了不能动时无人照顾，怕卧床不起给家人增加负担。

其实，过去的事情已经过去，不会因为你的后悔而有所改变，再去纠结，已是徒劳。对于未来，该来的迟早总会来，不会因为你的恐惧而姗姗来迟。何况很多事情根本无法预知，对于必然到来的死亡，也只能坦然接受。既然如此，唯有做最好的打算，然后接受最坏的结果。假如终日为没有到来的事情，甚至为根本就不可能发生的事情而忧心忡忡，只会徒增烦恼，有害无益。所以，老年人不自寻烦恼的最好心态，就是要端正对晚年人生的态度——对过去释怀，对未来不忧，对当下珍惜。

如何对待生活，是一个人的人生观和认知水平问题。要热爱生活，对生活充满信心，要相信生活总是美好的。人到老年确实会有许多不顺心的事，如果有了很好的精神修养和较高的认知水平，就能学会看开、学会看淡、学会看远、学会看透。拥有一种超脱的心境，就自然不会再因小事而烦恼，晚年的人生之路也必将愈行愈宽！

总之，人到老年，不用刻意追求什么，也不要试图改变什么，自己永远是自己；不要给自己找无谓的烦恼，不要给自己揽无谓的责任；做事不要太执着，更不能太较真；放松身心，放松自己；该吃就吃，该喝就喝，该乐就乐。人生在世，烦恼常在，烦而不恼，烦恼就会跑掉！尤其要牢记以下五点：心中无恨，脑中无忧，日子简略，多些付出，少些欲望。你的晚年生活一定十分美好。

第五章

健康长寿的重中之重

人到老年

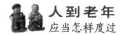

人到老年
应当怎样度过

健康长寿,是人生最终的向往和追求,也是人生圆满和成功的重要标志。因此,自古以来一直就是人们追求的梦想。尤其是人到老年,更是人人都企盼自己能够健健康康地多活些年,多享受一些天伦之乐、夕阳之福,因而普遍比较关注自己的身体健康。

人体健康有四大基石(即合理饮食,适量运动,戒烟限酒,心理健康),其中,心理健康最为重要。因为,躯体健康可以进行科学锻炼,合理饮食可以妥善安排。烟可以不抽,酒可以少喝,该吃的吃好,不该吃的不吃,只要重视起来就能做到。唯独心理健康要靠自我调适,最不容易做到,而且心理状况对人体健康的影响,在某种程度上远比其他因素更为严重。

随着社会经济的发展,市场竞争加剧,生活节奏加快,人们承受的各种心理压力越来越大,以致由心理精神因素引起的疾患,越来越成为人类社会普遍存在的多发病和流行病。有人惊呼人类疾病已经进入"心理疾病时代"。人类最大的敌人不是饥荒、地震、病菌、癌症,而是比这些更危险的自身心理健康问题。正如世界卫生组织专家预言:"从现在到21世纪中叶,没有任何一种灾难能像心理危机那样,带给人们持续而深刻的痛苦。"身边的大多数人,甚至包括我们自己,越来越切实地感到,在这个经济、文化、价值观等社会因素急剧变化的时代,我们所面对的心理问题已经越来越突出,诸如人际关系、夫妻关系、亲子关系、抑郁、恐惧、嫉妒、自私、退缩、悲观等。正如美国一位资深心理医生曾经的断言:"随着中国社会向商业化的变革,人们面临的心理问题对自身生存的威胁,将远远大于一直困扰中国人的生理疾病。"维护和保持心理健康,已日益成为全社会普遍关注的重要话题。

第一节 要特别重视心理健康

对老年人来说,最可怕的疾病是什么?有人会说是癌症、心血管病、脑血管病。现代科学研究证明,老年人最可怕的疾病是心理失调。所谓心理失调,是指人的心理活动过激或不足,以及心理活动异常的表现。它包括心理偏差和心理障碍两个方面。心理偏差,属于正常人或多或少都可以有的轻度心理失调;心理障碍,则属于精神病人才具有的严重心理失调。无论是心理失调,或是心理障碍,都会对老年人的身心健康造成严重危害,严重影响晚年生活质量。

一、老年期容易产生特有的心理问题

人到老年,在心理、生活上处于人生重大变化时期,常常会遇到很多老年期所特有的心理社会问题,如退休失去工作,经济收入有所下降,社会职能、社会角色和人际关系的变化,生理疾病不断发生,丧偶再婚以及家庭小型化,等等。与人生其他时期相比,老年期也是一个失意多、不安全时期。特别是突发性生活事件的多发期,老年人遭遇到的生活事件不仅数量多,更经常是悲剧多于喜剧,伤感多于愉悦,如丧偶、丧子、亲朋好友亡故等。再加上处于身体不断老化,地位、利益、荣誉、亲情等不断丧

失的过程中，以致人到老年特别容易产生忧郁、孤独、不安等诸多不同于其他年龄阶段所特有的心理问题。据有关资料显示，我国60岁以上老年人中，85%的人或多或少存在着不同程度的心理问题，27%的老人有明显的心理问题。而且大量事实证明，这些心理问题已越来越成为严重影响老年人身心健康和生活质量的重大问题。

二、多数老年疾病与心理因素有关

（一）心理因素成为老年人致病的重要因素

老年人由于机体老化，免疫功能下降，致使各种疾病增多。据统计，65岁以上的老年人一般都患有一两种疾病，其中四分之一的老人经常患病。老年人所患各类疾病中，大约有80%来自心理及社会因素的影响。其中30%~40%常见病的发生、发展直接与老年人的心理行为因素有关。尤其是对老年人生命威胁最大的心脑血管病、动脉硬化、心脏病及恶性肿瘤，其致病的一个重要因素是心理方面。同时心理因素还会诱发或加重常见的老年病，如高血压、糖尿病、肠胃功能紊乱等。

心理因素不仅影响到疾病发生发展，还会直接影响到已患疾病的治疗效果。患病后仍能保持积极乐观、精神饱满的老人，比那些精神不振、情绪低落的老人，更容易战胜疾病得到康复。

（二）老年人成为心理疾患的高发人群

人到老年，本来就是心理脆弱的群体。随着社会心理疾病的普遍增多，老年人越来越成为心理疾病的高发人群。这主要是由于老年人的社会角色、经济地位、生活环境、家庭关系、生理状态等的演变所引起的。越来越多的老年人被种种身心疾病、心理障碍纠缠得苦不堪言。据有关调查显示，近年来我国老年心理障碍（如抑郁症、焦虑症等）和精神障碍（如老年痴呆等）的患病有逐年上升趋势，其中老年期精神障碍的患病率明显高于普通人群。据有关资料显示，目前我国每年有超过10万以上年龄大于55岁的老年人自杀，占所有自杀者比例的36%，老年人已成为中国自杀率最高人群。其中农村老年人的自杀率是世界平均水平的4~5倍。因心理问题导致的老年自杀身亡事件频频见诸报端。这一起起悲剧充分说明，心理问题已越来越成为严重影响老年人身心健康和生活质量的一个极为重要问题。

（三）心理因素对长寿有决定性作用

世界卫生组织认为：个人的健康长寿10%取决于社会因素，15%取决于遗传，8%取决于医疗条件，7%取决于气候因素，而60%取决于自己。有的专家提出，这60%至少有一半取决于人的精神面貌。可见人的长寿主因，不仅在物质更在精神。国内外大量医学研究成果也表明，积极奋发的精神世界，欢悦愉快的心理，对老年人的强身健体、防病祛病、延缓衰老等，都具有药物所无法替代的积极作用。有人对70~105岁的109位老人做过调查，结果发现性格开朗、乐观积极的占100%。这充分说明，情绪乐观是健康长寿的主要因素之一。

现代医学认为，人在心情愉快时，体内可分泌大量的激素和霉素类物质，使血液的流量、神经细胞的兴奋及肝脏的代谢活动调节到最佳状态，从而能有效增强人体的生理功能，提高肌体的防御能力，减少疾病发生。人们常说"心宽体健"，就是这个道理。人的长寿和战胜疾病的神奇武器，有时就是自身的精神力量。强大的精神支柱，不但能给人体提供许多新鲜而活跃的再生物质，增强人体的免疫力，有时还能激发生命的再造功能，甚至使人起死回生，创造奇迹。这些都说明一个人的精神面貌和心理状态，与长寿有非常密切的关系。

三、心理健康是老年人晚年生活的幸福之本

（一）心理健康有利于提高老年人晚年生活满意度

心理健康能使老年人保持智力正常，反应适度。所谓智力正常，主要是指老年人接触事物时，感受清楚准确，思维合乎逻辑，表达条理分明。所谓反应适度，主要是指说话不唠唠叨叨，办事精力集中，有条不紊。同时能根据需要，愿意继续发挥自己的身心潜能，乐于继续为别人服务，为社会做贡献，并能从中获得成功的喜悦，体验到生活的幸福。

心理健康能使老年人对生活经常保持满意的心境。心理健康的老年人能够适应晚年生活，经常处于内外和谐的愉快满意感之中。所谓内在和谐是指心中的各种欲望、需求与内心价值观的协调一致。所谓外在和谐是指个人与环境的和谐，不断适应环境，并且能够化解环境施加的各种压力。

心理健康能使老年人很好地适应环境。具有健康心理的老人，能够很好地处理生活中的各种问题，表现出良好的环境适应性，尤其是对人际关系的处理。他们乐于与人交往，能通过与他人的交往和沟通，建立良好的人际关系，从中获取生活的温暖与乐趣。

心理健康能使老年人及时扫除烦恼和苦闷。具有健康心理的老人，从不会把眼光盯在使自己丧气的事情上，他们总是看到事物好的一面，无论遭遇怎样的艰难困境，都能以开阔的胸襟、乐观的态度去积极面对，力求大事化小，小事化无，从而使心中很少有烦恼。

（二）心理健康有利于老年人晚年生活充实幸福

心理健康的老人一般都具有安定的情绪、平衡的心理状态、积极的生活方式和良好的行为习惯。他们能以愉快的心情投入学习和工作。而良好的情绪具有增力性，能使人干劲儿十足，充满活力，从而有较高的干事效率。心理健康的老人具有较强的意志力，不仅能及时克服生活中遇到的各种困难，还能及时调适自己的各种不良情绪，使自己更好地集中精力、全神贯注地投入工作、学习中，从而使晚年生活过得充实快乐。相反，老年人心理不健康，生活满意度差，容易斤斤计较，情绪低落。一旦遭受重大创伤或严重刺激，就会产生极度的忧愁痛苦，或焦虑恐惧，或愤怒仇恨等不良心理。不仅吃不好，睡不好，严重的甚至连正常的生活都难以自理。

（三）心理健康可促使老年人晚年生活更富有意义

老年人群体蕴藏着极大的潜在能力。如果拥有良好健康的心理状态，潜能可以被激发，转化为强大动力并表现在行动中，可继续为家庭、为社会作出新的贡献，提高自身的生命价值，使晚年生活更富有新的意义。

总之，心理健康是老年人晚年美满幸福生活的源泉。人的一生，获得财富、成就与幸福的关键，都始于健康的心理。心理健康，即使粗茶淡饭，吃起来也香甜可口；心理不健康，即使山珍海味，也味同嚼蜡；心理健康，即使退休工资低，生活清苦，也同样过得快乐开心；心理不健康，即使有再多的金钱，内心仍然可能痛苦凄凉。

第二节　正确面对并积极调适不良心理

人活得好不好并不只在于吃好、穿好，更在于心理状态好不好。老年朋友，为了避免置于一个自己过得不舒畅、儿女们也生活得不幸福的尴尬地位，更要重视关注自身的心理状况，以便能够很好地把握和调适它。

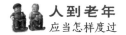

人到老年
应当怎样度过

一、老年人常见的心理问题

（一）失落心理

失落恐怕是大部分退休者的共同感受。老年人进入到退休的生活状态后，社会角色发生变化，社交圈子逐渐减少，很容易产生失落心理。特别是那些曾经对社会有较大贡献并得到认可的老人，以及曾经担任过重要领导职务或在热门岗位上退下来的老人，生活境遇发生了翻天覆地的变化。退休前后的巨大反差，会让他们感受到极强的失落感。而且往往是权位越高落差越大，失落感越强烈。

有失落心理的老年人，常常伴有孤独、自卑、妒忌、不服气、烦躁、忧郁、空虚、寂寞等情绪，整天无精打采，闷闷不乐，封闭自己，有意识地疏远亲人与朋友，等等。而且脾气逐渐变得急躁，自控能力降低，常因为一点小事与人发生争执，动不动就火冒三丈。有时甚至一言之违便勃然大怒，暴跳如雷。这种急躁情绪既影响人际交往，影响家庭和睦，又严重损害自身的身心健康。老年人长期处于如此消极情绪状态，势必加速衰老，诱发心脑血管疾病、糖尿病等，甚至促发癌症。

（二）孤独心理

孤独是老年人普遍存在的一种消极情绪，也是人到老年最害怕和恐惧的心理。退休后，由于社会活动大幅减少，社交范围缩窄，原有的人际关系疏远，朋友减少，老年人孤独感就会油然而生。特别是由于现代社会竞争激烈、工作紧张，子女往往把更多精力与时间花在事业上，与老人的沟通相对较少。如果再不幸丧偶，失去了陪伴自己一生的老伴，老人更容易产生被家庭、社会忽视和遗忘的感觉，进而加重孤独感。单位的一些老同志，退休不久后再见到时，发现他们风采大减，衰老许多。问起原因，就一个词：寂寞。正如很多老人所说："以前忙的时候，真想退休过过悠闲的日子。可等真的退休了，才感觉还是工作好，至少不孤单寂寞。"上海一项调查表明，在60岁至70岁的人群中，有孤独感的约占1/3，80岁以上的高达3/5。老年人长期处于孤独感之中，很容易对生活厌倦，失去生活乐趣，导致思维迟钝，加速脑老化，极易发展成为老年痴呆。最新研究发现，孤独对人身心健康造成的危害，不亚于吸烟和肥胖。正如一位医学家所说："孤独是一种痛苦的心态，它不是疾病，却比癌症还可怕。"

（三）自卑心理

自卑心理，对于老年人来说，大多是因自尊需求得不到满足而产生的消极情绪。部分老年人退休后，认为自己变成可有可无的人，因而开始自卑起来；还有些老人发现自己跟不上日新月异的科技进步的步伐，以往在生产技术、管理经验等方面的优势日渐丧失，也容易产生自卑感。也有的老人特别是女性，突然发现自己的容貌不再青春靓丽，身体也不如之前，精神也不好了，面对巨大落差，也会产生自卑心理。

老年人产生自卑心理以后，往往会表现出退缩、逃避。遇事就会自愧无能，办事畏首畏尾。稍遇到困难就打退堂鼓，缺乏克服困难的勇气和力量。自卑会抑制老年人的自信心，泯灭老年人的进取精神，使老年人自我封闭、自我孤立、自我畏缩，严重的自卑心理甚至会诱发老年人自我否定，走上轻生之路。

（四）抑郁心理

抑郁心理是老年人最常见的一种消极心理，是老年人对自己的生活前景缺乏信心而产生的低落情绪。对于老人来说，步入晚年，等于开启了一个逐渐"失去"的过程，失去工作带来的成就感与尊严，失去儿女朝夕陪伴的亲情，失去健康，甚至失去亲人、失去配偶，以及不被重视和理解时的沮丧感，疾病袭来时的死亡临近感等。如果不能调节好自己的心理，很容易会被抑郁缠身。

中国科学院心理研究所最新调查显示，我国有抑郁情绪的老人占老年人口40%。说老年人的基调是抑郁，是有一定道理的。特别是身患疾病或经济困难的老人，更容易心情抑郁，轻者表现为悲观、消沉、自卑，重者可发展到以自杀结束自己的生命。资料显示，我国每年老年人自杀身亡的原因，至少有一半源于抑郁心理。

（五）焦虑心理

有些老年人总是心烦意乱，坐卧不安，时常为一点小事提心吊胆，紧张恐惧。这种现象在心理学上叫作焦虑心理。

引发老年人焦虑的原因很多。赋闲在家，产生无用感，引发焦虑；对自己的躯体和健康状况过于关注，会因恐惧疾病和死亡而焦虑；没有及时退出原有角色而引起角色冲突，会手足无措产生焦虑；退休后收入减少、经济窘迫，担心日后生活困难而焦虑；也有为自己今后万一生活不能自理，担忧拖累儿女而焦虑；更有一种焦虑心理往往发生在遇到重大或突发生活事件时，对事物或环境估计得过分"糟糕"，如大难临头，从而产生过度的焦虑情绪。

焦虑心理长期得不到调理，会造成体力过分消耗，致使身体免疫力下降，影响正常睡眠和饮食，进而导致心脏病、高血压的加重，甚至诱发癌症或其他疑难重症，严重影响老年人生活质量，损害身心健康。

（六）多疑心理

多疑就是疑心，也就是疑神疑鬼，是一种既不相信自己又不相信他人的不良心理。人到老年，由于生理功能衰退，如视觉不明，听觉不灵，记忆不强，行动不便等，以致有些老人常把一些听错、看错的事，当作对他的伤害而感到伤心不已；见别人说悄悄话，或朝他看了几眼，就以为在讲自己的坏话；看到别人脸色冷漠，就疑心是对自己有什么不满；有的甚至对别人对他的关怀和帮助，也常常会怀疑其是否不怀好意；还有的老人对自己身体的某些不适，过分敏感，老担心自己得了不治之症，从而产生种种疑病心理。

多疑的老年人总是在自寻烦恼中苦熬，他们整天疑这疑那，心烦意乱，惶惶不安，无端猜忌，导致人际关系紧张，挫伤他人和自己的感情。多疑者容易封闭自己，表现冷漠，对自己周围的人和事漠不关心，严重者连家人也不理睬，失去生活热情，变成"木僵"状态。多疑不仅使自己痛苦和烦恼，也会给家庭、社会带来许多麻烦，比如他们很难与别人相处，与周围环境很难适应，久之易患心身疾病，严重者会因多疑酿成不良后果。

以上这些不良心理，在老年人中普遍存在，给老年人带来很大痛苦。它不仅影响老年人的心理健康，使老年人失去生活的乐趣，失去正常的理智甚至产生行为偏差；同时严重影响老年人的身体健康，导致多种疾病的发生或加重原来的病情。不良心理还会造成老年人性格和情绪改变。它会让老人变得烦躁、脾气暴躁，给自身和身边人带来痛苦，还会让老年人变得消沉、悲观、被动，严重影响晚年生活的幸福指数。

尤其值得注意的是，老年人对这些不良心理的出现，普遍没有引起重视，有的甚至不肯承认自己有心理问题，这是非常危险的，这也是老年人心理问题难以彻底解决的最大症结。有心理问题症状的老年人，一定要正视问题的存在，清醒认识它的危害性，下决心采取包括治疗在内的各种应对措施，尽快调整自身存在的各种不良心理，以避免自己更大的痛苦和损失，使自己拥有一个真正健康幸福的晚年。

二、为什么老年人容易出现不良心理

老年人产生不良心理的原因多种多样,一般来说,主要是受到某种刺激或某种需要得不到满足的结果。老年人的需求主要体现在老有所养、老有所医、老有所学、老有所乐、老有所为之中。集中表现在以下几个方面:

(一)物质需求因素

物质需求得不到满足是老年人产生不良心理的主要原因。有一些没有经济收入或退休工资较低的老年人,容易担心以后生活会出现难以应付的事件,以致引发忧郁、焦虑等消极情绪。而有经济收入、有储蓄的老年人,心理会有更多安全感,这种安全感可以有效冲散老年人的忧郁感。

我国还有不少老年人处于贫困之中,尤其是农村老人,大多数没有稳定、正常的经济来源,医疗得不到有效保障,最低生活水平的维持主要靠子女支撑,以致不少老人没有安全感,会产生自己是"包袱""累赘"等消极心理。

(二)精神需求因素

精神需求得不到满足是老年人产生不良心理的重要原因。当前多数老年人满足温饱的基本物质条件已不成问题,他们对精神生活的要求主要有以下三个方面:

需要生活愉快,享受天伦之乐。老年人内心都渴望子女经常在身边,嘘寒问暖,照顾自己的晚年生活。但由于现代生活节奏加快、社会就业压力加大,子女们很少有时间去看望老人。老年人"养儿防老"的传统观念与现行独自养老方式转变中,生活空虚并逐渐孤独寂寞。

需要生活充实,渴望继续力所能及做事。不少子女因为心疼父母,不愿老人外出找事做,甚至家庭诸事都不让老人插手,请个保姆将老人完全"奉养"起来。这样做虽然是一片好意,反而让老人认为自己老了,不中用了，从心理上否定了自己，因而很容易使老人产生无用感和被社会遗弃感。

需要社会的关爱与尊重。社会对老年弱势群体顾及不够，有些不尊重老人的言语和行为，特别是现在社会上有一些对老人带有明显歧视性甚至污辱性的称谓，会让老年人顿生厌恶、不快、愤怒之感。

（三）社会因素

退休因素。退休，使老年人的社会角色和生活方式发生了较大的改变，他们从社会中获得的一切满足感、自信感，如名誉、地位、金钱、情感交流、信息交流、社会关心、事业成就、价值体验等，都将减少或不复存在。这些都极容易造成老年人心理上的不平衡，应对不当还会产生各种各样的心理障碍。

精神生活贫乏。老年人文化娱乐设施相当缺乏。据对部分城市街道、居委会的调查，尽管许多居委会都建有老年活动室，但实际上除了棋牌麻将，其他文化活动很少。农村地区老年人的活动设施更是匮乏。以致不少老年人精神生活过于单调，缺乏生活情趣。

（四）家庭因素

家庭结构小型化。许多年轻人成家后自立门户，不再与老人居住在一起。家庭的分化，使老年人的日常生活难以得到子女的关心和照顾，老年人期望的儿孙绕膝的家庭氛围没有了。老年人易产生寂寞孤独之感，备尝思念儿孙之苦。

家庭关系紧张。家庭是老年人唯一的温馨港湾。如果家庭成员关系紧张，经常为住房、吃穿、经济问题或老伴生病，或子女婚姻纠纷、失学失业等家庭问题闹矛盾，甚至发生争吵、打骂，就会使老人劳心伤神，焦虑不安，继而发生抑郁心理。

（五）生活事件因素

指能够引起老年人强烈的心理和身体不适应的事件，如丧偶、丧子、家庭不和、子女不孝、上当受骗，以及遭遇自然灾害、财产损失、意外事故或亲友死亡等重大生活事件。有的老人由此长期陷入不良情绪中难以自拔，甚至会引起严重的心理障碍。

（六）自身因素

生理功能衰退。生理老化造成身体各个器官功能的减退，老年人应对环境变化的能力下降，调节自身情绪的能力降低。这就使老年人更容易受到消极情绪的侵扰，并产生焦虑、抑郁、自卑和失落等不良心理。

疾病增加。随着生理功能的衰退，老年人患病机会大大增加，经常需要面对不健康和疾病的状态，甚至受到死亡的威胁，从而容易使老年人感到恐惧、悲伤、绝望。

个性的优劣/好坏。不同个性特点，在面对同样精神刺激时，会产生不同的行为反应。个性成熟，心理素质好，在遇到外界事件刺激，或个人心理需求得不到满足时，心理承受力强，不易产生消极心理；相反，很容易引发忧郁、焦虑、恐惧等不良心理。

三、老年人如何进行自我心理调适

老年人的心理问题，以及由心理问题所导致的生理问题，说到底，都是因为老年人对事件抱着不恰当的观念、不正确的理念所致。如同俗话所说，就是想不通和想不开。老年人要健康长寿，必须积极主动地调节好自身的心理活动。

（一）学会调整自己的心态

所谓心态，就是人的心理状态。在人生的各种活动中，最具决定意义的则是心态。面对日渐老去的暮年，为什么有的老人会变得封闭狭隘而不可理喻？为什么有的老人因害怕孤独而对晚辈百般依赖？最不能接受的是，为什么有的老人退休之后，事事都觉得不如意，变成了一个怨声载道的怨夫、怨妇？人与人之间本身并无太大的区别，真正的区别在于心态。影响一个人心情最重要的不是环境，也不是境遇，而是人的心态。有什么样的心态就有什么样的生活，心态乐观就会阳光一片，心态悲观就会阴霾一片。老年生活中，有理想也有困惑；有快乐也有痛苦；有健康也有病魔缠身；有和顺也有不测之祸；有欢聚也有寂寞与孤独；有孝子的呵护也有逆子的作孽；有老伴儿的相伴之福也有晚年丧偶之痛。一个人的命运不管会遭遇什么，我们有时真的是无法选择和改变的，唯一能改变的就是自己的心态。正如著名作家周国平所说："人无法支配自己的命运，但可以支配自己对命运的态度，平静地承受落在自己头上不可避免的遭遇。"所以，老年人要学会自我心理调适，必须学会调节自己的心态，只有使自己真正拥有一个乐观、通达、自如、恬静和充实的良好心态，才能更好地调适自身的各种不良情绪和消极心理。

（二）学会正确对待和调适心理需求

人到老年，总有许多心理需求，比如希望有良好的生活环境，希望消除寂寞孤独，希望发挥余热，希望得到晚辈尊重等等。这些心理需求大多是合情合理的，但满足与否、满足的程度往往受到各种因素制约。所以，老年人要正视客观事物的变化，当自身某种需求无法得到满足时，必须面对现实，学会自我心理调适。

一是调整陈旧的观念。就拿尊重需求来说，人老了，希望继续得到社会认同与尊重的心理需求尤为强烈。但这一心理需求往往普遍得不到满足。据调查显示，48%的老年人反映，退休后他人不像以前那样尊重自己了；59%的老年人说，当自己说话时，年轻人包括儿女常常表现得不耐烦，经常很不礼貌地打断话头，甚至加以呵斥，令自尊心受到极大伤害。

其实，老年人社会角色变了，受到的尊重在一定程度上减弱，这是必然的。这是因为老年人退休之后，原来所拥有的社会地位、权力以及与之相关的社会关注度也逐渐随之丧失，以致老年人的社会地位和威望不可避免在下滑。在家庭里，越来越多的年轻子女不愿听父母的唠叨，一家之主不再是年迈的父母，而变成子女说了算；儿媳妇不再受婆婆的管教，转过来成为婆婆的约束者。这种家庭关系的新变化，从一个侧面表明了老年人面临自尊心日渐减弱甚至消失的趋势。因此，老年人应做好宽容、忍让的准备，要承认和接受"此一时彼一时"的时空变化，同时应审时度势，转变"老等于被尊敬"的陈旧观念。千万不要认为人老了，自然可以优先获得尊重；更不要认为人老了，理所当然获取社会的礼遇和尊重。在人生的最后阶段，老年人只有切实转变观念，不断调低自己对声誉、名望、社会关注等方面的期望，直至不再预期自己被尊重时，才能使自尊心不会遭受伤害，人际关系也会和谐，心情自然也会愉快起来。

二是调整需求结构。有些心理需求因条件限制得不到满足，可以通过调整需求结构，在具备条件的需求上充分满足自我，享受快乐。如一对老人由于家庭房子狭小，不得不和儿子分开居住。老两口倍感孤独，四处奔波，寻求解决，几年下来毫无结果，老人情绪低落，以致疾病缠身。后来他听从朋友的劝告，上了老年大学学习绘画，没有想到竟然对绘画产生浓厚兴趣，每天忙着进出图书馆、博物馆、画院、公园，查资料，找题材，忙得不亦乐乎。过去度日如年，成天想的是房子、儿子、孙子，现在一心在画上，觉得若有儿孙来访，反而干扰了自己安心作画，于是规定儿子一家一周只能来一次，不能频频造访。现在老人身体好了，精神爽了，人也年轻了。这一对老人原来天天盼儿孙团聚，却因条件限制得不到满足而导致心情一直闷闷不乐，通过调整需求结构后，把全部心思从原来天天盼儿孙团聚转移到天天忙作画上来，结果终于重新获得心理平衡，获得了新的快乐。

（三）学会看淡与放下

1. 学会看淡

一是要看淡人生得和失。患得患失是大多数老年人心情不好的重要原因之一。"舍得舍得，有舍才有得"。此言可谓至理名言。面对晚年的种种得和失，老年人都应保持一份淡然的心态，千万不要绞尽脑汁只想得而不肯失。人生都会有这样那样的得与失，但这些都并不重要，重要的是要有一种平静对待得与失的好心态，这就是：得之，不可贪得无厌，不要大喜；失之，不可失去精神，切勿大悲。得与失都不要看得太重，尤其是对"得"不能看得太重。过于在乎"得到"，就会特别看重付出的多与少，就会在得不到想要的东西时放弃某种坚持，就会对社会怒发冲冠，就会有种种所谓的"看破红尘"。相反，如果我们对"得到"看得轻些，多花些时间、精力关注自我的精神健康，多张开耳朵听听社会的所欲所求，那么我们就会多些平常心，就能将社会需要之事变成自己喜欢之事。总之，世事总不能万般如意，老年人只有把得与失看淡了，就会把什么事情都看开了，对荣誉、地位、金钱、住房、待遇等也就无所谓了。一个人只要能真正做到不计较得失，人生还有什么不能克服的呢？

二是要看淡人生不如意。在这多变的红尘世界，人的一生不可能每件事都尽如人意，不如意往往十有八九。尤其是人到老年，不如意的事情会接二连三不请自来，困难、挫折、苦难、打击、变故等皆是如此。正是这些不如意，使我们得到了磨砺和锻炼，让我们学会了忍让和宽容，变得成熟、豁达、自信和坚强。即使人生有再多不如意，不完美，也不要一蹶不振，怨气冲天，而是要学会坦然面对，学会泰然处之。特别是当我们处于不如意的时候，与其怨天尤人，徒增烦恼，倒不如面对现实因势利导地适应环境。在既有的条件中，尽自己的力量和智慧去发现乐趣，发现应对之策。学会这种随遇而安的能力，就会保证你不管走到哪里都是春天。即使从少年过到老年，生活也自有四季的风情流转之美。

三是要看淡人生中的不平事。付出与回报的差距，是人的心理常常受到伤害的原因之一。有的老人已退休多年，但只要回忆过去时，常常会因为自己受到的不公平待遇而萌生诸多烦恼。比如，有的因某次未加薪而感到不公，有的因某时未提职而感到不公，有的因未安排子女就业而感到不公，还有的因未能安排出国考察而感到不公，等等。诸多"不公"，不仅会使老年人时时产生不满情绪，有的甚至成了晚年生活中的一大心理障碍。实际上，生活中绝对公平是不存在的。有的人做什么都一帆风顺，事业家庭都让人羡慕；但有的人注定是个倒霉蛋，事业挫折，官场失意，生活艰辛。这就是生活。因此，我们不要对生活给予自己的不公过于抱怨，更不要拿着一把公平尺去苛求事事公平，那样只能和自己过不去。看淡生活中的不平事，尽快将它忘却，心中就会少了怨恨，生活才会向你展露出最灿烂的笑容。

2. 学会放下

一是要放下自己的身价。对于原来有一定身份和地位的老年人来讲，这一点非常重要。不要总感觉自己高人一等，更不要总是对人居高临下。要甘做一个平凡普通的老人，要学会眼睛向下，多与比自己社会地位低的人交往，与邻里和谐平等相处，甚至称兄道弟，亲密往来，这样才不会受人冷落，反而更受人尊敬和好评。

二是放下自己的功劳。很多老人为子女操劳一生，对自己曾经为养育子女吃的苦、遇到的难，有事没事就在心里把玩一遍，无意识中就会提升对子女的期望，认为他们应该加倍来回报，这种高期待会打破自己内心的宁静和平和。因为父母为儿女的付出与儿女对父母的回报，从来不可能是对等的。人老了要知道，自己对儿女的付出是责任也是义务，是不能图回报的。一心想要得到回报，就是自寻烦恼。老年人一定要记住，"付出"的东西千万不要想着要补回来，那会让别人和自己都不愉快。

三是放下自己的位置。老人住在儿女家，绝不能像在自己家一样，总以为自己是家庭核心，什么事都想过问，这往往是成事不足、败事有余，给家里添乱，不仅给第二代、第三代带来烦恼，自己还不痛快。老年人一定要放下自己原来一家之长的位置，在儿女家里能搭把手就搭把手，不能搭把手最好什么都不要问，什么都不要管。儿女家庭里形成的一些习惯，你可能看不惯，但还是要告诫自己，住儿女家就要尊重他们的一切。因为在这个世界上，父母的家永远是儿女的家，而儿女的家从来都不是父母的家，尽管买房子的钱是你出的。假如你还像在自己家里一样，什么事都由你说了算，什么家你都想去当，势必会引起矛盾，甚至使儿女讨厌你。

总之，人老了，不要太高估自己在别人心中的位置，也不要太看重自己在别人眼中的价值。一旦没有你，别人照样活，事情照样干。老年人只有真正做到放下自己的一切，才能真正拥有一种平和、轻松的心态。

（四）坚持做到四个"耐得住"

一是要耐得住冷落。当一个人在职在位时，有的人便逢迎拍马，讨好巴结。但一当退休后，不但一般人对你冷漠，就连平时很亲近的朋友也会逐渐和你拉开距离,"冷脸"以对,洋洋不睬,甚至亲戚也会逐渐和你疏远。对此,老年人一定要忍得住,耐得住冷落,这是安度晚年的前提。只要我们在职时,为社会、为人民、为国家作了应有的贡献,尽职尽责了,那么退休之后,我们就没有必要再为种种"冷落"的境遇而感到失落、感慨、愤懑、抑郁了。经历的都是一种过往,既然是过往,那么就它成为过去吧!放眼江天,青山依旧在,几度夕阳红。

二是要耐得住孤独。退休后,团队的氛围、集体的环境没有了,工作停止了,找你的人也少了,这势必会使人常常处于孤独状态。这种因年老带来的孤独与寂寞,是每个老年人不可回避的一种生活常态,甚至可以说每个老人的整个晚年都将与孤独为伴,直至最终死去。而且这种孤独无法靠别人得到本质上的安慰,只能自己一个人默默承受。所以,老年人一定要耐得住孤独,而且要学会把孤独和寂寞当成享受,这样老年生活才不至于感觉凄苦无依,反而会觉得自由自在的轻松,活出老年人的乐趣。

每一种命运都是最好的安排,既然孤独降临了,老年人就要坦然接受,并且能充分享受孤独之美。孤独虽然是沉寂的,也是冷漠的,甚至也可能是痛苦的,然而孤独却能启迪心智、净化心灵,在孤独中可以品味人生的悲欢离合,可以咀嚼人生的酸甜苦辣,可以浮想联翩,可以砥砺意志,可以缜密思索、调节身心,以享受宁静的自由。总之,孤独能赋予人更多的时间、更自由的思想境界,让人可以在思想的空间里自由驰骋,去探索生活的真谛。一个老年人若能真正具有这种成熟的恬静和独守长夜的本领,就能在晚年生活中真正寻求到孤独的静穆和欢乐。

三是要耐得住浮躁。一些老人很难静下心来去认真做某一件事。他们常常心神不宁,见异思迁,急功近利,脾气急躁。比如,去超市购物,从不愿意排队，左顾右盼总想找机会插队；十字路口遇到红灯，不愿耐心等待，而是猛抢快行。更有少数老人看到年轻人"发达""潇洒"，便也做起了"心想事成"的美梦。见人家开批发店赚了大钱，他也想开店；见人家跑运输发了家，他也要买车；见人家搞修理营生不错，他也动心。后又嫌这些太麻烦太劳累，见效又慢，干脆"炒股"，每天和年轻人一起折腾，赚的没有赔的多。如此浮躁，使不少老人越来越失去自我、失去快乐，而且也越来越感到身心疲惫、烦躁难耐。所以，浮躁是人生的大敌。面对物欲横流的泱泱尘世，面对日新月异的大千世界的种种诱惑，老年人切勿为名利所诱，为金钱所累。要始终保持一颗淡泊的心，不图虚荣，不慕富贵，那么，无论怎样潮起潮落，你都不会跟风浮躁，都能寻回心中的一片清凉、一块净土。

四是要耐得住困苦。人老了，总会经常遇到各种各样的艰难困苦，比如，家境贫困的苦，身患重病的苦，做事不顺的苦，失偶、离婚的苦，以及遭遇误会、打击、陷害的苦，等等。人在这个时候尤其需要耐得住面临的各种困苦。只有耐得住困苦的人，才能知艰辛，知满足。也只有经受过苦难的人，才能懂得生命可贵，懂得人生不易，才能更加珍惜、过好自己的晚年。老年人要耐得住困苦，首先必须有顽强的意志，在这种顽强意志的背后，其实想法很简单——活下去，不管怎样，活着就有希望，就有明天。其次必须有安贫乐道的修养、百折不挠的毅力、泰然处之的心态，来对付种种困苦。只要问心无愧，一切外来的挫折、误会、打击、陷害，让时间与事实去证明、澄清，终有重见光明、云开日现的时候。

（五）学会坦然应对生活事件

晚年遭遇不幸的生活事件，对老年人的精神打击尤为沉重。但是沉重的程度，与个体对待事件的态度有关。

一是要勇于面对现实。"天有不测风云,人有旦夕祸福。"意外的发生是没有年龄之别的。每个老年人在生活中都可能遇到各种各样的意外事件,谁也不能预测它的发生,也不能改变它的存在。既然出现了,就要冷静面对,回避和茫然都不足取。虽然接受这些事实十分困难,甚至是痛苦的,但从长远看,比永远不肯接受现实而长期抑郁难受为强。正如前人所说:"你叫山过来,山是不会过来的,你应当走过去。"

二是要有自信心。相信自己完全可以解决眼前的危机,度过这个困难时期。有没有自信力是解决个人危机的关键。没有克服不了的困难,没有跨不过去的坎儿,只有具备自信心,才能有效驱散心头的紧张、焦虑、不安和胆怯情绪,减轻心理压力。

三是积极寻求帮助。当老年人承受巨大压力,十分痛苦,对问题的解决束手无策时,积极主动争取其亲人、朋友、邻居等的支持和帮助,也是十分必要和有效的。

(六)学会做自己情绪的主人

现在,有些老年人还未学会做情绪的主人,反倒成了情绪的奴隶。比如,有的老人参加什么比赛获得了大奖,往往不能控制激动过喜的情绪,甚至发生了一些悲剧;在参加一些社会活动中,无故受到别人的讽刺挖苦,常常不能控制愤怒的情绪,结果发生了意外;还有的老人遇到突如其来的天灾人祸等紧急情况时,往往心急如焚不冷静,情绪慌张方寸乱,导致错上加错,影响了身心健康。老人情绪的好坏不是个人事,它直接影响家庭和睦及社会和谐。所以,老年人要学会做自己情绪的主人。

一是培养健康的性格。情绪固然与外部环境刺激有关,但更和一个人的思想性格、道德修养有关。要努力培养坚定、顽强、乐观、开朗、豁达的性格,才能在任何情况下,都能保持明快的心境和愉悦的情绪,做到虚怀若谷，不至于产生过激反应。

二是提高自控能力。不要常为一些鸡毛蒜皮的事，动辄生气、发火，尤其是遇上烦恼事，更要时刻注意保持冷静和清醒。在任何时候、任何场合都要尽量避免情绪剧烈起伏，不过悲过喜，大起大落；力求做到愤怒时能克制、宽容；过喜时能收敛、抑制；郁闷时能发泄、倾诉；焦虑时能分散、排遣；悲伤时能转移、平复；惊恐时能镇定、沉着。这样才能真正做到遇喜不狂，处变不惊，即使遭遇最悲伤的事件，也能做到冷静思考，泰然处之，悲而不伤。

三是学会调整情绪，尽量多往好处想。很多老人遇到麻烦的事情时，就急得像热锅上的蚂蚁，本来可以很好解决的问题，因为情绪把握不好，让简单的事情复杂化，让复杂的事情更难。其实很多事本来就没有那么严重，都是我们把它想得严重了。老年人应该明白，很多事情的发生都是不可避免的，因而心胸一定要放宽，凡事尽量往好处想，用乐观的眼光看问题，就会发现事情远远没有想象得那么糟糕。而且凡事只要你越往好处想心就越开，越往坏处想心就越窄！我们必须相信，所有事情都不会严重到无法收拾的地步，天永远不会塌下来，即使真的塌下来，也意味着新的世界即将到来，生活依旧是美好的。

第三节 最好的养生之道是心理养生

所谓心理养生，就是从精神上保持良好状态，从心理上保持良好平衡，以保障生理功能的正常发挥，来达到防病健身、延年益寿的目的。大量事实表明，无论有多么好的养老条件，如果老年人不善于调整心理，不善于心理养生，也不可能达到健康长寿的目的。特别是随着时代和社会的进步，老年人在物质生活逐渐丰富的同时，更需要提高精神生活的质量。而要提高精神生活的质量，就必须重视心理养生，学会心理养生。

一、心理养生是老年人身心健康的灵丹妙药

生理养生对健康具有重大的基础性作用。但在一定意义上讲，心理养生具有更特殊的地位和作用。一切健康养生，都要在科学的心理养生前提下才能充分发挥作用，否则，就是用再好的山珍海味来进补，也难起效；做再系统的体育运动锻炼身体，也难起作用。所以说，科学的心理养生，良好的心理状态，是老年人身心健康的灵丹妙药。

（一）心理养生是防止疾病发生的基础

医学、心理学和其他相关学科的发展，揭示了心理因素与健康和疾病之间的内在联系，特别是威胁老年人健康的主要疾病，如心血管、脑血管疾病及癌症等的发病，都与心理因素有关。通常须通过心理因素对生理的影响，才能达到预防或治疗这些疾病的目的。现代医学心理学认为，在一切疾病的治疗中，心理治疗都有着或大或小的作用。在疾病的发生和发展中，心理因素作用愈大，心理治疗的意义就愈大。比如抑郁症是老年人常见的情感障碍性疾病，一般是心理治疗为本，药物治疗为标，先要接受心理治疗，必要时才服药治疗。因此，要积极预防和治疗抑郁症，首先必须通过怡情养性，神志养生，努力做到"少私寡欲""知足常乐"，保持乐观豁达、轻松愉快的好心情，才能有益于抑郁症的防治。

人们常说的"读书疗法""支持疗法""放松疗法""心理暗示疗法"等，

都是心理养生的重要组成部分，越来越成为医疗实践中不可缺少的内容。如"读书疗法"不仅可以治病，起到一剂药物的作用，而且对病后康复等助益多多。近年来国内外对"读书疗法"的作用越来越重视。德国的医院专门为病人开设了图书阅览室，鼓励病人在治疗过程中配合读书，以促进身体康复；意大利一些医院门诊医生，还将病人依据病情需要阅读的书籍名称开列在处方里，赫然与那些灵丹妙药为伍，病人也严格按照处方要求找来那些书籍阅读，普遍反映效果良好。又如"心理暗示疗法"，让病人不间断地进行积极自我心理暗示，可以使紧张变为放松、自卑变为自信、负面情绪变为正面情绪，还可以增强记忆力、思维能力等。如有一位60多岁的退休干部患了肺癌，医生判断他只能活三个月，可由于他有坚强的信念，不断地自我暗示："我不能死，我一定要活下去。"结果三年了，依然健在。反之，假如一个人存在严重的疾病暗示，总是疑心自己会得癌症。在这种负性心理暗示力量的作用下，若干时间以后，他会沮丧地发现，自己真的患上某种不治之症。

与心理因素密切相关的疾病所需要的心理疗法，往往比药物更为重要。因为心理治疗可以从根本上消除致病的不良心理因素，恢复病人的自信和乐观，提高对情绪的自我调控能力。因此，通过心理疗法达到心理养生，更有助于防治老年疾病。

(二) 心理养生有利于延缓衰老延年益寿

注重心理养生的老年人大都比较长寿。为什么古今中外养生家都把"乐善好施"视为养生的灵魂？这是因为乐善好施的人，心中充满善意，经常帮助弱者，使他人摆脱困境。善行后的欣慰之感可以使人心理处于最佳状态，因而这样的人大多健康长寿。为什么许多养生家都提倡"少私寡欲"，不要热衷名利，不要患得患失？这是因为知足常乐、与世无争的人，必定思想开朗，内心恬静。而这种内心的恬静是心灵深处的舒适和自在，不思得失，不思荣辱，心无烦恼、形无劳倦。当一个人精神上经常处于这种没有忧愁、没有烦恼、没有恐惧、没有焦虑的稳定自守的良好状态，自然就会健康长寿。反之，一个整天忧名、忧利、心绪不静的人是不可能颐养天年的。

还有为什么读书之人多高寿？许多老寿星也都有这样的体会："安度晚年，最好读书。"因为以读书安度晚年，可以消除退休后的失落感、孤独感，使人心理平衡，精神焕发，充实晚年生活，提高晚年生活质量，从而延年益寿。国外曾有一项研究，专家们挑选了20世纪以来欧美伟人400名，看看其中哪类人寿命最长，结果是读书居首，平均79岁。我国也有资料对秦汉以来1308位著名学者的寿命进行统计分析，其平均寿命为65.18岁，超过其他职业人员的平均寿命。可见，古往今来，凡一生能坚持读书者，大都享有高寿。

（三）心理养生渐受老年人青睐

随着人们对心理健康重要性认识的不断提高，广大老年人对心理养生越来越重视了。如今，各种心理健康活动团体如雨后春笋般出现，有关修身养性的养生书籍和音视频也成了畅销品。越来越多的老年人开始关心并经常阅读有关心理保健的书刊资料；积极参加老年大学"老年心理"课程的学习；踊跃参与各种心理保健方面的知识讲座；主动加强思想修养，修身养性；遇有自身不能排解的心理障碍，勇于去找心理医生咨询，接受心理指导，等等。随着社会的进步，科技的发展，心理养生将是知识经济时代人类生存与发展的重要方式和必然选择，而且也必将成为当今世界增进人类健康的新趋势、新潮流。

二、老年人心理养生应从更新传统养生观念做起

（一）健康生活理念比养生术更重要

"健康之重要，长寿欲求之。"随着人民生活水平的不断提高，养老、敬老制度的日益完善，人们越来越珍惜生命，讲究养生保健，以致各类养生知识的宣传铺天盖地。但令人尴尬的是，国民养生保健素养水平却不高，根源在于大多数人对"医"和"养"在理念上缺乏清晰的认知。健康，不仅仅是身体的一种状态，更是一种生活理念。而很多人的健康观，仍然停留在有病治病的医疗层面，或者说还沉迷于"术"的阶段，而忽视了养生保健的内涵。

比如说养生，老年人往往容易走两个极端。有的信奉静养，就总是在家待着，什么活动也不参加；有的信奉运动，就不顾一切地运动、做事，没有休闲时日。还有不少老年人养生没有自己的主见，做什么保健、吃什么营养都喜欢听别人的，看网络上是怎样说的，听别人是怎样讲的，不加分析，不加辨别，盲目跟风行事。别人说吃某种东西对身体好，就顿顿吃；广告里说某种保健品有多好，于是就买一大堆天天吃。更有的把"养生保健"搞过了头，每天要走多少步，要喝这个那个保健品补钙、补铁、补锌补什么什么的，结果把胃口都补没有了，却还不知回头和改变。诸如此类的盲目，无不是对养生之"术"的崇拜与迷思。

从行为模式来看，养生保健素养水平低，就容易沉迷于各种养生之"术"。而越是寄希望于通过养生保健找到药到病除、包治百病的灵丹妙药，就越容易忽略对养生保健理念和养生保健信息的理解，以致不少人的养生保健常会出现"行为高于知识，知识高于技能"的通病。事实上，正确的养生保健递进层次应该是知识高于技能，技能高于行为。

热衷于养生保健固然是好事，但老人们首先要对自己的身体和疾病有

充分认识,对养生保健方法的局限性要有合理预期。媒体对于养生保健知识的宣传,也应该注重传播健康的生活理念,推崇运动养生和情志养生,而不是单纯强调一招一术。这样才能有助于将养生保健素养内化为生活习惯,提升生命质量。

(二)精神养生比物质养生更重要

说起养生,多数老年人首先想到的往往是物质层面、形体方面以及具体脏器怎么调养的问题,首先能想到的手段也都是物质化的,比如如何营养"进补",吃什么、喝什么及怎样锻炼,也就是说在物质养生方面关注较多;而在精神养生保健方面重视不够,甚至有所忽视。其实精神养生比起物质养生更为重要。所谓精神养生,就是指通过净化人的精神世界,自动清除贪欲,改变不良性格,纠正错误的认知过程,调节情绪,使自己的心态平和、乐观、开朗、豁达,以达到健康长寿的目的。

古代很多圣贤非常注重精神养生,他们把修身养性作为第一要务,称修身养性以静为第一,观书为第二,看山水花木为第三,与良朋讲论为第四,教子弟为第五;并认为人生的十大乐事为:读义理书,书法帖字,澄心静坐,益友清谈,小酌半醺,浇花种竹,听琴玩鹤,焚香煎茶,登城观山,寓意弈棋。古人怡养心神的养生之道,实际上就是现在提倡的精神养生,迄今仍值得我们借鉴。在现代生活中,人们很难有古人那种闲情逸致,去游览名山大川、临渊观鱼、披林听鸟,但是能努力做到闹中取静、忙里偷闲、淡泊名利,摆脱世俗的烦恼,对健康长寿也是十分有利的。而且随着社会的发展,越来越多的长寿经验表明,人的长寿重在精神而不在物质。比如北大教授一般都比较长寿,据北大哲学系系史人物传有关数据显示,该系 90 岁以上的有十几个人,占 1/4;85 岁以上的有 22 人,几乎占了一半。这些老教授既不专注于锻炼身体,也不讲究什么保健补品,补这样那样，看起来根本不符合常规的养生观念，可他们有追求，专心致志搞学术研究，仍然身体很好，很长寿。古语"发愤忘食，乐以忘忧，不知老之将至"，说的就是这种境界。

（三）养心比养身更重要

养生必须先养心，只有将养身与养心紧密地结合起来，才能达到满意的养生效果。这里所说的"心"，是指人的内心世界，精神世界，指心灵。很多疾病都是由心，也就是思想情绪引起的。比如，身体小的摔伤、磕碰，并不会让我们整体消瘦，但有时候感情的挫折，能在短时间内让人憔悴、消瘦，严重的会引起精神疾病。现在各种养生之道、养生方法越来越多，像食疗、药疗、气功、健身运动等，的确起到很好的防病强身作用。然而，无论是健身锻炼，还是食疗、药疗，期望它们取得良好效果，必须是在心理健康、精神健康的前提下。一个整天心浮气躁、焦虑不安的人，无论服用何种"灵丹妙药"，无论用何办法滋补，都无法实现"精神焕发""体魄健壮"的。正如古话说"药补不如食补，食补不如神补"。所谓"神补"，即是指保养精神，培养良好心理状态。好的精神状态、心理素质，对于疾病的预防、治疗有着远胜于药物、饮食的潜在作用。可见神补最重要的在于养心。心主神明，心能长寿，人也就能长寿。

自古就有养生名言"养生必须先养心"，流传千年。可见，养身重要，养心更重要。因为只有当"心"养好了，身体才会随之平安、长寿。一个人只要内心世界安宁，就能使体内脏腑得以安宁，使脏腑的机能处于正常状态，这对健康无疑是有益的。

然而在我国，老人往往是家里最操心的，他们没有心思让自己的心灵得到清静和安宁。比如，有的为晚辈的住房、婚姻等家庭琐事，成天忙得晕头转向；有的因丧偶、失子、家庭不和睦或经济拮据等，忧心忡忡；还有的不但每天操持着一家老小的生活起居，而且还过度关心儿女、孙辈的身体健康、出行安全。如此种种，怎能不"心"累呢？"心有千载忧，身无一日闲"。说的是只要你心里有了忧，你的身体就没有一天舒服的时候。长期处于过度的精神紧张状态，日积月累，就会导致心理障碍，引发疾病，甚至癌症，影响健康和生命。由此可见，要想活得自由自在，祛病延年，注重养"心"为第一要务。只有"心"养好了，身体才会随之平安、长寿。而要养好心，就必须将静心、平心、清心等当作人生一种美德对待，才能真正达到修性养生的目的。

（四）情绪锻炼比体格锻炼更重要

体格锻炼，可以强身健体，重视情绪锻炼，能促进精神健康。老年人情绪锻炼比身体锻炼更为重要。重视情绪锻炼，心情会变得舒畅平和，精神也会变得愉快，中枢神经处于最佳功能，内脏及内分泌在中枢神经调节下处于平衡状态，从而使整个机体协调，充满活力，身体也自然健康。相反，如不重视情绪锻炼，就会精神压抑，产生不良情绪，从而导致各种疾病的发生。有资料称，70%以上的心脑血管疾病患者及癌症患者，都不重视情绪锻炼，特别是遇到突发性事件，有的老人由于不能控制情绪，会因突发脑溢血造成猝死。生活中就有不少这样的情况：有些人平时小心饮食，注意体格锻炼，戒烟忌酒，其获益往往抵不过一次暴怒的伤害。因为倘若暴怒，仅需几分钟即可造成冠状动脉痉挛，使管腔瞬间完全闭塞。所以老年人不应只重视锻炼身体，更要注意锻炼情绪和心理。

锻炼情绪，就是要使思想情绪经常处于恬静的环境气氛中，要心胸开阔，豁达大度，有所作为，有兴趣爱好。锻炼情绪，就是遇事心平气和，忧愁要释放，生活要充实，晚年就会快乐无忧，健康长寿。

老年人要多学点心理保健知识，及时了解自己心理特点的变化，一旦心理活动出现衰退、偏差、障碍，可及时通过自我调节得到纠正，指导自己过好晚年生活，并增强心理健康的信心。这样，有利于正确处理家庭矛盾，有利于增进生活情趣，有利于防止身心疾病，有利于延年益寿，延缓衰老过程的到来。

三、老年人心理养生应遵循的基本原则

老年人心理养生的基本原则有以下四个方面。遵循以下原则，心理养生可达到理想的境界，取得良好的养生效果。

（一）善良

有人将善良称为心理养生的营养素。心存善良，就会多行善事，心中必会涌起欣慰之感；心存善良，就会与人友好相处，愉悦之感就会常常溢满心间；心存善良，就会光明磊落，乐于对人敞开心扉，心情就会备感轻松。心存善良的人，会始终保持泰然自若的心理状态，这种心理状态能把血液流量和神经细胞的兴奋度调至最佳状态，从而能有效提高机体的抗病能力。

（二）宽容

有人将宽容称为心理养生的调节阀。人在社会交往中，吃亏、被误解、受委屈的事不可避免地发生。面对这些，最明智的选择是学会宽容。宽容包含着理解和原谅，显示着气度和胸襟，更是人格坚强和有力量的表现。不会宽容、只会苛求的人，其心理往往经常处于紧张状态，从而容易导致血管收缩、血压升高，使心理、生理进入恶性循环。学会宽容就会严于律己、宽以待人，这就等于给自己的心理安上了调节阀。

（三）乐观

有人将乐观称为心理养生的不老丹。它可以激发人的活力和潜力，使人勇于直面矛盾，善于克服困难；而悲观是消极颓废的性格和心境，它使人悲伤、烦恼、痛苦，在困难面前一筹莫展，这无疑是会影响心身健康的。

（四）淡泊

有人将淡泊称为心理养生的免疫剂。淡泊是人生追求中的一种崇高境界。有了淡泊的心态，就不会在世俗中随波逐流，追逐名利；就不会对身外之物得而大喜，失而大悲；也不会对世事他人牢骚满腹，攀比嫉妒。淡泊使人始终处于平和之中，保持一颗平常心，一切有损于心身健康的因素都将被击退。

四、老年人心理养生的主要方法

心理养生的方法有多种多样，老年人应坚持从实际出发，根据需要和可能，来选择和实施适合自己的心理养生方法，以达到健康长寿的目的。以下几种心理养生方法可供参考。

（一）进取养生

进取心是一种积极的心理状态，是指实事求是，努力向前，有所作为的进取精神。进取心使人热爱生活，心情愉快。这种良好的心理状态可使人体机能互相协调而平衡，促进健康。

具有进取心的老人有着执着追求，对知识学而不厌，对工作乐此不疲，使全身各系统功能得以充分调动和发挥，维护和提高了身心素质，这就是他们健康长寿的重要原因。大量事实说明，进取心是人的精神支柱，是抵御一切不良情绪的基础。有进取心的老人为了实现人生目标，面对各种情况，能够较好地调整心态，不为小事琐事烦恼焦虑，做到心情坦然，这就能使人体各器官功能正常，从而有效地防止各种疾病。古今中外凡是那些做出巨大贡献的科学家、发明家之所以长寿，就在于他们有进取心，有强烈的钻研精神，促使他们永葆青春活力，健康长寿。当然，有进取心未必是做惊天动地的大事。哪怕再小的事情，比如，为一个菜谱精心研究，为一个花种深入探索，只要有追求，只要热爱生活，就是有进取心，就会有益于健康长寿。

（二）淡泊养生

一是淡泊名利。名利本是身外之物，生不带来，死不带去。若专注追名逐利，把名利当包袱来背，定会越背越重，这无疑对身心健康十分有害。许多长寿老人的养生经验告诉人们，只有淡泊名利，才能无牵无挂，精神就会愉快，自然会延年益寿。

二是淡漠荣辱。老年人经历了几十年的人生旅程，有过理想和失望，有过喜悦和忧伤，也有过光荣与屈辱。人既老了，就不要再把这些个人得失耿耿于怀，常挂心头，应将一切荣辱置之度外，做到受宠不惊，受屈坦然。

三是淡忘身份。每个人的身份、地位、成就等差异很大，比如高官、名人与引车卖浆者之间存在着明显差别，但是退休以后，应该忘记这些差别，因为这些差别已不复存在。前者不必端着架子，后者不必自惭形秽。彼此忘却身份，摆脱心理上的羁绊。日子过得愉快，有利于健康长寿。

四是淡化衣食。对于起居饮食，不要要求过高。居住幽静，衣当保暖，吃宜清淡，不可追求奢侈挥霍，不放纵饮食口欲，避免因此而伤害身心。

五是淡水交友。"君子之交淡如水。"交朋友要遵循这一古训。人到老年，交友更应重在志同道合，情投意合，不在意礼品往来，而在意感情交流、互相帮助、取长补短，这样会使晚年生活更充实、更美好。

总之，老年人悟透"淡"字，使自己活在淡中，乐在淡中，以淡养生，寿命自然在淡中延长。

（三）遗忘养生

一要忘掉年龄。老年人要多想自己"还年轻"，这对延缓心理衰老大有益处。尤其要多与年轻人交往，可收到"忘年"效果，促使自己心理青春常驻。二要忘掉恩怨。几十年人生中的恩恩怨怨不要老记在心上。如若老想着这些私仇私恨，甚至千方百计琢磨报复，将会使人一生不得安宁。三要忘掉疾病。精神过于专注疾病，忧愁思虑，就会使机体免疫力下降，反而导致疾病加重。从精神上彻底战胜病魔的困扰，疾病反而会望而却步，易于治疗。四要忘掉悲痛。沉浸在悲痛之中不能自拔，会损害身心健康。老年人遇到悲伤事时，一定要想开些，尽快从悲伤中将自己解脱出来。

学会遗忘，将渐渐没有了怅惘，没有了偏激，没有了沮丧，豁达地对待一切功过得失、荣辱升迁和不快之事，从而使我们心情平静、无忧无虑度过美好的晚年。

（四）修德养生

古人言："养生必须先养德""养德必得其寿"，即做人要有高尚的道德修养，乐观豁达，心胸坦荡，宽厚待人，无忧无虑，必能长寿。德是养生之根基，德寿一体，德高寿长。这是因为凡注重道德修养者，严于律己，与人为善，泰然处世，其心理就会处于常态下的良性平衡，这无疑有益于身心健康。而损人缺德者，追名逐利，利欲熏心，挖空心思为自己谋算，会使生理失常，心弦紧绷，不堪重负，最终减少寿命。比如那些贪腐受贿之徒，因为贪得无厌，几乎每天都在提心吊胆中度过，家里聚敛的不义之财越多，心里就越不安，每当深夜听到警车声就会心惊肉跳，生怕东窗事发。像这样整天生活在惶惶不可终日的恐惧和担忧之中，怎么可能神安意定、健康长寿？可见，一个人的养生关键不在于吃什么保健品，而在于修炼自己的德行。品德恶劣者服金丹玉液也不能延年益寿。

所以，老年人要想获得健康与长寿，就要多养德，多修行。比如与人为善、成人之美、救人危难、兴建公益、遵纪守法、扶贫解困、做志愿者等。

（五）从容养生

从容之人做事不急不慢，不躁不乱，不慌不忙，井然有序。从容，是一种符合人的生理心理需要的、有节律和谐的、健康文明的精神状态和生活方式。"事从容则有余味，人从容则有余年"。从现代心理医学的角度看，从容之人，面对生活压力，善于排遣，善于转移，善于超脱。从容者容易保持心态的平衡，能较好地协调内外环境的关系，使人体的神经系统、内分泌系统经常处于舒缓运转的状态。因此，从容之人心脑血管及其他器官受刺激的次数相对较少，气血冲和则百病难生，这也就是从容者长寿的奥秘所在。可见，人老了，能以从容的心态面对晚年生活的一切，必定会比别人拥有更多的幸福和快乐。因为人变从容了，生活自然从容，心境自然平和，"余味""余寿"自然而来。

（六）想象养生

所谓想象养生，指利用不同的观想来达到调节精神、愉悦身心的一种养生法。如想象浩瀚的大海，会有一种宽广无垠的感觉；想象蔚蓝的天空，使人胸襟开阔、宁静爽朗；想象蓝天与大草原，令人心旷神怡、舒畅豪放；想象白云，有轻舒安逸之感；想象五彩霞光，给人感觉温暖、悠闲、安宁和美好的联想；想象皓月当空，思念之情油然而生。想象青山幽谷，使人神清气爽；想象黄河，令人神情激荡；想象长江，促人奋进；想象甘甜的泉水，使人悦心生津；想象寒梅傲雪，使人增强自信心。

以上是想象养生中一小部分内容，由于各人生活经历不同，所观想事物虽然相同，但产生的结果却不尽相同。各人可结合自己的体会，尽量想象愉悦心身的事物，以利于调节和放松精神，达到心理养生目的。

（七）哲理养生

所谓哲理养生，主要是要掌握对立统一规律和一分为二的观点。明末清初著名思想家、哲学家王夫之的"六然""四看"保健养生观就是符合这一观点的。所谓"六然"就是"自处超然""处人蔼然""无事澄然""处事断然""得意淡然""失意泰然。"所谓"四看"，就是"大事难事看担当"，能担当得起；"逆境顺境看襟怀"，能承受得了；"临喜临怒看涵养"，能宠辱不惊；"群行群止看见识"，能去留无意。这样才能做到"知足不辱""知止不耻"，当行则行，当止则止。这种哲理养生，可以说是达到了最高层次的保健养生境界。为什么哲学家多长寿？这是因为哲学家对世界、对生命会有比一般人更为深刻的理解，这种理解很容易让人有一个比较开阔的心灵。正如北大哲学系楼宇烈教授所说："可能研究哲学的人能够明事理，知道如何调节、控制自己的欲望，这大概就是哲理养生的功效。"

（八）交友养生

古罗马有这样一则谚语："多交一个朋友，就多10年寿命。"美国曾发表了一份对长寿老人的调查报告，在接受调查的年龄超过80岁的寿星中，好交朋友的占85%以上，由此可见长寿老人朋友多。

我们在日常生活中也会发现，凡经常出去访友和参加社交活动的老人，精神抖擞、性情开朗、精力充沛，身心都比较健康；而那些深居简出的老人，无论是精神状态，还是健康状况，都明显地赶不上前者。

所以，老年人退休后切不可离群索居、闭门不出，而仍应关心社会、广交朋友。人生一世，可以没有金银财富，可以没有高官厚禄，可以没有千古英名，可以没有盖世才华，但不能没有朋友。没有朋友的人生，绝对是孤独无聊的人生。可以毫不夸张地说，广交朋友是排除老年人孤独感的最佳良方。

拥有不同兴趣的朋友可以使自己的晚年生活丰富多彩、趣味无穷。大家相约参加一些文体活动，比如晨练、散步、下棋、钓鱼、唱歌、跳舞等，不仅能使人健身养性、提高智力，而且能增加无穷的乐趣。

朋友多了可以排解忧愁和烦恼、解除寂寞和孤独，朋友间的交谈有助于老年人保持心理平衡。在现实生活中谁都难免有不顺心的事，与知心老友谈一谈、诉一诉，他们有的会帮你想出解决问题的好主意，有的会助你理顺心中的乱麻，有的甚至会直接为你排忧解难。尤其是要多和年轻人交朋友，这能使老年人萌发童心，对生活充满希望，保持心境的年轻和思维的活跃，有时还能赶走许多老年病的纠缠。因此，人到老年，不可以远离知心朋友，不可以没有至深友情，任何时候都要善待朋友，珍视友谊。朋友是相伴终身的无价宝，友谊是遮风挡雨的温馨港。

（九）宣泄养生

宣泄养生，就是将积聚在心里的愤怒、痛苦、委屈等情绪发泄出来的一种心理养生方法，也是心理养生最简单、最有效的调适方法。

心理学专家认为，当一个人受到挫折时，用意志力量压抑情绪，虽可以应对某些社会场合的要求，却会把由挫折引起的紧张积累起来，最终带来更大身心危害。比如，愤怒如强加压制，就像一颗定时炸弹，时刻有毁灭自己和他人的危险；悲痛如强加抑制，不让其随泪水宣泄出来，不仅会危害身心健康，甚至会导致气绝身亡。所以，困境中的心理重压只有宣泄出来，才能赢得心灵上的一片晴空。

宣泄有两种基本方式：一是理智性的合理宣泄，如对亲友诉说心中的痛苦。二是情感性的合理宣泄，如在适当场合和时间，大哭一场，任泪水横流；大叫一声，任怒火喷发。身为父辈祖辈的老年人，一般不会轻易在儿孙面前发火流泪，但是，"男儿有泪也要弹"，在适当的时间场合，把有害身心的消极情绪宣泄出来，于尊严无损，于身心有益。

第四节　怎样做一个心理健康的老人

当人们步入老年阶段以后，大多会比任何时候更加珍惜生命，也更加重视精神生活质量的提高和生命价值的体现。所以，如今越来越多的老年朋友渴望在社会转型期的过程中，尽可能活得好一点，活得健康一点，活得从容一点，并希望能够真正成为一个永葆青春活力的心理健康老人。对此，笔者认为，只要每个老年朋友能坚持从以下几个方面加强自身的心理锻炼，就一定有益于实现这一目标的。

一、在心态上要做"三不"老人

（一）不惧老

一个人能"变老"、能长寿是一种福分。如果谁没有"变老"，那只能是夭折了。所以，人到老年，应当"为变老而自豪"，而非"怕老"。只要你活得有意义、有价值，健康地老、潇洒地老，实在是一种幸福。

（二）不服老

人要有既服老又不服老的精神，服在自然年龄上，不服在心理上。人固然留不住岁月，但可以留住朝气和活力，留住一颗年轻的心。只要在精神上不服老，不仅晚年生活会更加积极和充实，而且能使我们老得慢，更重要的是我们可以和年轻人一样活得潇洒，活出晚年之乐。一个永不服老的人，一定是个永远充满青春活力的人。

（三）不畏亡

人到老年，不能总想到死，更不能怕死。死亡不会因为"怕"就停止到来。老年人只有不怕老，不怕死，才能正确面对生老病死，笑对人生，从而可以延缓生理和心理上的老化，收到延年益寿的功效。

二、在思想上要做"三观"老人

（一）树立正确的人生观

心理健康首先要有健康的人生观。对人生、人生意义的看法，就是人生观。很难设想，一个没有明确生活目的、思想颓废、不求上进的人，能有坚强的意志和良好的精神状态。健康的人生观是进取的、乐观的。老年人有这样的人生观，就能以积极、乐观、向上的态度看待人生，对生活充满信心；就能做到人老心不老，永葆心理年轻，充满朝气和活力；就能不断增强进取心和社会责任感，更好地奉献社会，发挥余热。所以，积极、乐观、向上的人生观，是维护老年人心理健康的核心，是抵御一切不良心态、战胜各种心理障碍的锐利思想武器，也是老年人提高自身生命质量和生活质量的基本保证。

（二）树立积极的老年观

有的老年人把老年阶段视为灰暗一片，什么"年龄老化，思想僵化，

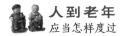
人到老年
应当怎样度过

血管硬化,等着火化",坐以待毙。这是一种消极的老年观,它摧残老年人的意志,严重危害老年人的身心健康。相反,以积极的态度和行为对待老化、延缓老化,就能人老雄心犹在,余热仍可生辉。无数事例表明,凡是持有积极老年观的老人,就能过比较有意义的老年生活。

(三)树立科学的老年价值观

老有所为,就是科学的老年价值观。对于老年人来说,过去,为国家作出了贡献,年华未虚度;今天,丰富的经验,熟练的技术,多面的知识,还可继续奉献。有了这样的价值观,就会觉得自己虽然老了,但并非无用、累赘,只要能继续为家庭、为社会做自己该做和能做的事,发挥余热,就是实现了自己的价值。

三、在精神上要做"三自"老人

(一)自己看重自己

人活着总有其生存价值,如果觉得自己对社会、对别人没有什么用了,必定会导致消极情绪的产生。有时候老年人愤怒、发火,只是因为没有得到年轻一辈的尊重。因此,老年人要学会自己看重自己,不要把自己当作弱者,更不要有"人老不中用了"的自卑心理。如果自己都看不起自己,又怎能赢得他人的尊重?只要自己不看轻自己,别人就不敢小瞧你。老年人在任何时候都不能自己看不起自己,哪怕全世界都不相信你,你也一定要相信你自己,看得起你自己。同时还要学会一些不让自己受委屈的方法。而这个方法的中心,就是自己看重自己。看重自己,才有面对生活的自信;看重自己,才有幸福生活的可能!

(二)自己珍惜自己

人老时,正如深秋初冬之花木,亟须精心呵护。尤其是身边没有子女的老人，更应学会时时处处珍惜自己。如在锻炼中掌握火候，勿过度疲劳；出门时留意带好自救药品；在气候突变时适当增减衣服；等等。学会自我珍惜，就是学会了保养生命、保养身体、保养精神。老年人学会自己珍惜自己，才能成为自己的主人，才能理智地对待生活、对待他人，担当起自己生命"责任人"的角色，从而才能使自己真正有了比子女、比别人照顾自己更周到、更安全的健康保障。

（三）自己开发自己

年龄大了，并不意味着创造力枯竭，也不意味潜力已经完全开发出来。无数事实证明，人即便步入花甲之岁，依然潜藏着无穷的不为自己所知的神秘力量。如能把这些潜力开发出来，那么年轻时没有机会实现的许多心愿，都可以得到补偿；少年时曾经为之激动过的那些梦想，都可以重新回放。所以，只要愿意为开发自己的潜力而付出努力，不仅会令你发现一个全新的自我，更会令生活异彩纷呈。

四、在养生上要做"三好"老人

（一）好身体

身体健康对于老年人来说，任何时候都居于首要地位。有好的身体，什么事情都可以自己料理和操持，就不必子女来帮忙和操心。在任何时候、任何情况下，只要自己能干的，就不要指望别人。求人永远不如求自己。老年人要想有好身体，既要讲究动养之道，也要讲究静养之道。既不可每天超负荷运动，也不能整日闭门静坐，少气懒言。应当是动中有静，静中有动，动而有节，静而有度，动静结合，方能祛病强身。锻炼形式可以多样，如爬山、跳舞、游泳、慢跑、快走、做操、练剑等。锻炼要因人而异，因时而宜，坚持不懈，持之以恒，切忌三天打鱼，两天晒网。

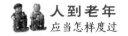

（二）好心情

人生在世，活的就是一个心情。所谓好心情，就是活得开开心心、快快乐乐、有滋有味。但人的心情受景物影响较多，被环境左右日甚。要保持好心情，应当胸襟宽阔，谅人之过，念人之功，助人之短，扬人之长，知足常乐。只要每天保持好心情，岁月就会四季常青。

（三）好习惯

好习惯是健康的银行，我们可以从"健康储蓄"中提取"健康利息"，享受终生。人应该支配自己的习惯，而不能让习惯支配自己。应该选择科学的、有利健康的生活方式，并使之成为一种习惯，做到定时吃饭、定时工作、定时睡眠、定时锻炼、定时排便、不抽烟、不酗酒、不熬夜。

五、在情趣上要做"三闲老人"

（一）不听闲话

老年人在生活中常会遇到各式各样的无端议论，你大可不必加以理睬。因为你不是为别人而活，无须惧怕别人背后嚼舌头，更别把这样那样的一些闲话放在心上。抱持"任凭风浪起，稳坐钓鱼船"的心态，静听闲话自生自灭吧，我依然是我，开心快乐地过自己的生活。

（二）不管闲事

专注于自己的事，不管他人的闲事，包括自己的儿女家务事。专注于自己的生活，学会静养自己，将自己心静下来，让身体好好休养生息。

（三）不生闲气

闲气就是为日常生活中的鸡毛蒜皮琐事而生气。生一次气，心理和生理上所受伤害，需要至少3天时间才能够恢复平静，如果每天都生一次气，对健康的损害就更大了，很不值得。为免生闲气，老年人应注意两点：一是学会珍惜。在任何时空里，每个人都不过是匆匆过客，要珍惜彼此的缘分；二是学会"难得糊涂"。对于无关宏旨的琐事，睁一眼，闭一眼，遇到烂人不计较、碰到破事别纠缠。

六、在修养上要做"三远"老人

（一）远牢骚

不要自己跟自己过不去。既不背昔日辉煌的包袱，也不计较今日门庭冷落。对一切事物都通情达理，明辨是非。对人对事要想得开，想得宽，想得远，看得惯，始终保持心安理得的情志。

（二）远苛求

人老了，既不可苛求他人，更不可苛求社会。切不可以"我"为中心，以个人意志去要求和改变环境。真正懂得快乐的人，必是主动适应客观世界的人。

（三）远诱惑

大千世界，五彩缤纷，诱惑甚多，若心稍懈便极易为其所感。对老年人来说，不能只想钱，只看钱，对钱贪得无厌。更不应心怀奢求，肆意渔色。不为物欲所惑，不为钱色所迷。这样才能神清气爽，逍遥过好晚年。

七、在生活上要做"三有"老人

（一）有钱要花

人老了，藏钱不如用钱。我们老年朋友需要更新消费观念，要学会有情有理地快乐消费，便能提升生活质量，享受美好人生。

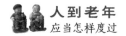

不过这里要特别提醒的是，不要盲目花钱购买补品，否则，不仅会浪费钱，还会搭上自己的健康。

（二）有病要看

不管你是否承认，进入老年后身体会有一个一年不如一年的过程，这是自然规律。无病防有病，有病要治病。有些老年人对自己的生命持消极态度，认为自己老了，活不了几年了，小病拖，大病扛，扛不住了见阎王。这样消极对待自己晚年的身体就真是大错特错了，因为无论什么时候，健康都是最重要的，没有了健康就没有了一切！

（三）有福要享

何谓福呢？对老年来说，平安是福，健康是福，心静是福，家和是福，快乐是福。

退休了，到了该享福的时候了，我们要重新安排自己的生活，调整一下节奏，放松一下心情，让自己的晚年更健康一些、更充实一些、更潇洒一些。努力追求老有所乐，老有所福。

八、在追求上要做"三争"老人

（一）争做新时代的有为老人

人到老年，应该力所能及地尽量多做些自己想做、爱做、能做的事，就能使退休后的生活变得更有意义、更有价值，也能够更好地回馈社会。因而，现在越来越多的老年人已由过去"一切围着孩子转，天天围着灶台转"的单调生活中解放出来，努力转变为自我追求，实现自我价值。比如，有的选择重新走上社会，发挥原有专长，继续奉献余热；更多的老年人通过自学或参加老年大学的学习，拓展自己爱好的各种技艺，博览群书，深钻细研，积极争做新时代的有为老人。如今无论是在科技、教育、医疗卫生领域，还是大街小巷的志愿者服务站点，都活跃着大批退休老人的身影，他们在"老有所为"的实践中找到自己新的价值和乐趣，活出了老年人的精彩。

（二）争做新时代的进步老人

老年人的"进步"，就是指与时代同前行，与社会共进步。随着老龄化的程度加深，"老有所学"越来越被提上老年人的生活日程，学习不再只是年轻人的事，"活到老，学到老"已日益成为老年人的新追求。时下，老年人对文化、科技、娱乐等新知识、新事物的关注度越来越高。不少老年人不再像过去那样，退休后便脱离社会去过封闭的老年生活，而是迫切希望能重新"上学"，发展兴趣爱好，也像年轻人一样，什么流行学什么。许多老年人玩手机、用电脑，一点也不示弱，下载的APP比年轻人还多，不但有微信、淘宝，也有头条、快手和抖音。累了想听书放松，就上蜻蜓FM、喜马拉雅；要买货比价就去拼多多；遇事想不明白就去找知乎。还有的老人家里每天都有快递包裹送来，甚至每天在家不出门，都能吃遍天下美食。如此与时俱进的老人，真不愧为新时代的进步老人。

（三）争做新时代的快乐老人

人到晚年最重要的是快乐，快乐使人健康，快乐使人长寿。因而现在许多老年人为了过好幸福晚年，每天的生活都有新内容，天天都有快乐事。他们不仅每天有奉献与付出的快乐，有学习进步的快乐，还有更多丰富多彩的日常生活小快乐。他们白天忙上网、忙书画、忙摄影，晚上忙唱歌、忙街舞。还有更多的忙自驾游、夫妻游、全家游，游遍了祖国的大江南北、山川湖海，游到了亚、非、拉、美及澳洲，游出了新境界。如今，传统的老年活动已越来越不适应老有所乐的需求，随着时代的进步，老年人的兴趣爱好、娱乐内容、休闲方式发生了新人耳目的变化，无论是线上还是线

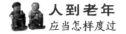
人到老年
应当怎样度过

下，无论是家里、社区还是千里之外的异国他乡，都是他们其乐无穷的"游乐园"。以致许多年轻人见了都无不赞美地说："现在的老人真是越来越新潮，越来越会玩，像这样的老人才真正是新时代的快乐老人。"

第六章

只要心态不老，
人就永远不老

人到老年

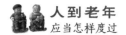
人到老年
应当怎样度过

衰老是不可抗拒的自然现象,只是出现迟早、发展快慢不同而已。有的人刚刚步入中年就疾病缠身,人不离医院,药不离身,万念俱灰,未老先衰;而有的人年过古稀仍腰不弯,腿不软,思维敏捷,精神抖擞,到处活跃,有的甚至年过百岁仍耳聪目明,鹤发童颜。同样年龄,衰老却有天壤之别,这与心态有极大关系。人老了,只要心态不老,人就永远不会老。

第一节　要正确看待自身的衰老

一、走向衰老是不可避免的生命过程

人体的衰老是复杂的生理变化过程,它代表了机体功能水平的下降,但它不是疾病,而是一种生命现象。人总要是老的,犹如自然界花有开就有谢,树有荣就有枯一样。当衰老不急不缓、无声无息地向我们姗姗走来时,没有任何东西可以阻止它的脚步,所谓的地位、权势、才华、名望之类,也都将在瞬息之间灰飞烟灭。人类早已清醒意识到生命的结果。问题在于我们如何正确面对,如若对衰老抱有积极乐观的态度,就不会把变老看成是可悲的结局,而是充分享受余生的大好时光。那么,老年人究竟应如何正确看待自身的衰老?

第六章 只要心态不老，人就永远不老

（一）不必为感知觉的衰退而烦恼

在所有的生理活动中，老年人感知觉的退行性变化最明显。比如，眼睛花了，耳朵半聋了，牙齿松动了，身体佝偻了等。特别是到了五六十岁以后，不仅听觉和视觉，甚至连味觉、嗅觉及皮肤感觉也会随年龄增长逐渐发生明显衰退。感知觉器官和各种感知觉功能的减退，会影响老年人的生活质量，导致老年人心理烦躁，消沉沮丧，结果更加快了老化的步伐。

其实，感知觉器官与人的关系和其他器官与人的关系是不同的。比如心脏，心脏停止跳动，人的生命随即终止。而感知觉器官衰退，对生命并无大碍。尽管这种衰退会带来许多不便，但仍可以通过人的主观能动性，以坚强的意志、执着的追求，将不利因素转化有利因素，发挥自己的潜力，弥补自己的缺陷。比如，失去视力、听力的人，仍然可以上学、工作、结婚、生子，取得事业成就，乃至是辉煌的成就。比如，弥尔顿失去视力后还写出了那么精彩的诗篇，贝多芬失去听觉后还完成了那样动人的音乐作品，海伦·凯勒耳聋后还能从事她的创作事业。所以，老年人无须为感知觉的衰退而烦恼，而要学会与衰退的感知觉"和平共处"。千万不可因看不清一行字而长吁短叹，为听不清一个电话而自怨自艾，为摔了一个杯子而沮丧不已。只要自己精神不老，即使进入高龄，也能使余生变得有意义。如孙思邈在百岁后完成了《千金翼方》，冯友兰95岁临终前完成了哲学巨著。这些老人都是在视觉、听觉几乎完全衰退的情况下，完成了他们愿意做的有意义的事。

（二）接受衰老有利于延缓衰老

许多人面对自己逐渐老去的事实，内心无法接受，失落、痛苦、忧伤，甚至抑郁，难以自拔。其实，人的生命由强壮走向衰老，正如太阳到了下午就要倾斜，月亮到圆满就要亏缺一样，一个人到了一定的年龄，就不可

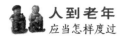
人到老年
应当怎样度过

能拥有还像年轻时那种容颜了。所以，每个人必须直面自己的年龄，不遮掩，不回避，轻松坦然，从容镇静，这是最基本的生存勇气，最起码的自信心。否则，很容易被年龄打倒，被岁月战胜。

变老有一个渐进的过程，我们不仅要勇于承认衰老，更要主动适应衰老，学会接受衰老。其实，接受衰老更有利于保健养生。其原因：一是接受衰老可以避免意外伤害。老年人一旦从心理上接受了衰老，就会在饮食起居、保健锻炼等方面都能做到"悠着点"。所谓悠着点，就是顺其自然，顺应老年人的身心特点。这样也就避免了意外伤害，有利于身体健康。二是接受衰老可以保持心理平衡。老年人一旦坦然接受衰老，平和面对衰老进程的每一步，就能够保持心理平衡。心理平衡可以促进机体组织细胞的良性工作状态，从而延缓衰老进程，有利于身心健康。

美国耶鲁大学的研究发现，对衰老出现负面态度的人，60岁以后发生心血管疾病的危险会增加两倍；而对衰老持积极态度的人，往往更长寿。这是因为那些积极看待衰老的人，具有更强的活下去的意愿，他们照顾自己和采用更健康的生活方式的动机也更强。同时，对衰老持积极乐观态度的人更不容易受到生活压力的影响。总之，无论从生理，还是从心理、精神角度看，承认衰老，接受衰老是明智之举，是对生命的理解、热爱和尊重。它反映出一种积极向上的良好心态，是治疗"未老先衰"的一剂良药。

（三）要勇于与衰老抗争

衰老虽然是人生不可逆转的自然变化过程，但并不意味着事业追求、生活权利和生命乐趣的丧失。我们面对衰老，不能束手无策，不能听之任之，而是应当学会积极向衰老抗争。因为对待衰老的不同态度，自然会有不同的结果。比如，有的人一旦进入老年期就坐吃等喝，消极地等着"阎王爷下请帖"；而有的老人却始终坚持与衰老进行抗争，积极地抵御疾病的侵袭，始终保持青春的活力。结果前者年不过半百，便精神疲惫、少言寡语、一步三颠，俨然成为行将就木的人；而后者年近耄耋，仍身轻体健、步履快捷，平时喜笑颜开，毫无忧戚之状，似乎与死亡无缘。有的甚至还能继续为社会作出积极的贡献。可见，一个人的寿命长短，并不是命中注定的，而在于你本人的修行。所谓"修行"，就是看你能不能超越衰老，积极锻炼，调整心态，让身心始终充满着青春活力。这样，任何灾难和疾病突然袭来，你都能泰然处之，就能健康长寿。

二、年老不等于衰老，"心老"才是真正的衰老

怎样才算是"老了"？这是一个看似简单、回答起来却是十分复杂的问题。一般而言是把超过60岁的人看作老年人，认为他们"老了"。但是，我们经常可以看到这样的情景：两个同是60多岁的老年人，一个精力旺盛，犹如中年，而另一个则是眼花耳聋，疾病缠身；一个仍对生活充满激情，愉快地生活着，而另一个则万念俱灰，百无聊赖。也就是说，同是一个年龄段的老年人，无论是心理上还是生理上，都差别极大。由此可见，仅以年龄来确定什么是老年人，确定衰老状况，方法是简单的，但并不可靠。

人有三种年龄，一是自然年龄，它是指一个人出生后所经历的时间长短的年龄，即实际年龄。二是生理年龄，它是指个体的组织结构和生理功能的状态即衰老程度的年龄。三是心理年龄，它是指个体的心理状态即心理衰老程度的一种主观感受的年龄。可见年老不等于衰老，生理衰老更不等于心理衰老。为什么这么说？所谓年老是就人的自然年龄而言，而衰老是就人的生理年龄而言。同样自然年龄的人，生理状态会有很大差别，就是说，同样岁数的老人，生理衰老的程度是不一样的。而同样自然年龄或者生理年龄的人，其心理年龄更会有很大差别。即同样岁数的老人，心理

上对自己年龄的主观感受又是大不一样的。比如一个人如果心理不老，生活得多姿多彩，就会使外貌看起来年轻些，也能使生理年龄得以保持年轻。由此可见，一个人的生理衰老并非真正衰老，只有心理衰老才意味着真正衰老。因为心理衰老了，就失去了生活动机，无所追求，无所事事，消沉自弃，压制了生命潜能，因而加剧身心的老化。所以，一个人是否衰老，老到什么程度，除了看年龄，还一定要看精神。人生什么叫"老"？60岁算老？还是70岁算老？都不是。谁心里认为自己老了，谁才真正老了。

三、衰老趋势无法逆转，衰老进程可以延缓

人体的衰老不可避免，更不可逆转，但我们对于衰老并不是无能为力，可以通过主观努力，有效地延缓衰老的进程。比如，在垂垂老去的过程中，只要能营造积极的心态，选择以年轻的方式老去，我们不仅可以延缓衰老、健康长寿，还能"返老还童"，恢复年轻时的生理机能，"老"得有品质，"老"得有魅力，仍然可以是朝气蓬勃的。

所谓以年轻的方式老去，就是像年轻人那样，保持一颗新奇、热爱、充满活力、不服输的心，去面对每日的生活。

以新奇的心去迎接老年。年龄是经验的积累，也往往成为桎梏脚步的绊脚石。我们的年龄老了，世界却并没有老去，跟着我们老去的，往往只是我们看这世界的眼睛。常怀新奇之心，生活就每日依然是新的，并给我们时时带来意外的惊喜。

以热爱的心去迎接老年。人生之所以美好，是因为我们热爱它。如果我们对生活和人生失去了兴趣，则晴朗的日子也暗淡无光。人常感叹，夕阳无限好，只是近黄昏。其实把这句诗改过来，就是一种完全不同的境界："虽然近黄昏，夕阳亦美好！"

以充满活力的心去迎接老年。人老了,机体衰退,体力和精力都大不如前,难免故步自封,将自己禁锢在日渐狭小的圈子里。哀莫大于心老,哀莫大于心死。让心保持活力,就是保持对生活的新鲜、好奇和热爱,活出余生的精彩。

以不服输的心去迎接老年。人老了就是老了,不服老不行,逞强好胜也不行。但是,可以不服输。不服输,就是不抱怨,也不低头;不哀叹一生的时运,也不坐等命运的最后审判。我们也许难以改变什么,但我们可以改变对生活和人生的态度,这就是不服输。

没有人能够青春永驻,也没有人能阻挡老之将至,但我们可以选择以怎样的态度面对老去。以年轻的方式老去,就是人生留给我们的最好念想和注脚。

第二节 不畏老是健康长寿的精神支柱

林语堂曾说过:"优雅地老去,也不失为一种美感。"但对大多数人来说,衰老是最无可奈何的事,生来必是喜悦,衰老不仅令人沮丧,甚至让人心生恐惧。

一、人越怕老,老得越快

(一)为什么老年人普遍害怕衰老

人老了,总觉得衰老是一件很可怕的事情。因为变老,那是代表着失去美好的容颜,失去旺盛的精力,失去优雅的心态。所以,谁都不愿意自己迅速老去,尤其是老年人更害怕衰老。这是因为"老"会让我们联想到病痛，孤独，衰弱，迟钝，忧郁，丑陋，甚至死亡，以致人们对衰老的畏惧和担忧，随着年龄增长与日俱增。尤其是人到晚年，往往怀有更为强烈的惧老心理。这种对衰老和死亡的畏惧心理，几乎伴随着整个老年期，这一点在中国人身上表现得尤为明显。一项由英国保险机构对全球12.562万人进行的调查显示，与其他国家相比，中国人最怕老，在45~54岁人群中，有一半以上的人认为自己已经老了；28%的中国受访者承认会因此感到沮丧，并联想到孤独、疾病等消极字眼。老年人"怕老"，不仅仅因为恐惧，更有以下一些客观存在的原因。

一是怕年老体弱多病。人的身体会随着年龄增高变得衰弱多病，很多年轻时欠下的"健康债"会纷纷找上门来，越来越糟糕的身体状况让人失去很多生活的空间，原本轻而易举的事情也将变得困难异常。据有关调查显示，中国60岁以上老年人在余寿中有2/3的时间处于带病生存状态。年老多病的痛苦一直是老年人恐惧衰老最重要的原因。特别是随着身体健康的每况愈下，恐惧老年痴呆越来越成了很多人的"心头痛"。据有关调查资料显示，全国老年人中患有痴呆者已高达1000余万人，其中中度和重度痴呆患病率，在80岁以上的老人中高达10%，且逐年还有迅速增长趋势，这一事实使越来越多的人忧心忡忡，担心自己年老痴呆照顾不好老伴或自己不能被很好地照顾，因此对衰老有着更进一步的恐惧。

二是怕年老生活无保障。随着年龄增高，很多老人的谋生能力慢慢丧失，因而越来越为养老担忧。一方面，由于传统的依靠子女养老的模式不断瓦解；另一方面，由于重大疾病发病率和死亡率连年上升，且医药费用支出增长过快，与之带来的是国人"未富先老""未富先病"。而社会保障、福利制度又不健全，以致沉重的疾病负担，让不少老人都在担心自己年老后生活没有保障。据有关调查资料显示，有30%的老人对晚年"老无所依"

等社会问题产生了深深的忧虑。

　　三怕年老孤独。孤独正在日益成为很多老人的常态。因为衰老会不可避免带来别离。子女的离开，老友的离去，终身伴侣的离世，使老人的生活变得更加孤独和寂寞。近年来，老人自杀、在家中死亡无人发现等事件频频见诸媒体。想到这一幕幕情景，没有谁不会恐惧衰老。

　　四怕年老没用。"老无所用"是中国老人的普遍心态，尤其在退休后，不工作不学习，很快就进入了"无用论"，缺乏认同感和价值感。许多中青年也认为老年人缺乏学习能力，对新事物缺乏认知和兴趣，脾气倔强而不近人情，对老年人避之不及。

　　五害怕死亡。从心理学上来说，怕老和怕死紧密相连。对死亡的恐惧是人的本能，而老是生命的暮年，也就是意味着离死亡越来越近。

　　上述种种原因和现实让越来越多的老年人对年老产生恐惧，由于时时担心"老之将至"，老人更容易产生怒、急、惊、恐等对身心健康有极大危害的不良情绪，从而削弱机体的抵抗力，致使体弱多病而缩短寿命。

（二）老年人应怎样走出晚年惧老心理

　　一是接受现实，直面衰老。惧老心理的产生，大多由于无法接受自己身体和心理都在走下坡路。身体状态走下坡路，心理上却不接受这个现实，不愿意承认自己大不如前。要学会接受自己开始衰老的事实，接受生理上出现的种种变化，用快乐的心态去释放心中的压力，以不服老的心态、忘我的内涵、超然的精神和衰老抗衡。

　　二是学会放弃，适应孤独。包括对名利、美丽、执念和一切身外之物的放弃，甚至对有人陪伴的放弃。到大自然中去，从草木的一岁一枯中，认识到人生同样的生死规律，打开封闭的心灵。

　　三是寻求乐趣，充实生活。要有明确的生活目标，全身心朝着这个方向不断努力,就会感觉不到时间的流逝,自然也就不会胡思乱想。要学会"玩"。爱玩的老人不怕老。所谓的"玩"并不单单指玩耍,只要是自己感兴趣,能够带来快乐的,无论是什么形式的活动,都应该算作是"玩",比如打桥牌、下象棋,跳广场舞、练合唱,收藏、旅游、摄影等,关键是找到自己的兴趣点。同时也可通过多参加一些志愿者活动、老年大学、社区街道管理等社会活动,这不仅是一种自我价值的实现与满足,而且有利于促使老年人积极走出晚年的惧老心理阴影。

此外,社会、家庭要重视老人的生活,关心老人的健康,不仅让他们老有所养,更要老有所乐。所谓老有所乐,就是在提供良好的物质生存条件的同时,为他们创造积极的精神生存环境。

二、人老不畏老,才能真正不易老

(一)为什么不畏老是老年人健康长寿的精神支柱

不畏老体现了乐观向上的心态。对于不畏惧衰老的老年人,能保持乐观向上的良好心态,他们对生活充满信心,每天都觉得具有生命价值感,生活安排得井井有条,从而使自己老而不衰,充满活力。他们退休离岗后,从不感到"老之将至",更不担忧"死之将至",不会为增添白发而感叹,也不会为老年生活的难题而忧虑。这样自然会收到延缓衰老、延年益寿的功效。

不畏老体现了积极拼搏的精神。人生就是一场拼搏。有的老年人虽年老体弱、病魔缠身,但在精神上从未感到沮丧,不悲观,不恐慌,满怀信心地坚持长年累月和疾病拼搏;有的老人为了能更好地健康长寿,永葆不老的青春,始终坚持以乐观豁达的精神,顽强地和郁闷、消沉拼搏;还有更多老人为"老有所为",坚持不懈地同懒散拼搏。而"不畏老"正是这种拼搏力量之所在。

不畏老体现了壮志不已的追求。许多老人退休之后，仍有自己的理想追求和生活目标，凭着自己丰富的人生阅历、丰厚的经验知识，继续追求老有所为、老有所用，不断创造出人生第二春的种种奇迹，经常使自己陶醉和沉浸在"成功感""成就感"的幸福和喜悦之中。能有如此有意义、有价值的晚年，这样的老人怎能不更健康、更长寿？

由不畏老所体现出来的乐观向上的心态、积极拼搏的精神和壮志不已的追求，充分印证了一句话："不言老者不显老，不畏老者不易老。"古诗云："畏老老转迫，忧病病弥博。不畏复不忧，是除老病药。"所以，人到老年，不畏老是健康长寿的精神支柱。

（二）怎样培养不畏老的人生观

一是要在心理上消除对于岁月逝去的恐惧。慢慢变老，老化、衰老，这是人人都必须坦然面对的问题。怕老并不会使你不会变老，唯有正视年龄，勇于对生命负责，你才可能活得更好、更美。面对慢慢变老，不妨坦然处之。即使到了老年也应该感到骄傲，感到自豪，因为至少它证明你有幸福到满头银发的老年，这可不是人人都能做到的。满头白发，在夕阳映照下亮如银丝，这是一种令人肃然起敬的成熟美。所以，不要害怕岁月的逝去，不要害怕自己慢慢变老，更不要害怕别人说自己老了。慢慢变老是谁都无法改变的事实，我们都应该坦然面对，并从慢慢变老中寻找乐趣，只有慢慢变老，才能更好地慢慢享受生活。

二是要正确认识生老病死，树立积极的生存意识。任何人都不能因为年老就轻视自身存在的价值。必须树立积极的生存意识，即正确对待人生，科学看待生命。通过对人生和自我价值的合理认定，提高对生命意义的领悟。由此，结合自身条件继续服务社会，服务家庭，以激发生活热情、体验生活情趣，消除身心衰老对自我的不良暗示。正确对待疾病，有病求医，相信科学，不过分关注生理上的细微变化和片面强调他人对自己的态度。通过情绪转移加强人际交往，以消除与社会的疏远，避免自我孤立。辩证地看待衰老，变衰老感为紧迫感，促进对生命的珍惜和人生意义的追求。

三是要时刻对生活充满希望。人到老年，真正可怕的不是年龄的增长，而是希望的减少。一位高龄老人曾说过这样的话："我在每一天里重新诞生，每一天都是新的开始。"这种每一天都是新生、每一天都值得期待的积极心理，正是永葆青春的秘诀。面对晚年生活中的困难和坎坷，世界上没有包治百病的灵丹妙药，如果有，那就是自信。因为生命的力量首先来自自信，只要你的自信心饱满充盈，你的生命空间就不会缩小，你的精神就会永远不老。

第三节　心理衰老比躯体衰老更应受到重视

不少老年人对身体衰老比较重视，却往往忽视了心理上、精神上的衰老。其实，心理衰老负面影响更大。因为，心理衰老使人加速生理衰老，意志消沉，百病丛生，甚至会出现老年痴呆等类似精神疾病，弄得亲属焦头烂额。所以，人到老年，心理的衰老比躯体的衰老更应受到重视。

一、年老并不可怕，可怕的是老了心境

（一）心理衰老，才意味着真正衰老

心理衰老往往是由老年人的心态造成的，它主要是指一个人的认知、情感、意志及个性品质，与其年龄阶段特征相比，有明显的退化和衰老。

有些老年人身体健康尚可，亦无重大疾病，他们却自感老态龙钟，体弱气微，老眼昏花，精力不支，思维迟钝，已经成为社会废物和家庭累赘，所以对生活缺乏兴趣，对人对事淡漠，近乎麻木；空虚无聊，人际关系疏远，离群索居。他们认为自己风烛残年，遇到困难和不遂心的事，就感到无能为力，思想负担沉重，整天沉湎于失败和挫折的情景之中。这种消极对待人生的无所事事、自甘沉沦、没有社会责任感现象的出现，意味着一个人的心理已开始衰老。这种心理衰老是真老，是地地道道的老，是从内往外的老。因为当一个人的心理衰老了，就会失去了强烈的生活动机，兴趣索然，无所追求，自暴自弃，也就抑制了生命潜能，从而加剧身心的老化。

心理衰老的速度因人而异，由于每个老年人以往的工作经历、生活环境、职业职务、文化程度等情况不同而有所差异，甚至差异很大。如有的人到了高龄，记忆力还很好，思维敏捷深刻，精力充沛。可有的人刚步入老年，记忆力明显减退，思维比较迟钝，精力不足易疲劳，有的甚至生活都不能自理，要靠家人照应等。

心理衰老与躯体衰老也不同步。心理衰老除与大脑有密切关系，还与其他许多因素有关，如体内疾病、感染中毒、外伤、个人心理特点和社会心理因素（包括社会环境、经济条件、家庭关系、人际关系、文化修养）等。因此，心理衰老和躯体衰老并不是同时发生的，两者衰老速度也不同。一般来说，躯体衰老速度较快，而心理衰老速度较慢。躯体衰老外观上的变化（如白发、皱纹和老年斑等）比较明显，而心理衰老在外观上的变化相对不明显。

（二）老年人为何容易心理衰老

心理衰老大多是一个渐变过程，在起伏不定、时好时坏中发展变化，

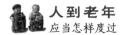

有些心理衰老可以慢慢恢复，从而焕发青春；有些则会日趋严重，甚至悲观厌世。产生心理衰老的原因很多，主要有以下几方面的因素。

一是生理和疾病因素。人到老年，大脑随着年龄增长而日益老化，大脑皮层和皮层下各种神经细胞、核团等发生退行性变化，致使神经纤维再生能力减弱，脑血流量和摄氧量减少，造成大脑功能的减退，这是导致老年人心理衰老的病理基础。由于人到老年容易身患多种疾病，其中有些疾病会加速老年人的心理衰老，如脑动脉硬化，会使脑供血不足、脑功能减退、记忆力减退加重。还有些疾病如糖尿病、冠心病、癌症等也是心理衰老的常见因素。

二是心理和个性因素。长期的不良心理如失望、消沉、沮丧、焦虑，以及过于严重的自卑、依赖心理等造成的忧郁、苦闷，所形成的心灰意冷最易伤人精神，损人意志，催人衰老。尤其是一些心理脆弱的老人，随着退休和儿女的成家立业，逐渐从社会和家庭角色中退了出来，由此走向自我专注，加之生理功能又处于衰退时期，如遭遇心理打击就犹如雪上加霜，会对老年人心理衰老产生严重的不良影响。心理衰老与老年人个人特性也有密切关系。一般来说，善于用脑、勤于思考、兴趣广泛的老人，心理衰老的速度较慢；心情开朗、意志坚定、积极进取的人，即使到了老年，往往还保持着旺盛的精力。反之，平时很少用脑，不爱学习、不读书不看报的老人心理衰老较快，尤其是那些长期心情抑郁、意志薄弱、缺乏进取精神的人，往往人未老心理却早已衰老了。

三是社会和环境因素。老年人的心理衰老受社会因素影响也较大。比如，社会为老年人提供的各种服务、待遇，对老年人的关心、重视程度以及是否老有所养、老有所用，对老年人心理衰老都会有明显的影响。社会重视和关爱老年人，就能对调动与发挥老年人的智力效应发生很大作用；

反之，则会加速老年人的心理衰老。另外，自己周围的人过早把自己当成老人对待，口口声声"老前辈""老师傅"，极易产生的衰老感，这也是促使老年人心理衰老的加速剂。

心理衰老并不是每一位老年人所特有的心理特征，人老并不一定心理衰老，心理衰老者也并非都是老人。人为万物之灵，"得神者昌，失神者亡"，老年人只要"得神"而不"失神"，就一定会永葆心理的青春和生命之树常青。

二、老年人心理衰老比躯体衰老更可怕

（一）心理衰老会加速老年人的整体衰老

人的衰老是多种因素作用的结果。所以观察衰老，要注意整体的原因。什么是影响人体衰老的整体原因呢？这就是心理。心理虽然也是人体构成的一个要素，但它是具有主导作用的要素。人体各种组织和器官都在心理的控制和支持下，协调地从事各自的特殊活动。正是心理统一人的各种复杂构成部分，使之成为一个有机整体。心理这一要素虽不等于整体，但却可统帅整体。因此，心理状态对人的生命活动、对人的衰老无疑有着巨大的影响。老年人的心理一旦老化，不仅会引起感知觉衰退、注意力下降、思维退化、意志力减弱，还会失去强烈的生活动机，无所追求，自暴自弃，最终不仅会加剧老年人生理功能的老化，引发各种心身疾病，甚至会导致精神萎靡，失去生活和做人的信心。可见，一个人在心理上开始衰老，那么他的整个身体也就会很快跟着衰老。

（二）心理衰老会严重影响老年人生活质量

老年人心理衰退，严重者处于半痴半呆中，全然体验不到精神上的享受。这种寿命的延长，无论是对老年人本身还是社会来说，都是没有意义

的。长寿不仅是给生命以时间,更重要的是在给时间以生命。有些心理衰老快的老人,内心是非常痛苦的。他们头脑稀里糊涂,内心世界空虚,精神生活缺乏,生活没有目标,对人生缺乏留恋。这样的老人即使物质生活非常丰富,也没有快乐。相反,那些心理衰老缓慢的老年人,他们不仅精神生活丰富,热爱生活,富有理想和追求,还能够老有所为,继续不断为社会、为家庭发挥余热,这样的老人,即使物质生活清贫一些,但安贫乐道,充满青春活力,这才是快乐和幸福的人生。可见,一个人的心理衰老快慢,对晚年的生活质量和生命质量影响极大。

(三)心理衰老是通向死亡的"催化剂"

一个人生理方面的疾病很容易觉察,可以及时地得到保健和治疗。而心理衰老则是悄然发生的,无论是老年人自己还是他身边的人,都难以及时觉察,而一旦被大家觉察到了,可能已经失去治疗的大好时机。有学者把心理衰老看成是通向死亡的"催化剂"。美国一些学者曾对加利福尼亚州约7000名居民,进行长达9年的调查,发现其中孤独感重、心理衰老的人,在排除其他因素的情况下,死亡率和癌症的发病率,均比正常人高出两倍以上。他们还对3809名美籍日本人进行调查研究,统计数据表明,心理衰老的人,心脏病发病率比正常人高出一倍。

三、老年人怎样延缓心理衰老

(一)保持积极的精神状态

积极的精神状态,比如进取心、希望、理想等,对防止和延缓老年人的心理衰老具有重大意义。一个人有了进取心、理想,并充满希望和奋发向上,就能老而不衰,充满活力。这是因为这种积极进取、奋发向上的精神状态对肌体的细胞、组织和器官能起到一种良性的、有益的刺激作用。

同时能增进人体免疫功能,既有利于保持"心理年轻",还可延长智力和生理寿命。所以,对老年人来说,不管多大年龄,即使到了七八十岁,仍要有颗积极进取之心,仍要有在力所能及的情况下,为家人、为社会做点什么的思想准备,仍要有根据需要和爱好,去学点什么的心理需求。老年人会遇到许多不称心的事情,如自己多病、老伴去世、有些事力不从心等,但千万不能消极悲观,要正视现实,向往未来,少回顾过去,保持沉静乐观,愉快知足,避免老气横秋。同时,不断地与颓废心理状态做斗争,始终保持一种良好的积极的精神状态。

(二)延缓脑衰老是延缓心理衰老的关键

大脑是人的生理活动和心理活动的总指挥。大脑的衰老,必然导致各个脏器的衰老,并且大脑对人类的知识、智慧和思维具有重大影响。一般来说,大脑衰老缓慢,其心理相应衰退慢,身体也就越健康。可见,老年人要延缓心理衰老,必须坚持多用脑,勤思考,并努力从以下几方面延缓脑衰老:

一是养成天天读书看报的好习惯。这不仅对大脑是有利的刺激,能促进脑力活动,益智益脑,而且可使人获得丰富的知识,陶冶情操。

二是保持好的心情。多留心观察分析周围的事物,强化自己的记忆力、理解力、判断力,是锻炼大脑、防止脑衰老的有效办法。

三是经常活动手指。多做精细的手工劳动,如弹琴、织毛衣、做针线活、玩健身球、打字及手指活动操等,会促使大脑反应迅速灵敏,并延缓脑细胞的衰老。

四是坚持适宜的体育锻炼。大脑是人体耗氧量最多的器官,脑细胞缺氧易导致思维能力甚至智力下降。经常到大自然中走走,多呼吸新鲜空气,会使大脑的供氧更充足。同时加强体育锻炼能增强心肺功能,获得更多的

人到老年
应当怎样度过

氧。此外，应做到生活有规律，保证充足睡眠，营养平衡，戒除烟酒，保护大脑。

（三）不要过早认为自己老了

老年人的许多心理衰老现象，是本人经常进行消极自我暗示造成的。如果总以为自己老了，就会明显地出现心理衰老现象，急剧加速身体的衰老进程。比如有些老人，由于心态过早衰老，会经常表现出老人的一些躯体行为，甚至走路、衣着打扮都趋向老年人。他们越是认为自己老了，老态也就越明显。心态上认定自己老了，背只会弯得更深，看人的眼睛只会更浑浊，说话也就更迟钝。如此这般，能不老态龙钟吗？相反，总以为自己还不老，还年轻，其心理衰老就将缓慢得多。比如那些年纪越老越喜欢打扮的"老来俏"，就是因为自感年轻才觉得自己永远不会老。所以，老年人应看淡自己的时序年龄，不要每天把"老了不中用了"挂在嘴上，印在心上，更不要把退休与"老而无用"等同起来。只要你认定自己没有老，并认定自己的生命是充满生机的，那么，你的这份自信就会超越年龄的心理障碍，你的生命就真会变得年轻了。比如，已到天命之年者自信只有40岁，已到花甲之年者自信只有50岁，已到古稀之年者自信只有60岁……以此类推，并在心理、服饰、爱好、交友等各个方面向年轻10岁靠拢。这样，不仅能使自己保持美好的心情，对生活充满信心，而且还能真正收到神奇的健身延年的功效和自信年轻10岁的感觉。

总之，人老了，不应老想着自己老了，日落西山了，什么希望也没有了，那样越活越萎靡。要忘记自己是老人，想着自己还年轻，才能永葆青春。生命不息，奋斗不止，人生才有意义啊！

第四节　拥有年轻心态是青春不老的秘诀

一、心态的年轻比身体的年轻更重要

（一）什么是年轻的心态

年轻心态是健康心态的一种，顾名思义，就是年轻人的心态。心中充满好奇、充满自信、充满活力、充满斗志、充满乐观。年轻心态并不是依年龄而定的。有的人刚过半百，就老气横秋、老态龙钟。而有的人，即便"奔七"或"奔八"了，依然充满生机与活力，说起话来中气十足；走起路来步履轻盈。他们虽然年纪很大了，但浑身充满活力，对生活充满热情，做什么事都有朝气、有雄心，无论是工作、学习，都很认真负责。这样的人虽属老人群体，过得却是朝气蓬勃的年轻人的生活，跟年轻人没有什么分别，甚至比很多年轻人过得都好。这种年轻的心态会让人不由自主地焕发出熠熠神采。即便你已经是年纪一把了，但是你带给别人的感觉却是富有朝气和生命力的，这样别人就会忽略你的实际年龄，而感受到的却是你年轻的心理年龄所散发出来的活力四射的魅力。所以说心态的年轻比身体的年轻更重要。那么，对老年人来说，拥有什么样的心理状态才算是年轻心态呢？有一位心理医生写了一篇《人老心不能老》的文章，他认为老年人的心态年轻应该有如下的标志：

经常保持愉悦的心情。脸上常挂着笑容，遇到开心的事能开怀大笑起来。

保持对美的追求。注重仪态仪表，喜欢打扮自己，喜爱穿时髦和艳丽的服装。

有好奇心，喜欢看热闹。街上哪有围观，不管多远，都要绕道赶过去

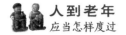

人到老年
应当怎样度过

看个究竟。

保持童心。看到孩子看动画片，会不由自主地凑过去看一会儿，而且随着孩子的笑声也会哈哈大笑起来。

身体灵敏好动。胸能挺起来，头能昂起来，步伐轻松快捷，能跑起来、跳起来，上楼梯有时一步跨两节。

有过正常性生活的欲望。遇到切身的或视觉的性刺激，男人的阴茎能迅速勃起，女人有春心荡漾的冲动。

对生活和工作有梦想、有追求。敢想敢干，勇于面对各种考验，能承受各种压力，充满自信，有一种不服输、不服老的劲头。

（二）心态年轻，人就不老

每个人都要面对老年，但是每个人都可以选择不老，这就要求有颗不老的心。因为姣好容颜终会随着岁月逝去，这是无奈的，但心理年龄却可以永葆年轻。俄国著名哲学家别林斯基曾经说："谁能把青春保持到老年，不让自己的心灵冷却、变硬、僵化，谁就是幸福的人。"这就是说，老年人只要抛弃一切暮气和悲观心理，以年轻人的心态去面对年老，拥抱年老，就会使晚年生活充满幸福和情趣。这是因为老年人一旦拥有年轻人的心态，不仅会使冷漠、僵化的心灵变得像年轻人般火热而活跃，而且无论是言谈举止、穿戴爱好、行为习惯等方面都会像年轻人一样，浑身充满活力和朝气。比如，在生活中我们常会发现许多心态年轻的老人，他们很爱打扮、很活跃、很青春，而且常常在一些场合，忘情得像年轻人一样，放声高歌，翩翩起舞；像年轻人一样，喜欢远足，喜欢聚会，喜欢照相，喜欢时髦的发型、服装、手表、运动等；甚至，在他们的心中仍然燃烧着爱情之火。有了这样的年轻心态，就会"自我感觉良好"，就会觉得自己还不老，还很年轻，于是自然就会挺胸抬头、走路轻快起来，久而久之，习惯成自然，人体形象不就年轻了吗？所以，人老了，心理上仍要认为自己还年轻，只要自己心态上觉得还年轻，人自然也就年轻起来。不少老人也都有这样的体会，几十年不见的老同学聚在一起，虽然都是白发人，但同学们在一起时，却一个个英姿焕发、朝气蓬勃，之前的老态都不见了。这不就是因为他们心理上又找回年轻时代的感觉了吗？

总之，人总会变老，这是事实，也是客观规律。但心若年轻，老去的就永远只是年龄，不老的是精神、气质和风韵。正如有句古老的欧洲谚语：决定你激情澎湃的不是年龄，而是永远年轻的心。

二、为什么年轻心态是青春不老的秘诀

（一）心态年轻才会有活力

年轻不仅是一种状态，更是一种心态的选择。一个人的变老，不是从第一道皱纹、第一根白发开始，而是从承认自己是老人那一刻开始的。

年纪大了，未必就不再年轻。因为真正的年轻，并不是仅指生理上的青春勃发，还包括心理上的积极、乐观及对生活充满信心。一个人的心态年轻，思想就活跃，感觉就敏感，眼神就光亮，脚步就轻盈，自然就会显得很阳光，很年轻，从而就拥有了一副相对年轻的容颜和一副健硕的体魄。

有一段话是这么说的：即使我们垂垂老矣，只要有梦想，有热情，我们就仍拥有无限的可能，未来依旧对我们敞开，希望之光也将永远照耀我们。有一句名言，叫作"从50岁开始起跑"，说的就是这个道理。只有心态年轻，才会有活力，有活力才会有精神，有精神才不会显老。归根结底，谁拥有年轻的心态，谁就拥有青春的活力、年轻的体魄。正如有的人自认为自己只有20岁，那么即便他长到50岁也依然会有20岁的风采和活力，

因为他有一颗20岁的年轻心态。所以,面对衰老,只要我们对梦想保持向往,对生活继续热爱,属于生命本真的力量就会源源不断地涌流出来。心若年轻,青春永远。这就是青春不老的真正秘诀。

(二)保持心理青春是年轻的动力

青春是人生最美好的时期,人的青春有两种含义,一种是指形体的青春,如青壮年时的健美体格和容貌;另一种是指精神的青春,即心理青春,如不衰的意志,不懈的追求。形体青春只能相对地延缓,唯有心理青春可以永葆。因为形体青春是人生命过程中的一个阶段,生命过程是不可逆转的。而心理青春是一个人人生观和意志的体现,凡是思想开朗、意志坚强的人,都可永远保持他的青春意志。也就是说,一个人只要有理想、有追求、有欢乐、有激情、有上进心,青春就永远属于他(她)。可见,青春不是年龄,而是心境;青春不是桃花粉面、碧眼丹唇,而是深沉的意志、恢宏的想象、炽热的恋情和生命的涌动。正如美国生命科学家萨缪埃尔·霍尔曼所说:"青春不是人生某一阶段的标志,它是人任何阶段都应有的心理状态。""要永葆青春,既要有坚强的意志、丰富的想象和激荡的热情,还必须有战胜胆怯的勇气和绝不向困难妥协而敢于冒险的追求。人不是因岁月的流逝而朽,理想之火的泯灭才是暮年的开始。"因此若你才20岁,便已思想颓废、精神低迷,没有了理想、没有了追求、没有了自信,你的人生其实已经没有了青春;若你已60岁,你仍然理想高远、思想前瞻、热忱炽烈、自信不减、精神乐观、心灵大度,你就是青春荡漾、风华正茂的年龄。所以有人说,青春其实是一种意念,不在乎你有多大的年龄,只要保持思想活跃,对生活充满热情,有着较强的自信心,那么,无论你是中年还是老年,都一样拥有青春。只要你有意营造年轻的心境,你就拥有向往年轻的动力,你就能继续扬起生命的风帆,让进取战胜苟安,让勇气战胜怯懦,让健康战胜衰弱,让希望战胜孤单。

总之,人老了,但只要坚持始终不放弃对美好生活的追求,只要心中永远持有对新生事物的憧憬、对未知的惊喜、对生命的喜悦,并真正做到心灵不老、精神不老、思想不老,笃信生命不息、希望不泯,始终保持一颗永远年轻、永远朝气蓬勃、永远不服老的心,你就会拥有永不衰老的青春。即使你已年至耄耋,你的眼中依然闪耀着年轻的光芒,你的脚步依然洋溢着青春的活力。这就是心理青春能使老年人越活越年轻的根本原因。

三、老年人怎样保持年轻的心态

(一)要有永不服老的精气神

老年人面对自己的年龄,要知老服老,但是在心态上一定要有永不服老的精气神。一个心理上不服老的老人一定是一个永远心态年轻的老人。

一是心态上要把自己当成"年轻人"。了解年轻人的流行语,适当用年轻人的语言与他们沟通。这样不但能使沟通更顺畅,还会有一种激情澎湃的感觉,可使老年人更好地从中感受年轻人青春的气息、生命的活力,从而可大大有助于心理年龄的年轻化。同时还要坚持读书学习、旅行。显得年轻的人,大多都能坚持活到老学到老。读书改变的不是容貌的外形,而是容貌的神韵。腹有诗书气自华,读书多了,自然便能拥有美好的心灵,容颜自然会改变。读书开阔心胸,旅行开阔眼界,喜欢读书和旅行的人,对任何事情都有自己的见解,不会人云亦云,自然神采飞扬,洋溢着青春的活力。

二是没事找事做。其实,不少老年人想做点事情的热情远远超过年轻人。人老最怕的就是不动,动起来晚年才有活力。比如退休后做志愿者工作、做家务、发展特长爱好等，会让生活丰富起来，不仅使老人从中可以感受到对生活有掌控感，又能体会到被需要感和价值感，有益于保持心态年轻。

三是积极接受新事物。要想拥有年轻心态，老年人要勇于与时俱进，努力多去接受一些新事物。比如，不少老年大学都有很丰富的资源，开设了美术、绘画、摄影等课程。网络上也有非常多的资源，包括新事物、新观点、新理念。在这些领域，年龄是可以忽略不计的。还可以经常出现在KTV、交谊舞会、茶室聊天等场所，甚至也可去美容院拉拉双眼皮，做做面部保养什么的。这样不仅使自己找到"我还年轻"的感觉，又能增添生活的情趣，心态自然也越来越年轻。再就是要对生活充满新鲜感和乐趣。有不少老人，他们自己虽是60多岁的人，却敢穿40岁人穿的衣服，敢玩30岁人玩的花样，敢追逐20岁人追逐的流行思潮……像这样人老心不老、勇于和现代生活接轨的老人，绝对是越活越年轻的老人。

总之，凡是与时俱进、乐于接受新事物的老人，在他们身上你也许能看到眉梢的皱纹，但更让你目不转睛的是他（她）那种神采奕奕的面容和热爱生活的精神状态。

（二）要有对美好生活的追求

事业和追求是青春永驻的密码。一个对美好生活没有追求的人，生理年龄再年轻，也是一个老气横秋、行将就木的人；一个永远有旺盛激情和追求的人，不论生理年龄多老，他依然拥有宝贵的青春。所以生活中只有那些任何时候都不放弃自己追求的人，才能真正活成不怕老、不会老的人。他们会使自己永远保持生命的朝气和活力，且不安于现状，即使退了休，也仍然会在各个新的领域有新的追求。山东有一位曾经担任过副省长的黄可华先生，他63岁从副省长位置上退下来以后开始学习摄影。由于他酷爱摄影，又虚心好学，没有高官的架子，常年坚持背着一架相机到工厂、街道，农村采风。结果短短 4 年的时间，他的摄影作品就走进了法国的罗浮宫和意大利的威尼斯，成为第一位在罗浮宫展出作品的中国摄影爱好者。《人民摄影报》竟用了 8 个整版介绍他的山水系列摄影作品，在全国摄影界产生了巨大轰动。在参观他摄影展的时候，几乎所有的人都不敢相信，这些作品竟会出自一位年过花甲老人之手，更不敢相信，这位痴迷摄影的老人曾经是位副省级高官。当人们看到黄可华先生红光满面、目光锐利，俨然像是一个三四十岁的年轻摄影记者。

（三）要有广泛的生活情趣

年轻心态还来源于多彩的生活情趣。一项针对我国老年人文化生活的调查报告显示，目前我国老年人普遍存在缺乏情趣的现象，这不仅使老年人容易萎靡，也更容易衰老。年纪大了，不等于一切趋于停滞。为了丰富晚年生活，更好保持年轻心态，老年人应积极培养自己的生活情趣。一个人虽然年老了，但仍然可能有多种多样的情趣，老有所乐是一种情趣，老有所学也是一种情趣，老有所为更是一种情趣。情趣越丰富对身心越有益，只要有了情趣，就能使生命之树在情趣的沃土上花繁果硕，常青不凋。所以，在体力、经济条件允许的前提下，要多多培养自己的生活情趣，尽量多学点自己喜欢的知识，多做点自己喜欢的事情，多玩点自己喜欢的项目。尽可能多走出家庭，走向社会，走进大自然。只要觉得有情趣，能使心境、视野开阔，就应积极去参与。也可以花心思去养几盆高档绿植，动手制作一些有趣的小玩意儿；还可以约几个朋友在阳光下品品茶、听听音乐，在林荫里看看蝴蝶、赏赏花，都会别有一番情趣。这样富有情趣的老人，岁月又怎么忍心让其老去呢？

（四）要注重日常衣着仪表

要想不显老，还要注重衣着和仪表。但很多老年人却觉得自己上岁数了，再怎么打扮也没有必要了。其实，年轻人有一种自然美，无须刻意打扮，但上了年纪的人，无论在家和外出，都要根据不同场合通过服饰适当地修饰自己，会使自己外表显得得体大方、有风采，不仅能给老年人带来青春活力，凸显出成熟富有韵味的美感，还能使整个人都显得精神饱满，也更有自信，从而使身体机能也会随之变得年轻起来。对此。有学者曾对一批60~80岁衣着讲究、喜欢唱歌跳舞的老年人做过调查，发现其中多数人看上去比实际年龄要年轻得多，有的看上去甚至要比实际年龄小20岁以上。这是因为老年人通过恰当地进行美容修饰，可使他们觉得自己或潇洒英俊，或亭亭玉立的风度不减当年，更感到自己越活越年轻。这种良好的心理状态，不仅会使人显得年轻、精神、心情舒畅，还可使他们产生一种难以言表的愉悦感、自信感和满足感。而这正是老年人精神生活的力量源泉和延缓衰老的重要条件。

（五）昂首挺胸也能使人年轻不老，青春常在

有些老年人退休后，不注意形象，整天含着胸、弓着背，两眼无神，缺乏朝气，因而显得特别老态龙钟；相反，有些老年人，特别是经过戎马生涯的老年人，有的虽已年过七八十，但他们那种军人风采仍不减当年，他们无论坐或行，始终腰背挺直、步履稳健，两眼炯炯有神，特别是走起路来昂首挺胸、气宇轩昂，不仅使人感到特别精神，而且还会使人觉得有一种无所畏惧和排除万难的气概和决心。像这样的老人好像衰老与他们无缘。俗话说："要年轻，挺起胸"，是很有科学道理的。老年人坚持经常挺胸昂首，不仅有益于使人产生朝气蓬勃、斗志昂扬的积极心理暗示，而且对腰椎、颈椎、脊柱，也都有极好的保护作用，可有效延缓人体的衰老进程。所以，老年人只要每天坚持昂首挺胸大步走，不求快但求稳，久而久之，"老态龙钟"就一定会延缓到来。

第七章 活出老年人的尊严和风采

人到老年

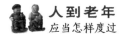
人到老年
应当怎样度过

人总是要衰老的,而且是一年比一年老、一天比一天老。老是挡不住的,留给人们唯一的选择就是如何老法。同样是走向衰老,不同的老人由于个人修养不同,达到老的境界却是大不相同的。有的人老了,老得有品位,有风采,使人觉得可亲、可爱、可敬;有的人老了,却为老不尊,老而失德,以致老得可嫌、可厌,甚至可恶。一个人,只有当你的老年不会成为身边人的包袱或累赘,同时还能讨人喜欢、受人尊敬时,这样的晚年才是幸福的,长寿也才有意义。对老年人来说,活得健康长寿固然重要,但更重要的是,人老了,却仍能老得使人觉得可亲、可爱、可敬,这才真正是活出了老年人的尊严和风采。

第一节　老而有德最可敬

人到老年,什么最可贵?什么最可敬?许多老人的善举表明,老人最可敬的不是地位、金钱,而是高尚行为,老而有德最可敬。老而有德的人,在生活中处处表现出先人后己、正直无私、与人为善、乐于助人的高尚情操,处处表现出心正、思正、言正、行正的长者风范,这样的老人才值得爱戴，值得尊重，才是年轻人的楷模，晚辈们的表率。

那么，老年人怎样才能使自己成为一个有高尚道德情操的长者呢？

一、首先为老要有德

年轻人因为占有年轻、活泼、漂亮等得天独厚的优势，做到让人喜欢并不难。老人没有这样的优势，若想叫人敬你、亲你，首要是为老要有德。关键是要做到以下三条：

一是多一点爱心。爱心并不只限于爱自己的家人，也包括爱同龄人和晚辈，爱强者也爱弱者，即要有博爱精神。能帮人时就帮人，能付出时多奉献。发自内心地对社会、对他人炽热、深情的爱与关心，是老年人高尚道德情操的集中表现，必将给后人以深刻的影响。

二是多一点公心。就是处理问题要有公平、公正之心。无论是对自己的子女，或是对邻里乡亲，还是对他人，都要力戒私心和偏颇。见他们做了利国利民的好事就表扬、夸奖，见他们干了错事或坏事，就批评、劝阻。有了这样的公正之心，人们自然就会觉得你可亲、可敬。特别是对于社会上的不良风气，敢于站出来批评教育。这种对人对己的廉洁精神，也是一种"弥坚"。老年人的这种高风亮节，可以带动影响一代人乃至几代人。公心还应体现在积极参加社会公益活动方面，如帮助社区搞治安、卫生、绿化及文化娱乐等活动，既锻炼身体，又净化心灵。

三是要有一颗正心。就是行为端正，胸襟开阔，心地坦荡，淡泊名利，常为别人着想，不巧取豪夺，不被权钱俘虏。不因自己老弱病残而感叹，始终不渝地按照道德准则作为。如果老人还具有开朗的性格，丰富的知识，风趣的谈吐，那就更完美了。

人人都会老，我们何不做个善良豁达的老人？何不多些关爱之心辅佐年轻人？做个正直、善良、心地清纯的有德老人，才会受到晚辈的尊敬和爱戴。

二、为老要活得有尊严

所谓尊严，是指庄重而有威严，使人敬畏。《辞海》解释尊严的意思为"可尊敬的身份或地位"。每个人都希望能够得到他人的尊重、赞赏、肯定、认同。老年人更有被人尊敬的渴望，比年轻人更看重尊严。老年人如何才能获得尊严？有些老年人认为，只要有钱、有财产，别人就不敢小瞧自己；有的认为，只要厉害一些，对什么事情都说一不二，别人就不敢怠慢自己；更有的认为，尽可能让儿孙吃得好、过得好，就能赢得小辈的尊重。这些都是认识上的误区。人的尊严是由受人尊重与自尊组成的。自尊，是前提，是基础；人们的尊重，则是实现尊严的必不可缺的重要条件。老年人要想保持尊严，第一要做到自尊，即首先必须尊重自己；其次必须尊重他人。

（一）老年人怎样才能做到自尊

对于老年人来说，尊重他人并不难做到，关键是尊重自己。人们尊老，并不是因为你老了，就理所当然应该享受他人、后辈的尊重，而是因为老人为社会和家庭有贡献，值得尊重。更重要的是他们诚实、明事理、懂敬畏、宽容豁达、为人表率，这才是老人尊严。如果晚节不保，为老不尊，他在老伴心中、在子女心中和他人心中，还能有尊严吗？一个自我贬抑的人，在别人心里不会有分量。一个以老自居、倚老卖老、目中无人的人，别人也只能对他敬而远之。人们只会把尊重给予那些尊重自己的人，给予那些值得尊重的人。如果一个人连自己也不尊重，又有什么理由要求别人尊重他呢？

老年人要做到自尊，首先一条是严于律己。老年人是革命和建设的功臣，但千万不要因"功"去索取法律允许范围之外的报答和待遇。要时时以法律来约束和规范自己的言行。第二条是加强自身思想道德修养。自尊是一个人的脊梁，是一个人终生必备的操守。只有内在品格高尚的人，才有资格讲尊严。你要获得尊严，就必须加强内在品格的修养，必须懂得规矩、懂得礼让，否则，哪怕你活到百岁，也不会有人"尊"你、"敬"你。第三条是要与时俱进。资格老，停滞不前，也是没有尊严的。不要总停留在自己唱主角的思想局限上，要加强学习，跟上时代步伐，做一个不落伍、有尊严的老人。

尊严既不是别人赐予的，也不是本身固有的，它靠自己加强思想修养，多做积善积德之事，使人敬之有理，敬之有据；同时还要多做力所能及之事，不要事事依赖别人。要想到"权、财、利"都是身外之物，到老了都要舍得让给别人。敬人者人恒敬之，自尊自爱者人亦尊之爱之，不向社会索取，不做社会的包袱，将余热变为社会和家庭财富，变为社会祥和因素。这样人纵使老了，也会变得可尊，人际关系也会变得和谐。

（二）要学会尊重他人

人们常说："我敬人一尺，人敬我一丈"，意思是说，只有学会尊重别人，别人才会加倍地尊重你。尊重从来都是相互的，一个不懂得尊重别人的人，往往也容易让自己陷入不被尊重和被孤立的境地。若要想得到别人的尊重，自己首先要学会尊重别人。如果一定要等别人先尊重你时，你才被动尊重别人，那样你可能永远也得不到别人的尊重。因为在这个世界上，虽然每个人的经历不一样，但求相互尊重是共同的。所以，与人交往，我们要做的第一件事就是要学会给予对方以足够的尊重，尊重别人的兴趣，尊重别人的三观，尊重彼此的差异。我们只有自己首先尊重别人，别人才会尊重你,这是相辅相成的,谁也不能例外。越是年纪大,越是资历丰富,就越要时刻牢记席勒说过的一句名言:"不尊重别人的人,别人也不会尊重他。"只有懂得尊重,才能赢来尊重。平等对待、相互尊重是人与人交往最基本的规则。学会尊重别人,归根结底,就是尊重自己。

三、为老要保持晚节

人生暮年何为贵?唯有晚节高于天。所谓晚节,就是晚年的操守、节操。古往今来,凡是有节操的人,都受到世人的肯定和赞颂。晚年的节操,就更加被人们所珍视。老年人务必把保持晚节与珍惜生命看得同等重要。

(一)老来更须防失足

人到了生命的晚年,留下的时间不多了,青年人犯了错误或栽了跟斗,还有挽回影响或东山再起的时间和机会,而老年人则没有多少这样的可能了。所以人老更要防失足。有的人一生勤勤恳恳、兢兢业业,做了许多于国于民有益的工作和好事,甚至建立了显赫的丰功伟绩,却未能坚持到底,到了晚年,未能慎终如始,思想上松懈麻痹,私欲膨胀,结果晚节不保,一失足成千古恨。生活中,我们不难见到类似"晚节不保"的遗憾乃至悲剧。有的人看到大款身边美女如云,情妇成群,便蠢蠢欲动,甚至不惜一切去嫖娼,以致走上犯罪道路;有的见财弃义,把手伸进了国家和他人的"钱袋",铸成千古之恨。尤其是在当前改革开放的市场经济大潮中,一些官员不能"站好最后一班岗",在"船到码头车到站"的时候,却因贪欲堕落为腐败分子。所谓"59岁现象",说的就是这个年龄段的人容易产生"贪得"念头,容易出问题、犯错误。无数晚节不保的事例告诫我们:在人生旅途中,越是到了最后关头,越要坚持到底。俗话说:"看人看后半截。"这就是说，一个人越是到了晚年，越应慎之不苟，洁身自重，既慎其始，更慎其终，这才是最重要的啊！因为，一个人晚节香才是真正的香、永远的香。

所以，人老了，更要时时注意抑制和克服"贪得"的念头，始终坚持做到一不贪权，二不贪钱，三不贪色，四不贪俗。在思想上要警钟长鸣，永不懈怠，严于律己，老有所戒，时时处处用法律、政策、纪律约束自己，规范自己。这样才能给后人留下完美形象，给人生画上圆满句号。

（二）保持本色，贞守气节

气节是人格品质，晚节是气节的升华，气节是实现晚节的途径和条件。人到老年要想保持本色，就必须在任何时候、任何情况下都不能失去自己的人格品质。有人说："声誉是长远的，人格是终身的。"这话富有哲理。因为人生一世，人格最要紧。许多经验表明，一个人有无魅力，关键在于你的人格状况如何。不是外表长得漂亮就有魅力，也不是有知识就有魅力，更不是有权或有钱就有魅力。人之魅力，归根到底是高尚人格焕发出来的光亮。人到老年，只要不失人格照样拥有魅力，因为人虽然老了，人格的魅力却可以保持终身。正如有人所说："职务和权力瞬间即逝，人品与才华则无人可免！"比如，一个人的自尊、能力和勇气照样可以在退休后的行为中体现出来，只是方式不同而已。因此，一个人即使老了，也同样要贞守气节，在任何情况下，都要思想端正，作风正派，遵纪守法，不做苟且之事。好事要做一辈子，才能得到人们的尊重；坏事只要做一件，就会铸成千古恨。

（三）严格约束生活小节

人到老年，在生活小节上同样不能掉以轻心。有些老人从年轻时就养成了不良习惯，诸如松懈懒散、粗声大嗓、口吐脏话、室内吸烟、随地吐痰、赤膊短裤，还有当众抠脚等陋习。这些不拘小节、举止粗俗的行为，往往

人到老年
应当怎样度过

被认为是缺乏修养而被人厌烦。还有的老年人小里小气、爱占点小便宜，往往被认为是私心太重，而为人轻视。如此等等，老年人不注重生活小节而损害自己形象，必将失去别人的尊重。

"老年风范存千古，道德修养非等闲"，步入晚年阶段，不论过去职位高低，环境如何，都不可麻痹松懈。应继续保持过去的优良作风和道德品质，廉洁自律，安分守己，才能真正保持晚节。唯有保持晚节、年高德昭，才会得到人们的尊敬和爱戴。

第二节　心慈面善最可亲

人到老年，对人对事坚持"宽"字当头，拥有一颗宽容心，无论子女还是外人，都会夸赞你"宽厚、宽容、慈祥可爱、和蔼可亲"等，因而愿意亲近你，愿意和你交朋友，使你在家里能感受到天伦之乐，在社会上也会感到温暖如春。

一、要宽容，不斤斤计较

宽容是老人良好的心理表现，是素质优良的长者风度。老年人待人宽容，不仅使人感到和蔼可亲，而且有利于营造温馨的生活环境，使自己活得轻松开心。

首先，在社会交往中，需要宽容。比如，邻里无心打碎了你窗上的一块玻璃，或打翻了一盆你心爱的花卉，你在人家连连道歉时，只能是含笑周旋，不出恶声。绝不能为了这一丁点小事和邻居斤斤计较，更不能吵得四邻不安。又如外出乘公交车，有人让座，要表示感谢，说声谢谢，不要认为理所应当；无人让座，也不要计较，更不应随意骂人。在这些场合，老年人的宽容不仅有利于社会交往的和谐，而且还能使周围的人受到感染、受到熏陶。这也是我们老年人在社会上"为人师表"的一种体现。

对退休前的单位也需要多些宽容。过去的同事对自己是不是热情，用不着挂在心上。人家冷漠，自己可热情些，人家没有顾得先打招呼，自己也可先主动打招呼；过去工作关系有些紧张的，自己主动把关系松弛下来，友好相处。过年过节慰问退休人员，单位送礼多与少，不要去和外单位攀比，有时忙中出错把自己忘了，也不要就想到"人走茶凉"，更不能去单位说三道四。那么大的年纪不能为这区区小事伤感情！

在家里，对待已成年的子女，更应多一些宽容。不要总摆出长辈的尊严。要容得晚辈和子女的一时不孝。要允许他们犯错、改错，要有等待他们觉悟的耐心。现在的年轻人，生存竞争压力大，工作任务重，孩子又拖累，在单位难免遇到不顺心的事而情绪郁闷，回到家里，言行难免有不敬之处，甚至乱发脾气。遇到这种情况，老人应该设身处地对子女尽量多一些尊重、理解，少些指责和埋怨。

二、要忍让，不以牙还牙

老年人与家人、亲友相处，或与他人交往中，免不了发生磕磕碰碰的事，甚至还可能遇到各种令人气愤的事。比如去商场买东西，可能会遇到营业员出言不逊；在大街上走着，可能会让愣头青撞一下，不但没有得到赔礼道歉，且反遭白眼；邻居家把一些废弃物堆积在过道里，让人出入不便……在这种情况下，老年人就要表现出长者应有的宽厚气度，不管遇到什么事都要克己让人，能忍则忍，能让则让，千万不能针锋相对，以牙还牙，不去计较点滴得失，"退一步海阔天空，让三分己逸人欢"。倘若是受了欺负便针尖对麦芒地纠缠起来,往往需要承担以牙还牙所产生的风险,小亏会变成大亏,甚至气极致病,搭上老命。

三、要谦逊,不倚老卖老

老年人习惯用经验来教育年轻人,可很多时候,即使说得有道理,年轻人也不喜欢听,有时还会厌烦。这是因为,有些老年人在说事情的时候,往往喜欢使用教训的口吻,或摆出"过来人"的姿态,年轻人很难接受。长此以往,势必会损害家庭和谐。

其实,老年人经验再多,都有时效性和情境性。特别是随着社会不断发展变化,科学日新月异进步,老年人不能凭老经验来处事待人,要把经验看成经历,而不是永恒的真理。要带着尊重,而不是支配的心态与年轻人交流,他们才会接受。这样既有利于老年人树立威信,也能得到更多的幸福。人老了更需要谦逊,要不断学习,与时俱进。在家里,要多听子女的意见,不要独断专行。在社会上,不要瞧不起年轻人,不要固执己见,不能对年轻人横挑鼻子竖挑眼,以老自居。同时,对人对事不要稍不顺眼,就疾言厉色,而是要态度和蔼。如果态度粗暴冷漠,话语尖刻,甚至动不动发脾气,人们就会对你敬而远之,唯恐避之不及。老年人谈吐要亲切、坦诚,要改命令的口气为商量,改责备的口吻为提醒。这样做,不会降低"长辈"的威望和身份,也更有利于保持家庭成员之间的和睦相处。

四、要卫生,不蓬头垢面

有的人到了老年,往往不注意个人形象,不修边幅,不讲卫生,不常洗衣服。这样的老人,异味扑鼻,子女也会讨厌,何况外人!邋遢不是小事,人老了,也要讲卫生,而且还要经常注意修饰容貌,衣服也要整洁而时尚,这样才能呈现一派"夕阳红"气质。老年人蓬头垢面，破衣烂衫，子女们肯定很不满意，甚至出门也不愿跟父母走在一起。如果老年人有气质、有风度，子女会感到很有面子，父母与子女关系也会更加融洽。总之，老人的形象，是晚辈的一张名片。老年人经常注意修饰自己，就是在给晚辈增添光彩。

第三节 豁达开明最可爱

在儿女心目中，什么样的老人最受欢迎？什么样的老人最让孩子难以接近？较为一致的看法是，豁达开明的老人最受欢迎，专横固执的老人最让孩子难以接近。

所谓豁达开明，是指思想开通，性格开朗，不墨守成规，不顽固守旧。豁达开明的老人，与人相处时，感情真挚，和蔼可亲，能理解人、尊重人、包容人，平易近人，平等待人，所以子女总喜欢围着他们转，有心里话也愿意跟他们讲。而那些专横固执的老人，思想保守，观念守旧，总好摆家长架子，喜欢自己一人说了算，很难与子女相处。

豁达开明的老人之所以最受儿女的欢迎，这主要是由于他们在处理与子女的关系时，普遍具有以下几个特点。

一、思想开通，乐于接受新事物

现今毕竟不同于过去，除了社会进步、生活水平提高外，子女的受教育程度普遍高于上一代。如果再用过去的观念与子女们相处，不仅会难以奏效，甚至会使儿女越来越不愿与你交流相处。老年人必须对自己陈旧的创业观念、消费观念、婚姻观念、生育观念、伦理观念、时间观念、效率观念等进行意识更新和转变。开明老人普遍都能审时度势，与时俱进，努力接受现代生活新理念。比如，年轻人思想活跃，追求时髦，喜欢旅游，喜欢穿着入时，甚至喜欢出行打车、煲电话粥等等，一般老人都不太看得惯。而开明老人对这些都能表示理解和接受，认为年轻人追求物质及精神享受无可厚非。自己以前没赶上好日子，下一代赶上了，应为他们感到高兴。老年人艰苦奋斗，目的也是让下一代过好日子，何必要对儿女这也看不惯，那也不顺眼，甚至没完没了唠唠叨叨，这样年轻人会不烦吗？

二、宽容大度，不干涉儿女家事

　　受传统封建家长制的影响，很多老年父母总是喜欢管儿女的事。特别是老年女性，一辈子操持家务，当家做主惯了，总觉得家里的事应该自己说了算。住到儿女家，不仅儿女如何吃饭穿衣想干涉，对他们怎样抚育孩子也要指手画脚。长此以往，不仅会引起子女反感，也会令自己徒增烦恼。开明老人对晚辈大多比较放权、放手，在处理家事的问题上，对非原则小事，一般采取"睁一眼闭一眼"的态度，不事事躬亲，样样过问。对于一些事关子女的工作安排、社会交往以及恋爱、婚姻等关系命运的重要决策，也都不轻易干涉，而是让子女自主决定。因为在他们看来，儿女越来越年长，越来越成熟，相信儿女已具有对世事的独立判断能力，以及对处理个人家庭事务和对下一代培养教育的能力。即使儿女们犯错了，也应由他们自己去负责，吃点苦受点累也是应该的。只有让他们经过历练，才能得到锻炼。如果老年人一辈子替子女操心，不仅自己活得累，儿女们也反感，何苦呢？

三、家庭民主，与子女平等交流

现在，许多年轻人之所以不愿与老年人一起生活，除了两代人的思想观念、生活习惯存在差异外，还有一个重要原因就是，有些老年人不善于与子女平等交流。总认为自己有丰富的生活阅历和宝贵的人生经验，与子女交流总是喜欢埋怨、批评、指责，久而久之，弄得家庭气氛沉闷、压抑。而开明老人在与子女相处中，大多注意平等交流：

一是放下家长架子，不动辄指责批评。老年人能否与子女之间建立起良好的沟通关系，关键取决于对待儿女的态度。开明老人大多将儿女当作朋友来看待，平时在与儿女交谈中，从不随意批评或指责，而能真正像朋友一样进行平等、轻松、自由交流，这样不仅使儿女越来越与你亲密无间，而且更能使儿女心悦诚服，愿意与你交心。

二是善于听取儿女的不同意见。有些老年人长期待在家里，视野狭窄，观念陈旧，却总认为自己"一贯正确"，无论什么事都以自己的经验尺度，评点事情，判断是非。这样势必加大与儿女之间的心理距离。开明老人比较明智地深感自己不如年轻人，讨论问题能以开放态度，乐于倾听儿女的意见和想法，善于接受子女建议和要求。他们越是开明平等对待儿女，越能使儿女乐于与老人沟通。老人与儿女的关系自然会越来越融洽。

三是交流沟通时常祝愿勤鼓励。现在，老年人的子女大多处在青年或壮年时期，他们年轻气盛，创业意识强。在生活的道路上，子女难免会遇到曲折和坎坷。开明老人尽量给子女多鼓励、多体谅，并能动之以情，晓之以理，循循善诱地开导子女，子女就会感到温暖。特别是当子女在受到挫折而灰心丧气、萎靡不振时，他们更是注意以自己的经验和经历，给子女以鼓舞和力量，这样子女必然会感到父母是自己精神的支柱和生活中的依靠。长辈在子女眼里就自然成了可信赖的年长"朋友"和模仿的榜样。

第四节 自立自强最可赞

老年人随着体力的衰退,或多或少都会产生依赖心理。尤其是当身体稍有不适或生病时,依赖心理更是日趋加重。其实,在现代社会里,年老的人不可能完全只依靠自己的家人、子女来度过自己漫长的二三十年光阴,多半是靠自己来度过自己退休后的时光。因此,老年人应该学会自己的事情自己做,不要过于依赖晚辈。自立自强,对于老人享受生活的美好,有效延缓衰老,减缓家庭和社会的负担,都具有积极作用。同时有益于提高老年人自身的生活质量、尊严和在家庭中的地位。老年人只有自立自强,别人才能看得起。

一、老人当自强

(一)自强不息是老年人立身之本

所谓自强,主要是指在意志上要坚强,要自信,不怕困难和挫折,任何时候都能坚定不移、顽强不屈。自强不息可使人勇于创新,克服自身的萎缩感、自卑感,乐于从生活的变动中寻找机会,从不断成功的喜悦中获得精神享受,使心情处于紧张和放松的交替之中,有利于心身健康。缺乏自强的精神,就会产生自卑感,严重的甚至可以发展为极度自疚、自责,对身心健康危害极大。

老有所为、老当自强,这是老年人立身之本,也是晚年生活的强大精神支柱。老年人有了老当自强、积极进取的人生态度,就会虽老不服老,不畏老,敢于直面人生暮年的挫折和磨难,振奋精神,勇往直前!老当益壮、自强不息的老人,面对人生晚年的态度是,老有所学,奉献余热。他们活到老,学到老,干到老,用顽强意志和聪明才智作出了常人难以想象的贡献。比如作家徐怀中，2019年8月，90岁时小说《牵风记》获得茅盾文学奖，成为我国文学史上最年长的获奖者。杂交水稻之父袁隆平，半个世纪在农业科研第一线辛勤耕耘，直到90岁高龄，仍坚持带领团体奋战在试种水稻的田间地头。两院院士侯祥麟老人90多岁，仍继续为我国石化和石油事业作贡献……他们壮心不已、老当自强的事迹，树立起一座座生命的丰碑，激励感召着后来人。身边也有许多老年人，学习书法绘画成为丹青高手，老年舞蹈队登上春节联欢晚会，还有不少老年人成为远近闻名的棋手和垂钓专家等。人到老年只要以积极的态度投入生活，壮心不已，自强不息，同样能使生命再度激发出青春的活力，展示出独有的生命价值。

（二）自强不息方能老而不衰

有的老人认为自己干了一辈子，如今老了，就应当好好享享清福，子女就该赡养孝顺。从心理学角度讲，过分依赖别人，实际就是过早把自己归入老年行列，认为自己已年老体衰，是无用之人了。一个人的心情一旦被无能、无用、无奈困扰，很容易失去独立性和主观能动性，懒得再按个人的意志和爱好安排自己的生活，加速身心老化。特别是一些患有慢性病的老年人，过分依赖别人的照料，会削弱自身的免疫功能和内在的抗病能力，结果导致疾病难以康复，有的甚至由丧失信心到丧失能力，自己的依赖心态竟成了自己康复的致命障碍。俗话说"用进废退"。一些老年疾病，仅仅依靠别人的照料是不可能得到完全恢复的。有位76岁高龄的老人，大腿骨折后卧床3个多月不能活动。待打开固定的石膏时，老人腿部肌肉严重萎缩，无法站立，家人给他准备好了轮椅。没想到这位坚强的老人硬是咬牙坚持，一点一点地练站立、练走步，最终又能自由活动、自由生活了。假如他拆掉石膏后坐在轮椅上靠别人照顾，也许他真的要永远与轮椅为伴了。

老年人千万不要认为自己老了,事事需要别人来照顾自己。没有人会搀扶你一辈子,因为你不可能一切依赖别人。老年人只有坚强不屈,自强不息,才能不让任何困难和疾病把自己压倒,从而才能真正成为老而不衰的生命强者。

(三)自强不息是自我养老的需要

随着市场经济的发展,"养儿防老"的观念已经越来越不适应新形势。很多子女远离父母,常年外出打工或出国深造,有的虽有经济实力,但无尽孝时间。即使有些子女离父母身边不远,但一对年轻夫妇同时赡养几位老人,其经济、精神负担都是很重的,难免顾此失彼。到那时,不是久病床前无孝子,而是暂病床前也无孝子。

养老是一个比较长的过程,不是两三年,也不是三五年,而是一二十年的漫长过程,如若过早依靠子女的伺候和照顾,不仅影响自身健康,更会害苦儿女。所以,老年人在养老问题上,一定要牢固树立起自立自强、依靠自己养老的自立精神和与时俱进的养老新观念,即要以"自强、自立、自助"的"三自"精神对待养老问题。第一,要自强。首先是意志要坚强,要相信自己能够照料、养活自己。第二,要自立。就是养老费自己独立积攒,医疗保险自我办理。第三,要自助。就是自己照料自己、自己管理自己。说得更具体一点,就是日常生活和患病期间要做到自己照料、自己医疗、自己学习、自己劳动、自己娱乐,无须靠儿养老。我们应该大力提倡这种不靠儿女靠自己的自强不息的精神,这不仅有利于减轻儿女在经济、精神上的压力,也更有益于老年人把养老主动权紧紧攥在自己手里,使自己的晚年真正活出朝气、活出自我价值、活出人生的精彩。

总之,老年人要想拥有一个真正的幸福晚年,一定要坚持立足于依靠自己,过好自己的晚年生活。过去年轻的时候,许多老人都曾以坚强的毅力和无畏的精神战胜了很多生活磨难,并在那么苦的生活条件下都勇敢地撑过来了。那时候,没有人帮忙照顾小孩,子女大多是自己亲手抚养长大的,而且还不止一个;那时候生活条件艰苦,吃不好,穿不好,生活远不如今天。可那时年轻的父母都练就了超人的本领,应对自如。有一首歌是这样唱的:"革命人永远是年轻。"进入老年之后,相信我们也仍然可以像过去年轻时那样,依靠自己的力量来扮靓夕阳的美景。

二、老人当自立

所谓自立,就是不依赖别人、依靠自己的努力做事的精神品质。自立是一种自我生存的意识和能力。有了自立的意识和能力,便比较容易适应社会,把握机遇,发展自身。老年人自立包括经济、生活和心理三个方面。

(一)经济上自立

老年人有自己独立的收入,包括退休金收入、劳动收入和个人储蓄等,这是经济自立的基础。当前影响家庭和睦的一个重要因素,就是经济问题,许多家务纠纷也都是围绕"钱"字。自立意识强的老人在经济上有清醒头脑,懂得只有自己保持经济上的自立,不给子女添麻烦,才能保持自己人格上的独立。如果真有一天生活不能自理,他们便雇人照料或进养老院。一些独生子女的父母,更是提前有了这种心理准备和物质准备,他们这样做是很明智的。因为他们越是坚持这样做,越能赢得子女对他们的尊重和爱戴。生活中的辩证法就是如此,老年人越是自觉,越是不愿给子女增加负担,越会使子女的心与你紧紧贴在一起,他们越会尽力照顾你的晚年生活。

(二)生活上自理

老年人在生活方面的自立,通常称为"自理"。指身体健康,或是有疾

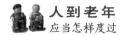
人到老年
应当怎样度过

病残疾,但不需要别人的帮助而能独立料理自己的生活。生活自理的老年人,大多具有勤劳、勤快、勤奋的良好习惯,在衣食住行等生活琐事方面,能力求做到:不赖老伴操心,不让子女伺候,不指望邻里帮忙。

老年人的生活自理,主要包括以下内容:一是能照料自己的吃饭、穿衣、起居等基本生活需要。二是行动自由,能够独立步行、骑自行车,或搭乘公共汽车外出活动,如逛街、采购日用品,逛公园,去电影院或图书馆等。三是能独立地参加力所能及的社交活动,如到老年人活动中心去参加文化娱乐活动,进行健身锻炼等。

老年人能够生活自理,对个人来说,是一种莫大的幸福和快乐。对社会来说,不需要增加任何额外的负担,也算是一份贡献。因此,步入老年队伍的任何一员,都应该努力争取做到生活自理,而且尽可能长时间地维持生活自理能力。要做到这一点,首先必须克服过度依赖心理。有的老人自己不会做饭、不愿洗衣服,凡事都由别人代替;从吃饭、洗漱到散步、搞卫生都由孩子或保姆代劳;平时不管做什么事都要等着儿女帮忙,比如家里灯不亮了,摸黑也要等儿女回来解决。久而久之,势必增加了儿女的麻烦,自然也减弱了孩子对你的敬重。有一位刚过耳顺之年的老人,因老伴去世,自理生活能力差,又没办法住进养老院。这是一个被丈夫宠坏的女人,一辈子不会做家务,自认为有福气,殊不知,失去依赖的她,生活日益陷入了困境。一个不能掌控自己生活的人,是没有生活自由的,也是不会被人看得起的。所以,人到晚年,要学会照顾自己,不靠天不靠地,美好的生活靠自己。现在有不少男性老人退休后主动分担家务,学会了洗衣做饭,还学会了各种生活技能,因而使生活自理达到较高水平,也使生活质量不断提高。试想,一个人步入晚年后,如果连最基本的家务活都不会做,怎么谈得上安享晚年呢?

自立自强，不仅是孩子们成长中的问题，也是老年人无法回避的问题。过去在孩子小的时候，我们曾经常教育他们说："自己的事情要学会自己做。"如今，这句话放在我们老年人自己身上，依然没有过时。老年人越能坚持生活自理，做到自己照顾自己的生活，不仅会省去家人的劳心、劳力，而且会使自己的心肺功能维持良好，身体会变得更硬朗。同时，由于生活上事事处处尽量自己能做的，决不麻烦儿女，这样更能使儿女真切感受到父母崇高的自我牺牲精神，从而也更能赢得儿女从内心对父母的感激和爱戴。

（三）精神上自乐

所谓精神自乐，是指不依靠子女，而能使自己精神生活愉快充实，没有孤独感和寂寞感。大多数老年人，经济上不依靠子女容易做到，而在感情上、精神上不依赖子女则很不容易。其主要原因：一是亲情资源越来越紧缺。这一代独生子女，面临的代际人口结构是：两位年轻人供奉4位老人。随着人类寿命的延长，甚至有可能是8位老人享受两位年轻人的亲情，以致老人对亲情需求越来越难以得到满足。二是子女成家立业后，感情自然更多转移到自己的小家庭中。即便常怀孝顺之心，不忘请安问候，但大多数时光还得靠老人们自己度过。

由此，不少老人晚年精神生活失去了乐趣。老年人要在感情上走出狭窄的亲情情结，也并不是很难的，关键是要做到以下两条。

一是要学会寻找能够独自享受的快乐。对老年人来说，亲情固然重要，但这只是老年感情的一部分，除了亲情，还有友情、爱情、国情……不能把晚年的幸福和快乐全寄托在儿女身上。与其天天盼儿孙，自己心里苦，孩子压力大，不如自己好好独处。有些老人由于没有自己的爱好，大把的时间除了盼着、等着儿孙前来探望，整天不是抱怨儿子来的次数太少，

人到老年 应当怎样度过

就是抱怨女儿待的时间太短；还有的老人即使与儿女一起生活，也因为整天无所事事，常会因跟儿媳抢儿子，或跟儿子、儿媳抢孙子招来各种抱怨，硬是把天伦之乐过成鸡零狗碎一地鸡毛。俗话说："求人不如求己。"安享晚年也是如此。老人摆脱孤寂更现实的办法就是一定要有自己的精神追求。也就是说，一定要有儿孙之外的精神寄托。这个精神寄托，可以是一种理想、一项工作，也可以是一种兴趣、一个爱好。人老了，孩子会离开你，会忙自己的事；老伴儿会离开你，撒手远去，但爱好却不会离开你。老人凭着爱好可以找到同志和朋友，爱好会陪你快乐，引来旧友新知一起快乐。有一个爱好，就有一群痴友。老年的朋友之谊，不是有共同理想，而是有共同爱好。有了共同爱好，即使亲情得不到满足，自然也不会再感到很委屈、很孤独、很寂寞了。

二是要多理解儿女们的处境。儿女成家后，感情越来越多地转移到自己的小家庭中去，这是必然的。特别是儿女们正在创业期，他们确实很忙，我们不应埋怨儿女对自己关心不够，因为他们各自有自己的事业和生活，忙工作，忙孩子，这是人类繁衍生息的自然法则，我们应予以理解。不要以为他们往家打电话次数少就是不孝顺，没有常回家看看就是心里没有父母。老年人要体谅小辈，别自寻烦恼胡琢磨，更别一听歌里唱"常回家看看"就流泪，一听电视上说"你陪我长大，我陪你变老"就激动。如今的子女，真正与父母生活在一个城市的，越来越少，即便近在咫尺的同一城市，还要加班加点，学习充电，真的很忙。做父母的，要体谅子女，设身处地想一想他们的不易，不要过多要求他们"常回家看看"。人来不了来个电话也行；就算连电话也不打来，我们也要劝解宽慰自己：他们忙着挣钱呢！他们的小日子过好了，我们不也高兴吗？不把晚年的幸福全部寄托在子女身上，就不会有精神上的烦恼。相反，什么时候觉得不需要靠孩子了,心态就会放松;什么时候不认为自己年纪大了就是弱者,心胸就会豁达。

第五节　要学会做老人

人老了,使自己活得让人觉得可亲、可爱,确实很不容易,特别是活得让年轻人由衷地尊敬,更不是每个老人都能做到的。但对于多数老年人来说,使自己活得不让人讨厌,至少使人不太讨厌,总还是能够做到的,而且也是应该做到的。一个人老了,如果老得处处"讨人嫌""被人厌",不仅会失去人生的尊严,而且也失去健康长寿的意义。

一、为什么有人越老越讨人嫌被人厌

有不少老人,虽已身为长者、长辈,却常常与家人、朋友不能和睦相处,和亲友邻里不能友好往来,处处遭人讨厌,被人嫌弃,甚至成为不受家庭、社会欢迎的孤家寡人。这其中的缘由不仅仅是人的生理之老引起的,也不仅仅是代沟问题,主要是老人自身的问题。比如,有的人虽老了,却还未学会做老人,缺乏做老人的自知之明,不懂修身养性,以致慢慢地变得越老越"讨人嫌""被人厌"。

(一)性情怪僻,不近情理

有的老年人,随着退休时间的推移,渐渐发生了变化,从唉声叹气、愁眉不展开始,脾气变得越来越古怪。比如,曾经比较随和,到老了则逐渐变得乖僻、唠叨、动辄抱怨、教训他人;曾经比较豁达开朗,到了老年则变得多疑、吝啬;还有些老年人出现人格异常,变得让人不可理喻。有

人到老年
应当怎样度过

些老人，尽管全家人几乎样样都顺着他，还是动不动就"生闷气"，因为跟孩子抢电视频道生气，因为孩子买了吃的不先给老人吃而生气，如此等等，谁也不知道该怎么办才好。还有些老人早已过了血气方刚的年龄，但急躁、粗暴之气不减当年，遇事爱抬杠，逢人发牢骚，动辄耍脾气，说话总带刺，仿佛天地间的理都在他一个人那里，弄得同谁都难相处；还有的常为一点小事就和别人争得面红耳赤，青筋鼓暴，以致与左邻右舍都矛盾不断。正是由于诸多的"老龄"怪癖，常常给周围的人带来繁多的苦恼。

（二）倚老卖老，盛气凌人

有些老人仗着自己年纪大、资格老，因而总喜欢摆"老"架子，动辄就对年轻后生、对新事物、新潮流、新时尚横挑鼻子竖挑眼，这也看不惯，那也不顺意，像鲁迅笔下的九斤老太那样。更有的老年人，仗着自己过去对国家、对社会曾有过一些贡献，挟功贪禄、盛气凌人，或对他人尊老敬老存有不切实际的过高期望，或在出现过失不承担责任、不愿认错道歉。上海一位七旬老人强行闯红灯、横穿马路，被交警拦下后，不仅不道歉，甚至恼羞成怒，动手打交警，还理直气壮地连声责问："你才活了几岁？我吃过的盐比你吃过的饭还多呢！"像这样倚老卖老的专横老人，谁见了都会看不起。

（三）顽固守旧，自以为是

有些老人随着年龄的增长，性情变得越来越固执，喜欢认死理，钻牛角尖，被人称为"老顽固""老倔头"。他们思想偏执、自我评价过高，总认为自己"一贯正确"，无论处理什么事，总是固执己见。他们不仅在思想上偏爱自己的旧观念，而且生活上对自己多年形成的，比如吸烟、酗酒、吃油腻食品等不良习惯和嗜好，也固执得从不轻易改变。不管家人怎么劝说，他们就是不听；还有的甚至对于家具床铺的摆放及各种生活用品的位置,一概不准让人轻易挪动,一旦给他挪动时,他就会大发脾气,火冒三丈。还有些老人顽固守旧,对什么事都"不服输"、更"不服老"。虽然人老不服老是好事,应当提倡,但"不服"的性质是有区别的,某些"不服"非但不可爱,而且有些令人讨厌。比如有的老人从来不服别人的真德真智、真功真绩,自己赶不上又不去学习,唯以嫉妒之心待之,且常出讽言。尤其是对年轻人的新知识、新观念、新才干,一概不予认可,甚至对他们百般挑剔。像这样的老人能不使人从心底里讨厌吗?

老年人过于固执,不仅容易与他人意见不合,格格不入,而且还会导致家庭不和,代沟严重,容易失去家庭成员的同情、理解和尊重,成为"生活中不受欢迎的老人"。

(四)太过唠叨,喜欢炫耀

"树老根多,人老话多。"人上了一定年纪之后,都有一个毛病,爱啰唆,常常喜欢重复自己说过的话,而每次说这些"老话"时,又都认为是在讲新的见解、新的语言,以致日常生活中因老而生厌、互厌的事并不少见。有不少老人,常常喜欢炫耀自己当年如何如何,那时怎样怎样,成天把自己曾经的辉煌和成就挂在嘴边,逢人便讲自己的故事,不管人家爱听不爱听。家中晚辈只要一听到老人讲起"当年勇",更是早就避得远远的。年轻人没有时间也不愿意对老人以前的光荣历史和坎坷经历感兴趣。时代毕竟不同了,你吃过的野菜现在变成了高档佳肴,你垦荒造田如今成了破坏生态。所以,不管谁,只要反复提当年的功劳,就有可能会引起别人不耐烦,也会使自己徒添烦恼。

有些老年人不受人欢迎,甚至使人讨厌的原因,并不是周围的人故意与他过不去,而是他与人相处时总是自以为是,对别人百般挑剔,随意指责,因而造成周围人的反感情绪。这些老年人不明白,因你年事已高,小辈不得不尊重顺从你;你为人父母,子女不得不迁就谅解你;或你曾是领导,下属不得不给你面子听从你……这些,养成并助长了这些老人的自以为是。

二、怎样做个受欢迎的老人

要想做一个受欢迎的老人,关键是看我们如何掌握自己,扮演一个什么样的老人角色。因为人老不是年纪,而是心境;人老不在身体,而在心灵。只要我们坚持不断修炼提升自身的素质,努力使自己在性格、能力上,都能与社会有利、有正向关联,则不但不会令人厌,还能够成为一个受人欢迎的老人呢!

(一)坚持做到"四个不可"

1. 人老不可任性

善良、睿智、开朗、文明这八个字,是人们心目中的中国老年人形象。但生活中却常有一些老年人,尤其是过去曾经有过一定身份、地位的老年人,为了掩饰自己的失落,凡事追求外在光环,任性好胜,把自己和周围人都置于尴尬的境地;也有的老人觉得自己奋斗了一辈子,现在不干了,社会欠我的都要还给我;更有少数人觉得自己是老人,可以为所欲为,有种高高在上的优越感,甚至觉得这种优越感是社会应该给予自己的,以致做什么事都任着自己性子来。比如,有的老人退休前说话做事都有所约束,可是,一旦退休就"口无遮拦"了,一开口就伤人;有的与人起争执,言谈举止毫不相让;有的老人不论是上下车还是买东西,不挤不畅快,不抢不心安,只要抢占到一点小便宜,心理才会感到平衡;更有少数老年人无理取闹的行为简直不可理喻。如一个老妇人因公交车司机没有听见有人要下车,停车的地方超过了站点200米,就坚决要求司机把车倒回站点去……

如此任性行为使老年人失去自己应有的人品和尊严,在社会上造成了极坏影响。

人们常说任性要有本钱。有的人因为有钱,所以任性;有的人因为有权,所以任性。而一个退休老人既无钱又无权,凭什么任性?在某些老人看来,年龄似乎也可成为任性的资本。他们总觉得自己一把年纪了,所有人都该敬着他、让着他、捧着他、哄着他,一不顺心就会破口大骂,骂人、骂社会,好像全世界人民都对不起他。其实,这是万万要不得的。你认为自己有"任性"的自由,但失去的是自己的人品和别人对你的尊重。上了年纪的老人,千万不可任性,不可专横,更不可撒野,武断固执尤为不可。人越老越应该有理智,越应该有自制力。人老了而好冲动,是不清醒的表现,人老了而争强好胜,更是彻底的糊涂。老年人应该时时处处都要有教养,讲道德,尤其在公共场所,更要带头文明处事,绝不能抱有"我是老人,你们就应该让着我"的想法!只有这样,大家才会尊重你,你自然会成一个活得有尊严、受欢迎的长者。

总之,人老了,千万不要沾染上"任性"的恶习,而放弃"珍惜"的美德。唯有懂得珍惜,才能报答社会对我们的关怀,也才不辱没中国老年人这个光荣的称号。

2. 人老不可居功

有些老年人总认为自己过去对社会、对单位、对家庭等方面付出辛苦多多,作出贡献大大,因而常常以此居功。

居功容易产生自傲情绪。居功者常常不把别人放在眼里,觉得自己什么事都比别人能干,比别人高明,理所应当受人尊重。以致有时常会因为一点小事就感到自己受了怠慢,就摆起十足的架子,以老训人,甚至以老压人。人老了千万不可居功自傲,更不可只因年龄大,就认为应该受到尊重。因为，老并不代表什么都懂，老也并不等于一定要被人尊重。要知道，所谓的代际优势，在这个信息平等化的时代并不存在。特别随着当今社会高科技的日益发展，老年人的价值和地位已越来越明显下滑，年岁不等于知识，不能再把"老"当作一个可以居功的资本。不少老年人却不明此理，他们常常爱挂在嘴边的一句话就是："我都活了一辈子了，什么没见过！"其实，一个人年老后能不能受人尊重，并不取决于你过去的经历、地位，而取决于你有没有值得别人尊重的地方。在这里，任何靠摆功、靠卖老来抬高自己都是枉然的。人越是年老，越应该谦虚、平和，不管你过去资历多老，职位多高，都要乐于把自己视作"一介平民"；不管你过去的贡献多大，成就多显赫，都要自感还不如别人；不管你的经验多丰富，知识有多渊博，都要乐于把自己当成一个需要重新学习的小学生。倘若你真能这样去想，那么你"居功自傲""倚老卖老"的毛病也一定会随之少许多。

  居功容易把自己看得太重。时时忘不了过去的功劳和成就，会过高地估计自己的分量，以为自己的一举一动都会受到别人的关注和尊重。其实，一个人无论你有多么了不起，无论你觉得自己有多重要，这个世界上少了你，地球都照样转。如果有一天你失踪了，真正惊动的只有那么极少数的几个人。因为在你的意识里，你是绝对的主角，但在别人眼里，你不过是一个过客、一个龙套人物。事实上，你越是把自己太当回事，越容易被人看轻。不把自己太当回事，才是一种达观的处世态度，是心态上的一种成熟，也是心志上的一种淡泊。用这种心态做人，可以使自己更健康、更大度；用这种心态做事，可以使生活更轻松、更踏实；用这种心态处世，可以让身边的人更喜欢与你相处。

3. 人老不可滥言

有些老年人在与人交往中，只要一说话就滔滔不绝，海阔天空，只顾自己侃侃而谈，从不管别人的感觉如何，没有给别人说话的机会，处处体现自己比他人优越，这样的老人肯定是不会讨人喜欢的。人老了，最好养成"多听少说"，即先听人家说，然后再发表自己意见的习惯。善于倾听他人的见解，容忍他人的不同意见，不仅使他人容易接受自己，而且更可显示出自己虚怀若谷的气度。

老来不可滥言，就是不要老谈自己，不对同样的人老说自己同样的故事。过去的荣耀，偶尔说说，确实能让人感动。但天天都活在过去的荣耀里，那便成了祥林嫂，变成了唠唠叨叨。好汉不提当年勇，当年的故事自己记住就好，说多了也就不值钱了。所以，"想当年"的话题要适可而止，有往事可回顾是人生丰硕的象征，但更要学会面对未来，去看更多人生的风景。

4. 人老不可过多抱怨

有的老年人常常感到别人对自己理解、关心得不够，很多事情不符合自己的意愿，因而总好像别人欠了自己什么似的，心中总是愤愤不平，牢骚满腹，成天抱怨社会，抱怨他人。他们好像一生从来就没有顺心的事，你什么时候与他在一起，都会听到他在不停地发牢骚，不停地抱怨。高兴的事抛在脑后，不顺心的事总挂在嘴边，见人就抱怨社会的不公，抱怨自己的不如意。结果常把自己搞得很烦躁，也把别人搞得很不安，甚至连亲人、朋友都会觉得你这个人太烦，最后大家只得对他避而远之。抱怨，对任何人来说，都是一件难以忍受的事，即使夫妻之间也常常无法忍受对方的抱怨，朋友之间则更难以承受。

人老了，无论碰到什么事情，永远也不要抱怨。因为任何人都不可能按照我们的意志、我们的喜好行事，别人也没有责任和义务来让我们事事如愿,哪怕是儿女也都有他们的自由,我们不可能强加于他们该做什么、不该做什么。所以抱怨不如改变,一味地抱怨,解决不了根本性的问题,反而会陷入更深的情绪泥潭。"牢骚太盛防肠断,风物长宜放眼量。"当我们不能改变外在的时候,就需要调整自己。不能要求环境适应自己,只能让自己适应环境。比如你若想活得随意就平凡些,若想活得长久就简单些,若想活得幸福就糊涂些,若想活得快乐就顺其自然。总之,与其抱怨,不如把时间和力气省下来,多想想怎么去改变自己,只有改变自己,才能改变命运。否则,你终日怨这怨那,周边的人特别是年轻人会不烦吗?能不讨厌你吗?

(二)坚持做到"四个学会"

一是学会拥有智慧的心态。你一旦退休,就是一个普普通通的老人。那么就应该识时务,知进退,有自知之明。"明"指聪明,能够正确认识自己,才算是有智慧的老人。小辈们最头痛的,也是最怕的,是碰到一位没有自知之明的老人,那种要么自命不凡,孤芳自赏,要么牢骚满腹、自卑消沉,却自我感觉绝对良好的老人。像这样不能正确而客观评价自己的老人,往往会被宣布为不受欢迎的长辈。所以,人老了,应该学会拥有智慧的心态,因为拥有智慧心态的老人,知道怎样去继续为社会和他人服务,让他人和社会尊重和爱戴自己;知道老年人最有价值的东西,不是拥有金钱而是拥有社会、家庭、亲属及子女的爱;懂得竞争攀比已与自己不适宜,生气发怒只能伤邻、伤友、伤亲,最终伤了自己的寿命;懂得金钱可以买到任何东西,但却买不到幸福、亲情、友情。他们善于安排自己,善待自己;他们是"笑罗汉"和"善观音"中的一分子,以乐观、宽容为怀。有这样智慧的处世态度,才能成为讨人喜欢、受人尊敬的智慧老人。

二是要学会任何场合"不逾矩"。社会对老人的尊重乃至钦敬,是建立在老年人具备正常操守、尊重公序良俗的基础之上的。有些老年人缺乏自重自律的精神和修养,言谈举止有失德高望重的形象。比如,超市里无视商家的提示,随口品尝小食品,被膝下孙辈"子教三娘";公交车上唯我独尊,"勒令"年轻人让座,甚至公然坐在女青年的大腿上;街头路边,为一步棋、一句话、一个不经意的动作,便口出粗言,怒气冲天;还有的老人天生脾气暴躁,像刺猬一样,动辄就大打出手,如此等等。像这种无视起码的道德和规矩的老人,往往会被人鄙视,惹人讨厌。

为什么这些老年人只知"从心所欲"而忘掉"不逾矩"呢?究其原因,一是自身学习和修养不够,头脑里忘掉了年老"不逾矩"的古训,导致了行为出格,没有规矩。二是滋生倚老卖老、倚老卖尊、倚老卖威的恶习和戾气,看似示强,实则自轻自贱,而自贱者必自辱。人应该越老越有人文修养,从心所欲不逾矩,不能越老越不懂礼义,为老不尊讨人嫌。老年人虽已无力再担重任,但多点自重、多点自爱,总还是可以吧!

三是要学会不放弃。有的人老了,却变得可嫌可厌甚至可恶了,原因是放弃了许多不应该放弃的东西,比如放弃了自己的尊严,放弃了自己的人格,放弃了对自己的约束,甚至放弃了做老人应有的为人处世的底线和原则。在不断地放弃中,越来越纵容自己,有的甚至会摆出一副无赖样,说什么:"我这么大年纪了,谁都管不着我,即使错了,你们也拿我没有办法。""我这个人就是这样子,谁都奈何不了我。"像这样的老人,一旦放纵了自己人性里"恶"的一部分,那么天使也会变成魔鬼。

老人,首先是"人",然后才是"老"。做人是有基本法则的,活在世上也是有游戏规则的。并不因为你老了,你就有了豁免权。当一个人放弃了应有的底线,还奢求什么尊严?没有了尊严,还有什么值得可敬?有尊严才有快乐。我们为何不对自己要求严格一点:不放弃爱好,不放弃思考,

人到老年
应当怎样度过

不放弃好奇,不放弃淡定的心境,最根本的,不放弃对美好事物的追求,不放弃对生命意义的追寻。能对自己有如此严格要求的老人,才是有品位、有品格的老人,也必将是受人欢迎、受人尊敬的老人。

四是学会"不气人"。聪明的老人,不仅要懂得,活着让自己高兴,同时更要明白,做人要让别人舒服。如果做事仅仅只顾自己高兴、自己舒服,不顾别人的感受,全让别人辛苦受累,别人怎会不嫌弃你?比如有的老人,坐公交车从不顾及别人,一上车就高声喧哗,大声接电话,全车人都听得清清楚楚;还有的老人与人相处,从不注意礼节,一张嘴就满口脏话,让人心里非常不舒服。可见,一个太以自我为中心的人,最终都会成为孤家寡人。要做一个讨人喜欢,受人尊敬的老人,就一定要懂得多为别人考虑,只有你让别人舒服了,别人自然也会让你舒服,这样大家都开心快乐,我们何乐而不为呢?

除此,在自己身体健康许可的情况下,老年人还应尽可能多为社会、为家人做点力所能及的有益事情。这样,家人高兴,社会欢迎。大家就会念着你,想着你,你就不会令人讨厌,还能成为一个可爱而深受人们欢迎的老人。

第八章

善待晚年的自己

人到老年

人到老年
应当怎样度过

老年人在漫长的人生旅途中，献出了宝贵的青春和才华。进入晚年后，仍然对社会和家庭怀有一颗爱心，并希望老有所为，发挥余热。然而与此同时，有些老人却忽略了自己。特别是随着年龄增长和机体衰退，各种疾病接踵而至，生命的小舟随时都有触礁搁浅的危险，不少老人仍无私地为儿女倾其所有，奉献一切。他们可以尽可能满足儿女们的任何要求，而往往最不珍惜、最不在乎的、一直亏待的却是他们自己。其实，老年人完全没有必要这样做。因为我们这一代老人，经历了太多的岁月沧桑和风风雨雨。如今，我们年老了、退休了，社会已不再需要我们为其负担更多的责任，家人也不再需要我们提供更多的支持，反之，老年期倒是政府、社会、家人必须反哺老年人的时段。因此，我们已经不需要再为国家、为家庭受苦受累了，而需要的是珍惜自己、关爱自己、善待自己，使自己的晚年生活过得随心所欲，快乐自在，有滋有味儿，这才是对人老退休一说的正确诠释，也才是老龄化社会中必须大力提倡的新理念新风尚。

第八章 善待晚年的自己

第一节　要善待自己的身体

一、人老了，更应懂得晚年健康最重要

（一）老年是应最珍惜健康的年龄

就人的本性而言，即使已进入暮年，也仍然希望能实现生存价值和人生追求，以求此生此世活得心满意足，不留遗憾。但是，要做到这一点，必须有一个重要的前提，那就是自身的健康。然而对于多数人来说，年轻时因忙于求职、工作、交往，健康问题往往摆不上日程；到了中年，上有老下有小，将老人照顾好，把子女拉扯大，已很不容易，根本没有时间也没有精力考虑健康问题。直到退休后，身体器官逐渐老化，疾病不断出现，甚至不断地跑医院，往往到这时才开始对自身健康的重视和关注。但这时已明显失去了健康。如果说，年轻人失去健康还可能有许多时间来挽回，对老年人来说则比较困难。所以，人老了，应该比其他任何年龄段的人更要懂得关爱自身健康。一旦失去了健康，所拥有的一切都不过是水中月、镜中花，终会随风而逝。不管你拥有多少成就和财富，都不可能换回健康，因为健康无价的。在这个世界上，人的任何一种需求，比如名车、豪宅、美女，甚至是某些荣誉、地位，都可以花钱买到手，只有健康是无论花多少钱也买不来的，当多大官也换不来的，出多大名也留不下的，健康只能靠自己终生重视得来。

（二）老年人晚年幸福快乐最重要的基础是健康

首先，健康是老年幸福的基石。人的幸福十之八九有赖健康的身体。身体健康，才能吃得下，睡得着，精神愉快，也才能精力充沛，没有痛苦与愁容，才可以无忧无虑地做自己喜欢做的事。有了健康，每件事都是令

人快乐的；失掉健康就失掉了快乐。即使人具有智慧的心灵、快活乐观的气质，也会因健康的丧失而黯然失色，甚至变质。所以当人与人相见时，往往首先问候的是对方的健康，相互祝福的也是身体健康，因为健康实在是成就人类幸福最重要的成分。尤其对老年人来说，活得健康更是享受晚年美好生活的首要条件和必要前提，不然，再优裕的经济条件、再丰富的物质财富，你也只能望之兴叹，空留遗憾。所以，人老了，除了健康，什么都是浮云。金子银子票子，不如有一个好身子，平安是金，健康是福。树立起这样的观念，即使你再年老、再平凡，都能赢得璀璨的晚年人生。正如一位哲人所说，"有健康的人，便有希望。有希望的人，便有一切。"

其次，健康是老年人最大的财富。人老了，不可能再像年轻时那样赚钱了，但只要他每年体检单上各项指标正常，就胜过黄金万两。因为身体健康，意味着不生病或少生病，不但本人不受罪，而且在日常生活中能够充分地自理，这就等于节约了保姆费、护理费等。这一项费用的多少是个未知数，它取决于身体状况和需求时间长短。老年人身体健康，还能为亲人减少精神压力和经济负担。这也是一项无法预算的数字。老年人身体健康，可以节约医药费，有医保的人员，这项费用有两层含义：一是为国家节约了医保费用支出，二是节约了自己的医药费开支。自己负担的医药费也是个未知数，它取决于病情的程度、用药时间长短，用药数量，用药单价等。如果得了大病、重病，钱就会花得更多，很可能会花光你一辈子的积蓄。所以，金钱再多又怎么样？一场大病袭来，万贯家财也会被席卷一空。再说，老年人身体健康，寿命延长，享受养老金的时间也长了，这又是一笔难以估算的财富。所以说，老年人拥有健康的身体，就等于拥有了巨额财富，还省去了病痛给自己及亲人带来的烦忧。

最后，健康是老年人晚年生活质量的重要保证。人到老年，有个健康身体,行动方便,不仅能随心所欲地做家务劳动,还能帮助他人,做力所能及的事情,甚至还能继续为社会贡献一技之长,发挥余热,这样的老年生活将会更加充实富有意义。相反,体弱多病,不仅会给老年人带来种种躯体不适,如疼痛、便秘、食欲不好、消化不良和睡眠障碍等,从而导致焦虑及朝不保夕的不安全感。而且由于患病、行动不方便,与社会交往减少,甚至料理个人生活也很困难。特别是久病卧床引起儿孙的厌烦冷淡,医药费开支加重,致使实际生活水平下降等,所有这些都可增加老人的孤独寂寞、与世隔绝、悲观厌世之感。此情此景,哪有生活质量可言?

健康也是老年人生活品位的象征。高品位的生活包括财富、知识、情趣、闲暇、心态、个性,而健康则是它的外在象征。比如在欧美,对有关人的身体健康指标普遍极为看重,一个人65岁以前如果身体的主要健康指标超标严重,不仅会被视为没有节制、没有自制力的人,甚至还会被视为没有知识、没有品位的人。

人到老年,有了健康,才会拥有健康的生活;有了健康,才会拥有充满阳光的世界。说到底,健康决定幸福。拥有健康,才能创造幸福,享受幸福;也只有拥有健康,才能更好地享受人生,享受生命中一切美好的东西。我们要时刻在内心铭记:健康才是最重要的,是一切人生价值实现、人生梦想达成、人生快乐完满的基石。

(三)珍惜健康也是对子女的善待

人们常说"健康是自己的",其实这话只说对了一半,准确的说法应该是"健康是属于你自己和爱你的亲人的"。你如果不珍惜健康拖垮了身体,自己将会生活得很苦很累,还会让家人也跟着受苦受累。医疗费用的不堪重负自不必说,时间上、精力上更是花不起,赔不起。有一位老人平时总是忽视自己的身体,结果得了一场大病,住院半年花了50多万元,最后还

人到老年
应当怎样度过

是去世了。为了照顾他，他的两个女儿一直请假守在病榻前，日夜受苦受累，耽误了工作不说，还承受了心理折磨，而这一切都未能挽回他的生命，这种精神打击给儿女、给亲人带来的痛苦是难以言表的。可见家中老人一旦病了，是一件多么消耗人、折磨人的痛苦事。如果在你明明可以拥有健康身体的时候，却因自己不珍惜，甚至因舍不得花钱而讳疾忌医，那真的是对爱你的亲人最大的不负责任，因为只有爱你的人才会在乎你的健康。无论你生多重的病，他们都会不离不弃相伴在你身边。所以，如果你真爱你的儿女，就应该从珍惜、关爱自己的身体做起，只有你懂得多关爱自己的身体，尽量做到少生病或不生病，才会不给儿女添麻烦，才是对儿女的一种真正最大的支持和关爱。希望每个身为长辈的老人，都要多替爱你的人着想，好好保重自己的身体，担当起这份健康的责任，千万不要因疾病而给爱你的亲人增加痛苦、留下遗憾。这是在所有的事情中，你为爱你的亲人所能做的最重要的事。正如当今社会的一种流行说法："爱妻爱子爱家庭，不爱身体等于零；有权有钱有成功，没有健康一场空。"

（四）健康长寿要靠自我构造

第一，任何时候都要坚持把生命健康放在第一位。平时，老年人不管参加什么活动，吃什么山珍海味，都要以维护自己的身体健康为前提。只要发现过度了，打乱了生活规律，对身体健康造成了危害，就要立即停止这种行为，回到属于自己原有的生活节奏上来。这样，各个器官之间的协调就到位，人的新陈代谢就有序，机体的效能发挥自然就正常了。

第二，自觉养成良好的生活习惯。老年人一般都有比较固定的习惯，比如，有的喜欢抽烟、喝酒，不喜欢运动，他们知道这些习惯对身体不好，但很难改变。为了自己的身体，老年人应该"咬一咬牙"，坚决下决心把坏习惯改掉，并自觉养成良好的生活习惯。比如，合理的饮食搭配，轻重适度的运动量,科学的作息时间,以及每天的饮水量、大小便次数、个人卫生的维护等。

第三,定期体检是老年人健康的重要保证。人到老年疾病增多,老年人要经常关注自己的身体状态,定期到医院进行健康检查,做到有病早发现,没病早预防。但也有不少老年人却认为定期体检无足轻重。其实不然,定期体检是非常重要而且有效的。定期体检,对疾病可以早发现早治疗,增加治愈的概率。即便比较严重的疾病,也能通过定期观察治疗,使病情得到及时、有效的控制。即使是没有病的老人,通过定期体检,还可以全面评估自己的健康状况,听取医生的意见建议,使自己的生活更科学、更健康。所以,人到老年务必定期体检,切勿因自我感觉良好而不进行体检。因为及时治疗的前提是及时发现。

第四,重视健康知识的学习。健康知识能带给人健康的理念,增长健康的技能。尤其是人到老年,学点医疗保健知识,有益于对自己的健康状况做到心中有数,进而使自己在健康上有自己的主心骨,不会动不动就看医生,乱吃药。其实,最好的医生只能是自己。冷暖病痛只有自己最清楚,运动健身只有靠自己坚持;心理波动和不良情绪,也只有靠自己调整;不良生活习惯,更只能靠自己去克服……任何企图依靠他人的想法,都注定会落空。对老年人来说,再好的医生、再负责任的保姆,再孝敬的子女,都不能去依靠,他们只能在关键时刻派上用场。人的健康是由多种因素决定的,除遗传因素外,主要在于锻炼、养生、生活习惯和心态调整。老年人只要能养成良好的生活习惯,注重饮食结构调整,坚持体育锻炼,调节好自己的心态,就一定会颐养天年,走上健康长寿之路。正如洪昭光教授所讲的:"要实现健康长寿,最好的医生是自己。"

人到老年
应当怎样度过

二、老有所为要有度，别让自己太受累

（一）发挥余热，别以健康为代价

许多老年人退休以后为了发挥余热，往往都想寻找机会继续为社会作贡献。如有的老年人因不甘退休后的寂寞而千方百计去应聘再就业；也有的为了完成年轻时的夙愿，想在晚年重新弥补上；还有的出于经济上的考虑，希望找个事干。这些想法都不错，问题的关键在于要把握个度。这就是说，要充分了解自己，如果不顾自己身体条件，过度发挥余热，不仅对身体有害，甚至还有可能折了"余寿"。因为人老了，毕竟体力和精力都不如年轻时，抗病能力也远不如过去。许多老年人都是大病一场后，才猛然醒悟到老命拼不起。老年人在实现老有所为、发挥余热过程中，一定要忙而有度，忙中有闲，千万不能以身体为代价，去换取看似更多的成功。试想，没有了健康，你还能拥有什么？人到老年，最重要的是耕耘健康。有道是：聪明的人投资健康，明白的人关注健康，无知的人漠视健康，糊涂的人透支健康。所以，如果你是聪明的老人，一定要懂得，不管你晚年有多成功、有多少成就，都不重要，重要的是千万不要因为发挥余热而忽视健康，甚至透支健康。正如《圣经》所说："人若赚得全世界，却赔上自己的生命，又有什么益处呢？"

（二）帮助子女，要量力而行

不少老年人为给儿女买房还债或为了帮儿女积累资金创业，千方百计继续打工挣钱，甚至超负荷运转，其结果不是疾病缠身，就是过早离世。还有的老人明知自己身体越来越吃不消，却还硬撑着帮子女做这做那，包揽做饭、买菜、搞卫生等所有家务，还要起早贪黑、风里来雨里去地接送孙辈上下学，一天到晚忙得晕头转向，结果累垮了自己。

人生是有季节的。再勤劳的农民，也不会冬天去播种；人上了岁数，再爱子女，也不必为成年的孩子包办一切。俗话说"春寒秋暖老来健"，即使老年人的身体还健康，自己感觉还不服老，但我们必须承认自然规律，知道自己身体随时可能出问题。因而绝不能不惜牺牲健康为子女营造"安乐窝""幸福巷"，要相信儿孙能通过自己的辛勤劳动为自己营造幸福，无须父辈们为其置房、买车或创业贷款。如果父母把子女的一切都打理得好好的，这只能培养他们的懒惰与自私，对家庭和社会的发展都极为不利。平时帮子女做一些事情当然可以，但一定要量力而行。老年人不必像年轻的时候一样，把全部心思都用到早已长大成人的子女身上。特别是那种不顾自己年老多病，为了心疼儿孙，宁肯把自己一副老骨头都累散了的做法，更是绝对不能提倡的。老人为儿孙过度牺牲的行为，并不一定会引发儿孙的感恩之心，只会让自己活得疲累。更何况在这个世界上，从来就没有"老人劳累，子女享受"的道理。老年人应该想开点，儿孙自有儿孙的人生，自有儿孙的未来，自有儿孙的福分，年轻父母多承担一点责任，未必是件坏事。人老了，应该找对自己的位置，帮儿女做事不是自己人生的全部。只有当老人不再以儿女为中心，儿女才能将视线投放到老人身上，懂得体谅，懂得关心。因为老人的健康才是儿女最大的幸福。

（三）积极休息，储蓄健康

老年人要获得健康，不仅要防止身体的过度劳累，更要防止心灵上的过度劳累。因为心累比身累更催人老，心累较之身累更难承受，也更难恢复。老年人要防止身心劳累过度，就要做到积极休息。

所谓积极休息，是指在身体尚未感到疲乏和心境未达到临界状态时就休息，它打破了过去那种"累了才休息"的传统观念，是一种全新的休息方式，可以确保老年人在晚年生活中不被疲惫击垮。积极休息的内涵，包括积极休身和积极休心两个方面。前者是一种生理调适，后者则是一种心

理保养。积极休息是老年人极为重要的一种生命投资和健康储蓄行为。

老年人的积极休息可以丰富多彩、乐趣无穷，关键在于要不断更换不同的活动内容。体力劳动者休息时搞点文娱活动，脑力劳动者休息时来点轻微的体力活动，这是很有好处的。生理学研究表明，参加一项自己有兴趣的活动，人体就不容易感觉疲劳，而且，有兴趣的休息方式还能迅速消除人体的疲劳。能巧妙地把娱乐活动加入到生活中去的人，是最会生活的人。

积极休息讲究动静结合，以"动"为主。休息不单纯是睡眠，睡眠只是休息的一种方式。如果睡眠过多，人容易发胖，还会变得意志消沉，会睡出毛病来。只有把"静"与"动"科学地结合起来，摒弃单调的"消极休息"，提倡丰富多彩的"积极休息"，才能促进心情舒畅、精神振奋、健康长寿。

三、老年人应当学会放慢生活节奏

（一）慢生活是一种健康的生活态度和生活方式

现在我们正处于一个讲求速度和效益的时代，以致我们周围来来往往的人，都无不在追赶这个比以往任何时候发展都要快的世界。但作为老年人，不需要赶着上班打卡，不需要急着挤车回家，需要的是学会放慢生活的脚步，过一种慢慢悠悠的生活。这不仅能带给我们生活的质量和品位，带给我们心灵的感悟和体验，还能带给我们生命的健康和喜悦。倡导慢生活，让生活节奏慢下来，这对老年人保持生活质量、维护健康和预防疾病都有积极意义。

首先，放慢生活节奏，才能更好地适应老年人的生活规律。对于年轻人来说，快节奏的生活充满了朝气，但对老年人来说，由于身体各器官功能逐渐衰退，越来越难以适应快节奏生活。特别是一些急性子老年人，如果不注意放慢生活节奏，极易诱发心脑血管疾病的发生，严重的还可危及生命。看看那些年岁大仍青春不老者，往往都是气定神闲、优哉游哉的慢性子。所以，慢性子不易老、更长寿，确有科学道理。

其次，放慢生活节奏才能有更多时间品味生活、享受生活。有位哲学家说："单凭思想而不劳动，当然不能生活，但一生像机器一样不停地转，那更加没有意义。"我们不必把每天都安排得紧紧的，总要留下一点空间，欣赏一下四周的好风景。学着做一做自己的主人，想走的时候就走，想停的时候就停，随心所欲地去发现有趣和值得珍惜的东西，也许这才是重要的事。我们总是感叹，人之为人是多么不容易，既然有机会来到这多姿多彩的世界里，就应该像一个旅行家，不只为跋山涉水，走完旅程，更要懂得给自己留下一点闲暇，让自己体会慢生活的乐趣。只要让自己学会慢慢欣赏这人生旅途风景中的点滴细节，你就会感到生命中的良辰美景是如此曼妙和美好。我们不妨慢慢徜徉在购物街上，为自己挑选一件心仪的服装，让自己穿出一种别样的风情；我们不妨慢慢地煮上壶茶，坐下来静静地品味；我们不妨早晨慢慢散步时，不时驻足看看树上的鸟儿，逗逗花丛里的猫咪；在夜晚不妨抬头仰望一下深邃的星空，体会宇宙的浩瀚；也可以耐心地养几盆花，等待着它们的绽放，或是养几条鱼，看着它们自由自在地在水中游弋；或者在晴朗的天气去看蔚蓝的大海；或者倚靠在居室沙发上什么也不想，只是闭上眼睛欣赏一段优美的轻音乐……总之，慢生活让我们的心儿沉淀，让我们远离内心的纠结、外界的纷扰，无形中能体会到更多的生活乐趣，一切焦虑、烦躁、抑郁的不良情绪自然就会烟消云散。

慢，是一种意境，是发给老年人长寿的信号。"慢生活"不是支持懒惰，放慢速度不是拖延时间，也不是无所追求的虚度年华，而是让生活适应自己，从容感悟人生，领略生命，在宁静闲适中让自己的思维自由放飞。"慢

人到老年
应当怎样度过

生活"是一种重视自我的生活态度和生活方式,也是一种豁达、从容的胸怀和闲适的心态。它告诉老年人做事应遵循适时、适度、适合的原则。总之,倡导慢生活是一种有利于身心健康的生活形态。人老了,学会放慢生活的节奏,才能充分享受颐养天年的乐趣。

(二)老年人怎样放慢自己的生活节奏

一是起居宜慢。老年人起床宜慢不宜快,尤其是脑供血不足、颈椎病患者和心血管疾病患者,早晨如果突然起身,容易导致大脑供血不足,发生眩晕。清晨人体的血管应变力最差,骤然活动也易引起心血管病。早晨起床前,不妨先躺在床上闭目养神5分钟,伸伸懒腰,用双脚互相搓搓脚心,用手做个干洗脸,适应了,再慢慢起床。

二是进餐宜细嚼慢咽。俗话说:"吃得越慢,活得越久。"老年人由于各种腺体的退化,消化液分泌有所减少,加之牙齿不好,容易发生消化不良和营养吸收不好等情况。在进餐时,一定要做到细嚼慢咽,这样不仅可以使食物消化得更好,同时慢些吃能吃得更香,也更容易产生饱腹感,防止吃得过多,影响健康。

三是走路运动宜慢。由于各方面的机能慢慢衰退,老年人锻炼时应该把强度放低,节奏放慢,这样既能使身体得到锻炼,又不会发生危险。老年人因关节韧带功能明显下降,身体平衡、稳定性较差,加之视力减退,看物不清,大脑中枢神经对外界反应迟钝,所以走路也要慢,以免紧急情况出现时容易摔倒,引起骨折。

四是游玩宜慢。老年人外出游玩时,项目不宜多,行走不宜快,时间不宜长。要边游玩边欣赏,细细品味游玩的乐趣,心灵要在游玩中得到小憩。

五是排便宜慢。老年人多患有便秘,如果过于用力,易引起肛裂而痛苦不堪。特别是患有动脉硬化、高血压、冠心病的老年人,排便时用力过猛,容易导致血压骤然升高，引发脑溢血等症状，直接危及生命。

为了健康长寿，每一个老年人，从现在开始，就要努力学会这样一种优雅姿态：慢慢地运动，慢慢地呼吸，慢慢地聆听，慢条斯理地工作，温婉地交际……就这样，怡然自得，慢慢地享受生活。很快你会发现，幸福真的会像花儿一样开放。

第二节　要善待自己的晚年生活

不少老年人清贫地度过了前半生，如今老了，却仍继续尽心尽力地关照儿女及孙辈的生活，有的几乎把自己所有的时间、精力、物力都投入到儿女身上，至于自己的锻炼、精神生活、社交，还有看病、养老、改善生活条件、享受晚年幸福等方面从不考虑，以致整个晚年过得很累、很苦。有的甚至直到临终患了重病无药可救的时候，才泪流满面地后悔自己不该一生中从未疼爱过自己，不该一辈子从未享受过一天福。几乎很多这样的老人，到了最后的日子都追悔莫及，抱憾而终。然而，这一切的一切，都已太晚了。所以，老年人千万不要只顾心疼儿孙，人老了，更应该多心疼一点自己，尤其到了暮年，更要懂得好好善待自己的晚年生活。

一、节俭应有度，别太苦自己

（一）老年人过日子别过分节省

绝大多数老年人由于过惯了"紧日子""苦日子"，以致现在生活条件好了，也仍保持着许多过度节俭的老习惯。

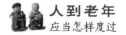
人到老年应当怎样度过

一是该吃舍不得吃。常会见到这样的老年人，他们子女都已成家，自己每月也都有固定收入，仍过分地省吃俭用。去菜场买菜，总是买价格最便宜的处理蔬菜，舍不得多花点钱，买新上市的时鲜蔬菜；买水果也同样拣质量低档的买，只要价格便宜就行。平时在家总是吃剩饭剩菜，从来没有扔的，就是馊了、变味了，也要把它们热一热吃掉。从不舍得买营养品给自己补补身体，甚至连儿女送来的营养品都舍不得吃，硬要留着等孙辈来了给小孩子吃。

二是该穿舍不得穿。有的老人时不时给孙辈买套装、运动服，买价格不菲的玩具，自己三年五载却舍不得添一件新衣服。总以为，人老了还穿啥，只要穿得不打补丁，干干净净就足够了。过年过节子女们送来的新衣服、新鞋帽，也始终舍不得穿，常年锁在衣柜里，以致不少老人到了"阎王爷"发来"请帖"时，这些新衣新鞋都成了遗物和弃物。

三是该享受舍不得享受。因嫌外面餐馆太贵，有些老人从来都舍不得去外面用餐，即使偶尔跟着孩子们去饭店吃饭，回来后也会心疼好几天。有的外出看病，能乘公交的，绝不打车；外出旅游，能住便宜的小旅店，绝不住高档星级酒店。

四是有病该治舍不得治。有的老年人平时从来舍不得主动花钱做健康体检，往往要等到疾病缠身，再花钱去看病；有的甚至查出了病，也不肯花钱医治，在家里硬撑着，药品过期也舍不得丢掉。

对大多数老年人来说，几十年风风雨雨从苦日子走过来，往往总是因为这也舍不得、那也舍不得而错过了生命中许多美好的东西。诸如在一生中，没有在最流行的时候穿过自己喜欢的衣服，没有在最时鲜的时候品尝过食物的美味，甚至在许多时候，常会因舍不得花钱而错过一场多时想看的电影、一个向往已久的名胜景点，甚至冷落了朋友，疏远了亲情，怠慢了同事，如此等等，最终留下的只有终身遗憾。

老年朋友，想开点吧。都那么大的岁数了，就算活上100岁，又能有多少年！别对自己太吝啬，钱再多也带不走，还是趁着自己健在时，想吃就吃，想穿就穿，想玩就玩，千万别等到生活不能自理，甚至病入膏肓时，才想到自己这辈子想吃的没有吃到，想玩的没有玩到，想做的没有做到。真到了那个时候，你就什么也都吃不下、走不动、玩不转、做不成了。所以，那些这也"舍不得"、那也"舍不得"的过于节俭的老习惯，确实该改改了，只要条件允许，老年人就别太苦自己了。

（二）老年人过度节俭有损健康

一是导致营养失衡。不舍得花钱的老年人经常因为节省，购买单一食物，难以满足身体对食物多样性的需求。多数老年人都存在牛奶、水果、肉类、坚果等摄入不足的问题。当摄取的营养有限或不均衡时，身体机能就会下降，长期营养不良，就会致使健康每况愈下。特别是经常吃剩菜剩饭，会导致腹泻等疾病的发生。

二是过度省电埋隐患。为省电，很多老年人能不开灯就不开灯，经常是晚上关着灯看电视，不仅容易伤害视力，还容易发生跌倒、磕碰等意外事故。还有的老人做饭时舍不得开抽油烟机，殊不知油烟的长期刺激，会损害人的呼吸道黏膜，导致疾病发生，得不偿失。

三是内衣穿久病菌多。有些老人总是习惯一件内衣穿上好几年，或者为节约用水内衣穿好多天才洗一次，这些习惯都有损于健康。因为内衣穿得过久，其吸汗、保暖效果会大打折扣，还增加细菌。

四是小病拖成大病。"大病才看，小病忍着"的观念在老年人中很普遍。尤其是在农村地区，老人患了病，为节省医药费，能拖则拖，能扛则扛，结果耽误了治疗时机，小病拖成大病，更增加了后期治疗费用。还有的老

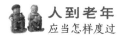

人有病不去正规医院治疗，而是专找"收费便宜"民间游医，结果钱化了，病却更严重了。

（三）老年人应如何克服过度节俭的老习惯

首先，必须转变观念。节俭是传统美德，但在条件许可的情况下，过于节俭是大可不必的。也就是说，节俭绝不能以牺牲生活品质和健康为前提。凡事要有度，我们倡导勤俭节约，也不应该忘记提高生活质量，不应该忘记健康第一。老年人要想滋滋润润、快快活活地过好后半生，真不能有太多的舍不得啊！否则，你节衣缩食存下的钱与物，肯定都要留给别人。而留下的，有的可利用，有的则只能扔掉，岂不可惜。

其次，榜样的作用很重要。对于老年人过度节俭的老习惯光靠劝说是不够的，要多带老人出去走走看看，让他们多接触新观念、新事物，体验、尝试、适应社会进步、经济发展带来的生活方式的改变。有机会的话，可经常带老人去看看新城新貌，并请他们品尝各种美味。让他们明白，创造财富的目的是享受生活，而不是过"苦行僧"的日子。这样做会开阔他们的眼界，改变他们固有的思维模式。

最后，要对生活充满信心。要相信生活会越来越好，现在比以前好，将来也一定比现在更好。老年人只有对未来不感到担心，才能克服过度节俭甚至吝啬的毛病，高高兴兴地享受生活的乐趣。如果晚辈经济条件较好，平时尽可能多给老人一些买菜钱。告诉他家里一个月花多少钱是正常范围内，如果太低，可能就影响到家里的生活质量了。

俭朴虽是美德，但不能变成吝啬。生命是有限的，生命的意义是一个享受幸福的过程，而老来幸福更珍贵。老人一辈子勤俭节约，为国为家操劳半生，老来多花点钱追求健康幸福是完全应该的。俗话说："人过七十不守财。"在生命的最后阶段，每个老年人都应怀着豁达的心态，有计划地降低"库存"，讲究一点吃喝玩乐，才能对得起自己一生的辛劳，这才是一种智慧的夕阳境界。

二、老了该到享受生活的时候了

据我国有关方面的一项调查，当问到老年人是否懂得享受生活时，有53%的人回答"没有仔细想过"；30%的人回答"没有条件享受生活"。两项相加，也就是说，老年人当中有80%的人没有享受生活的观念或打算。这不能不说是老年人生活观念的一大缺憾。

（一）老年人要把享乐留给自己

我们这代老人，生活上从未轻松过。许多人干了一辈子、苦了一辈子，如今老了，却仍在继续吃苦在先，把好吃的、好穿的、好用的、好住的都留了给儿孙，把享乐也留给了下一代。其实，老年人这种为子女倾其毕生心血的做法，并不值得提倡。因为它是在夺走老年人应该享有的欢乐、享受的权利，使老年人丧失了自己享乐的最后时空。所以，现在很多人明确提出，老年人要把享乐留给自己，这是一种社会进步。人到年老时能尽情地享乐，人们看到这样局面，会对生活、对人生充满信心。老年人把享受留给自己，是理性行为，是社会发展的结果，是人生观念上的飞跃。当然，把享乐留给自己，说起来容易，而实际生活中却会遇到许多问题，而且这些问题往往与亲情、感情连在一起，老年人如不果断处理，很难把享乐留给自己。为此，老年人应下决心做到以下几点。

一是不为儿孙当保姆。老年人刚从岗位上退下来，儿女们不是送来孙儿，就是领来外孙，无偿服务、细心照料的"保姆"从此上任：看孩子、做饭洗衣，一天下来比上班还累。有孩子在身边，就休想安静，休想休息。整个家似托儿所，老年夫妻还谈什么享乐。还有的青年人，见父母退休在

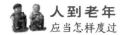
人到老年
应当怎样度过

家,干脆便回到父母家中住。他们每天晚睡晚起,老人却每天要起早贪黑不停地忙这忙那,没有一点空闲时间。子女倒是很安逸,回家就吃饭,一放碗就看电视,高兴还拉几个朋友玩麻将,一玩一个通宵,老人家还得为他们端茶倒水。这究竟是把享乐留给了谁?明智的老年人应立下规矩,不为儿孙当保姆。向孩子讲明,说自己到了晚年,希望有个安静、清闲的环境。应该说,大多数子女会接受的。

二是不为儿孙搞积蓄。中国的父母们普遍有个不成文的规矩:若有个儿子,在城市要给他买套房,在农村,有能力就给他盖一栋。若是女儿,也要给她存笔钱,办嫁妆。否则,似乎对不起儿女。于是,有些老人退休后千方百计寻找工作,好多挣点钱留给儿孙。这些老人太可怜了,如果为了自己养老,拼命挣钱还可以理解;拼命为儿孙挣钱,让儿孙享乐,这值得吗?儿孙的前程应由儿孙自己去闯。儿孙有出息,他会靠自己的双手去创造财富和幸福,还会时时想到反哺之恩;如果儿孙不长进,没出息,即使留座金山银山,也只会使其懒惰,坐吃山空。老年人一定要明白这一点,不要为儿孙搞积蓄,更别把给子女留份家产当作必须完成的任务。你生他养他,替他操了那么多年的心,已经很不容易,何必还要在晚年把自己搞得那么辛苦呢!应该相信,大多数子女会正确看待这个问题的,他们的最大愿望,就是让父母好好享受晚年的美好时光。

三是不为儿孙事操劳。中国父母对儿女似乎有负不完的责、偿不完的"债"。他们将儿女培养成人、成才后,还要帮他们买房子、找工作、操嫁娶、助创业……老年人为儿孙的事,是永远操劳不完的。俗话说:"儿孙自有儿孙福,莫为儿孙做马牛。"老年人还是尽量少操劳,有事让儿孙们自己去办。远离那些烦心事,生活才会有乐趣。

在人生晚年要尽量把享乐留给自己,这是老年人的权利,而不是老年人的自私，这恰恰是社会赋予老年人享乐晚年的条件，别放弃这种享乐机会。我们不可能为儿孙包办一切。愿天下做父母、爷爷奶奶、姥姥姥爷的，在心疼儿孙的同时，也应多心疼一点儿自己。儿孙们再孝顺，感冒发烧你还得自己受着，谁也替不了你。所以，一定要尽量多给自己留一点儿享受的时间和空间，以免给自己的晚年留下遗憾。

（二）我的老年我做主

1. 老年人要有掌握安排自己生活的自主权和主动权

有些老年人晚年生活不幸福，一个重要原因，就是没有积极主动地安排好自己的晚年生活。譬如，有的把一切都寄托在儿女孝顺上，过早地把生活的主动权全部交给子女，有的甚至连房产证、银行存款密码等重要凭证都交给子女，事事由子女做主，听从子女的安排。其实，人到老年，正是一生中除了童年之外的又一个黄金时代。此时的老年人，有时间有闲情，有经验有阅历，理应安排好自己的晚年生活，而不是接受别人（主要是儿女）的安排。虽然，人老了确实很需要子女的关心和陪伴，但是，不能因为需要子女孝顺，就完全听凭他们来为你安排生活。不受指使，活出自己，才能真正让自己享受更多悠然自得的快乐，才算是不枉老一回。

那么，老年人应该怎样把握好自己晚年生活的自主权和主动权呢？

第一，自己决定自己的养老模式。老年人的养老模式有多种多样，比如居家养老、合伙养老、社区养老、养老院养老等，老年人可根据自身情况由自己决定。

第二，自己管理好自己的财产。不论你手里有多少钱，花了才是你的。不要人在天堂，钱在银行。

第三，不要事事依赖儿女。自己能够做到的事情一定要坚持自己做。

比如，为克服行走不便带来购物的困难，应尽可能自己学会手机网购，这样既有助于满足自己日常生活的需求，又可不必事事麻烦儿女。

第四，一切生活安排均应按自己的意愿行动，自己愿做什么就做什么，不做不得不做的事情。

总之，步入老年的我们，也许前半生必为子女所付出，但后半生，却完全可以独自拥有。人本应为自己活着，人老了更应如此，只有自己活得好，才能让家人也活得好。老年人只要牢牢把握住自己晚年生活的主动权和自主权，无论儿女是"孝而不顺"，还是"忤逆不孝"，都不会影响老人为自己活着，把生命掌握在自己手中。这也许是广大老人的共同期望。

2. 老年人要学会给自己留后路

老人们总是对儿女无私奉献，从不给自己留半点退路，结果很多老年人把自己逼进了困境，晚年在经济上穷困潦倒、精神上痛苦不堪。

一是在健康上留一手。有统计数字表明，时下，祖辈"育孙率"达70%以上。老年人退休后帮助儿女带带孩子，既减轻了儿女的负担，又给自己带来了"天伦之乐"，这当然是件好事，但要量力而行。年纪大、体质差，尤其是患有"三高"等慢性病的老人则应以保健康为主，如果有损于健康，就只能放弃。俗话说："久病床前无孝子"，老年人只有留住了健康，才能"满目青山夕照明"，晚年更幸福。

二是在老窝上留一手。房屋是老年人辛苦一生的财产，老年人往往在亲情的背景下，或者轻易把自己的房子卖掉，或者轻易将自己的房产权转让给他人。媒体多有不孝儿女将老人的房子糊弄到手，就不再赡养父母甚至将老人赶出家门的报道。这样的教训应汲取，俗话说，"金窝银窝，不如自己的狗窝"，老年人只有留住了自己的老窝，才能住着踏实，活得自在。

三是在经济上留一手。有些老年人不知道攒"养老钱"的重要性。儿女们平时的开销,老人们都大力赞助,儿女们购房、买车,常常还要动用双方父母的积蓄,甚至是双方父母毕生的积蓄。只要条件许可,在经济上给儿女一定帮助,是可以的,但也一定要有个度。老年人绝不可把"老本"全部为儿女花光。一旦自己手中没有了基本生活费,再回过头来伸手向子女要钱,就没有那么容易了。要么很难开口,要么开口了也要不到钱,要么钱的数额大打折扣。俗话说:"儿有女有不如自己有"。老人在经济上留一手,就等于经济上独立自主,自己想干什么事就主动,不必事事求人。

3. 老年人要敢于对"啃老"说不

据中国老龄科学研究中心的调查数据,我国65%以上的家庭存在"老养小"现象,有30%左右的成年人被老年人供养着。他们当中有的虽然青春,虽然力强,但却仍未"断奶",或懒得去找工作,或不愿意干某些工作,心安理得地"吃父母";还有的尽管有工作,有自己的小家庭,却不承担对老人的赡养义务,反而对老人无限度索取。比如他们无论是买房、买车、换工作还是生小孩,都要老人出钱出力。

如此种种"啃老"现象,给众多老年人带来无法言说的心痛和烦恼,给年迈的父母带来了沉重的经济负担,甚至严重影响到老人家庭的生活质量。这对老年人来说,虽然是心甘情愿,但多数是出于无奈。俗话说:"可怜天下父母心"。父母关爱儿女乃是人之常情,但不能助长儿女"啃老"的恶习。父母真正爱子女,就应该在适当时机狠下心来给儿女"断奶"。父母百般满足子女的需要,会使子女丧失成长的机会。纵容子女"啃老",到头来既害了自己也害了子女。所以,老人应该刻意让"啃老"的子女承担些责任,尤其是对依赖性过强的儿女,更要硬起心肠对他们说"不"。如果儿

女仍是赖在身边不走，可以狠下心将他们从身边"赶"走，只有这样，才能让年轻人学会自立自强，老年人才能真正享受到轻松、快乐、幸福的暮年时光。

父母拒绝"啃老"，这是法律赋予老人应有的权利。作为已成年的儿女，应尊重父母拒绝"啃老"的权利，规避心安理得甚至强行"啃老"的不孝行为。尤其对于那些自甘躺平、好吃懒做、好高骛远、自私自利的不孝儿女，更应从"老人拒绝啃老"中，省悟出自食其力、自强不息和孝亲敬老、勇于担当的价值取向与人生哲理。

4.老年人要勇于维护自己的正当权益

老年人在晚年获得子女的赡养，这是子女应尽的义务，也是法律规定老年人应该享受的权益。然而，老年人合法权益被儿女侵害的案例屡见不鲜：有些子女有能力而拒不赡养父母；有些子女任意侵占父母房产、干涉单身老人婚姻；还有的甚至冷落、嫌弃、虐待老人，使老人的晚年生活陷入重重困境之中。

老年朋友在面对子女的不赡养、虐待以及同子女的财产纠纷等诸如此类的事情时，千万不要忍气吞声将眼泪往肚里吞，应该勇于破除传统的"家丑不可外扬"思想顾虑，理直气壮地为争取自己的权益而斗争。尤其是对于那些自我利益极度膨胀，不顾及父母死活的不孝之子，绝对不要期待他们的良心发现，要下决心依靠法律武器保护自己，维护自身的合法权益。

（三）老年人也该学会好好享受生活

1.抛弃旧的生活观念和习惯。现在大多数退休老人都有条件使晚年生活过得更幸福快乐、更健康长寿一些，关键是要下决心抛弃过去那些旧的生活观念和习惯，树立与时俱进的人生观和消费观。

第八章
善待晚年的自己

一是要明白人活着究竟为了什么。这在过去是毋庸置疑的：人活着是为了工作、为了作贡献。但现在，有人提出了新看法，叫"为了享受人生"。这是因为在人的一生中，青壮年时期主要是工作，是付出的时期，是作贡献的时期。但到了老年时期，社会责任基本完成，家庭责任也基本完成，剩下的就是养老、尽情地享受，享受自己曾经的付出，也享受正在工作的青壮年人的付出。长江后浪推前浪，社会新人接旧人，今天的老年人是昨天的年轻人，而今天的年轻人也将是明天的老年人，谁都有过付出，谁也都会有一天因年老而只能"坐享其成"。这就是社会，这也就是人生。人的一生，说到底，挣钱也好，贡献也罢，最终都是为了过得更好。人们总说为了明天生活更美好，不就是为了更好地"享受人生"吗？这也许就是人生的目的。所以，老人要学会享受，首先就要学会转变观念，要把生活重点由全心全力关爱子孙，逐步转移到用心用力关心自己上来。具体要求做到：意识上，由为家持续奋斗变为为己养生休闲；管理上，由对子女凡事管变为大事当参谋；花钱上，由为子孙大把撒变为舍得给自己花；家务上，由主力变为当替补。简言之，用更多心思、精力、财力去安享自己的晚年人生。

二是要明确现已不是"半年糠菜半年粮"那个年代。经过40余年的改革开放，经济不断发展，财富不断丰厚，我们需要学会享受国家发展的物质成果，学会不断提高生活质量。党带领全国人民努力建设现代化强国的根本目的，也就是为了让人民都过上幸福生活。提倡合理必要的消费，也是在为促进经济发展作贡献。消费能有效促进生产，消费能令我们心情舒畅，也会令我们更加热爱生活。勤俭节约本色应该保持，该节约的仍须节约，不该浪费的就不要浪费，但并不意味着不去花钱，不去提高生活质量。勤俭节约和享受生活是并不相悖的。

三是要做金钱的主人，不做金钱的奴隶。金钱财富生不带来，死不带去。钱只有花出去，它才是钱。否则，揣在兜里就是一张"纸"，存在银行便是一个"数字"。正如一位大企业家所说："挣的钱不属于自己，而消费的钱，才真正属于自己。"老年人无须把钱看得过重，应该让金钱为我所用，千万不要让钱牵着自己鼻子走。留一定的养老钱无可厚非，但不能为攒钱而攒钱，该花时就要花，既不挥霍浪费，也不小气吝啬。这样的晚年生活才能过得痛快、潇洒。过于节省，亏待自己，到时候"钱在银行，人在天堂"，那才是最不值得的啊！

2. 老年人要学会怎样花钱最值得。老年人不但要学会享受生活，还要学会如何把钱花在自己最需要又最喜欢的地方，才算是真正地享受生活。

首先是爱好。有爱好的老人，有精神寄托，活得也就充实。正如一位研究老年学的专家说，兴趣爱好是老年人健康的无形财富。因为爱好不仅可以使人废寝忘食、乐此不疲，而且能够让人在享受物欲的同时，精神也得到很大满足。但对于兴趣爱好，有这样的说法：年轻时"有闲无钱"，中年时"有钱无闲"，只有到了老年才"有钱有闲"，才有可能重拾或开发兴趣爱好。比如可以买高档相机去旅游景点摄影，买专业钓具去远处钓鱼；还可以买花鸟虫鱼，买文房四宝及画画、养宠物、搞收藏等，总之只要舍得花钱，什么爱好都可能实现。积极向上且高雅的爱好能滋养人，老年人能如此舍得为爱好花钱，可以把晚年生活情趣和格调大大提高一个层次。

第二是旅游。作家毕淑敏认为人生有三件事不可节俭，其中就包括旅游。人人都知道"江山如此多娇""世界之大无奇不有"的话。然而祖国山河之壮丽秀美，外面世界之美妙，我们老年人又去过多少？所以，当我们现在牙好、腿好，身体还行，趁着不聋不哑思维还清晰，要舍得花钱抓紧出去四处走一走，转一转，尤其要抓紧去自己最想要去的地方，去看看远方，去看看自己不曾看过的风景，去品一品自己不曾品过的天下美味，也不枉来世一遭。不要到了牙不行、走不动时自己埋怨自己，世上没有后悔药。

第三是营养。人到老年，在吃的问题上绝对不能掉以轻心，不仅要讲究美味，更要考虑营养搭配，肉类、蔬果、牛奶都不能缺。新上市的时鲜水果、蔬菜也要尝一尝，贵一点不要心疼。也可以像年轻人一样，时不时光顾一下西餐厅，尝尝外国的煎牛排与中国的酱牛肉有什么不一样。很多老年人在吃上舍得花钱，注重吃精、吃细、吃粗、吃鲜，合理搭配，平衡营养，从而有效地预防了糖尿病、高血压及其他老年病的发生，这是何等明智！这些钱花在了刀刃上，花得值得。从预防疾病、节约医药费，提高生命质量来说，这更是一种高层次的节约！

第四是穿戴。穿戴时尚不仅会给亲人、朋友、邻里留下良好印象，还会使自己的晚年生活充满激情、充满活力。因此老年人要舍得花钱去选择最能体现出自己老年风度、老年之美的穿着打扮，使自己越活越年轻，越活越富有朝气。尤其是老年妇女，尽可能每天都把自己打扮得漂漂亮亮，让亮丽时尚的服饰伴随自己度过健康快乐的晚年。只有这样，才能在生活中真正得到美的享受，找回自己当年的风采，填补自己人生的缺憾。

老年人经历了太多的坎坷，未来的日子已不是很多，因此更应该珍惜年华，好好享受生活。享受可以让生活丰富多彩，享受可以让人生更有意义。老年朋友要抓住幸福时光的尾巴，努力使自己有限人生的每一天都过得快快乐乐，开开心心，有滋有味。其实，学会享受生活，并不需要有很多钱，只要你把日子过得舒服，过得开心，那才叫真正享受生活。

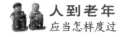

三、让自己的晚年生活丰富多彩

人到老年,随着生活条件的改善,不仅要心安理得地享受物质文明所带来的幸福,而且还应努力使自己的晚年能享有丰富多彩精神生活带来的快乐。

(一)多培养"玩心"

玩是人的一种本性,是人类的"原欲",是人类处于放松和自由的状态。社会进步的标志之一便是休闲时间增多,目的就是能让大家更好地玩。玩可以丰富老年人晚年生活,是老年人精神上的营养滋补剂。

一是老年人有玩心身心才健康。不少人退休后,要么觉得失去了生活目标,做什么都没有兴趣;要么围着儿孙转,甘愿做家庭保姆,而不愿为"玩"多花心思。其原因大多是因年老缺乏一种愉悦心境所致。而要保持愉悦心境,最佳途径就是多玩。生活中常常会发现,精神矍铄的老人往往是"爱玩"的老人。爱玩的老人比一般老人更健康、更长寿。"玩游戏"可帮助老年人训练大脑的灵敏度、减缓记忆力衰退;登山等活动能增强老年人的肺活量和血液循环,减少心血管疾病的发生;如能在一些集体游戏或对抗游戏中胜出,还能平添一份自豪感,觉得"我还是有用的";最关键的是,玩能帮助老人摆脱孤独,心里通达敞亮,自然有利延年益寿,预防老年痴呆。所以,人老了尤其要学会培养"玩心",在保证健康和安全的前提下,所有新事物,比如上论坛发帖、刷抖音、逛淘宝、看网文等,老人都应该尝试玩一玩。

二是从"家"开始玩起。老人不妨从家中的"废物利用"开始玩。废纸折成小垃圾盒,饮料瓶包装成好看的花瓶,旧衣服缝成靠垫,都是很好的"娱乐项目"。院子里能玩的就更多了。可以种花养草,可以设置健身器材,同样能玩得不亦乐乎。还可寻找适合老年人玩的小游戏。比如玩珠算,能锻炼手指关节,还能增强脑力;看报纸时,碰到填字游戏,也可以试试;还可以玩玩乐器,陶冶情操。多数适合老年人的游戏,既可益智,又能锻炼,一举两得。

三是要有一群投缘的玩伴。"玩伴",多半是家庭之外的知己好友。可以一起聊兴趣,一起钓鱼,一起下棋,还可以一起出去旅游。这样的知己"玩伴",是晚年快乐的一大保障。老年人学会当"玩家",一要玩得高雅,有品位,不能低级趣味;二要适度,不可"夜以继日",过分热衷。这样,玩才有意义,才会给晚年生活增光添彩。

珍惜余生,把握好每一寸光阴,尽情地玩,率性而活,把生命"浪费"在好玩的事物上,每天都比昨天活得更精彩一点,自然也就比别人活力得多,有趣得多,快乐得多。

(二)触网,老年生活的新天地

据《中国互联网络发展状况报告》显示,截至2021年6月全国网民规模达10.11亿,其中60岁以上网民占比达12.2%,约1.23亿的老年人已开始使用互联网、物联网,手机、平板电脑以及各种APP越来越成为老年人日常生活的重要助手,成为老年人了解世界、融入世界的重要媒介。网络阅读、网络教育、网络直播、网络购物等,这些以往贴着年轻人标签的互联网活动,使越来越多的老年人走出了孤独,走进了他们过去从未领略过的五彩缤纷的信息世界,享受着网络生活的精彩。比如,老年人学会手机上网、电脑上网,相当于家里订阅了无数报刊,可以随意阅读、自由检索,也可以长久保留、仔细品味。网络像浩如烟海的知识库,渴望新知识的老年人,能从网络上找到合乎兴趣的好书及电子版的教程,读书学习恬静又自在。

老年人还可以通过网络找到志同道合的同龄人,解除独自在家的孤独感；子女在外地或者在国外，老人可通过网络与子女面对面视频聊天，既方便又快捷，使独自生活的空巢老人也同样能享受到远离亲情的天伦之乐。在网上还可以和天南海北的棋友对弈，可以看实况转播、看电影、点播歌曲等。另外，老人还能从网络上享受更高效、更便捷的现代化生活，比如网上购物、网上叫车、网上订餐等。总之，网络对于老年人来说，不仅仅是一种工具，更是一种生活的享受。更为重要的是，互联网的出现，给老年人的精神生活开辟出一片新天地，这不仅有助于培养老年人的自信心和成就感，还可以减轻他们对于"怕被时代落下"的恐惧与无助。同时，互联网还拓展了老年人的社交圈，使老年人不仅很好地解决了与社会、亲人、朋友间的沟通问题，而且还可以通过网络，更好地满足老人们更需要被注视、被认可等方面的精神需求。

（三）老年人也应有应酬

对于老年人来说，应酬竟是渐行渐远，越来越少。正是缺少应酬，疏于交往，是一些老人孤单寂寞的一大原因。有一位老人，独守空巢，又不和谁往来，整日里也没谁和自己说说话。实在耐不住这恼人的孤独，便订了一份送到家里的报纸，不为看报，只为每天能听到投递员的敲门声，和投递员说上一句话。

交际往来确实是摆脱寂寞的一剂良方。老年人生活圈要尽可能地扩大。比如，现在的年轻人几乎三天两头都有饭局应酬，老年人也不妨三五好友把酒临风，时不时聚上一把。其实由头也是很多的，或者可以举办专门的聚会，如书法比赛、棋牌比赛、茶艺展示等不同形式的活动，大家一起吃吃饭，喝点小酒，借着酒兴，说开心的事，讲快活的话，唱欢快的歌，谈笑风生，开怀大笑。即使心里有烦恼，有落寞，也会在相聚一笑中被涤荡得一干二净。总之，人老了，千万别"躲进小楼成一统"，将自己弄成孤家寡人。保持适度健康的应酬,让晚年更快乐。

(四)去旅游,愉悦情怀

旅游健身已越来越成为众多老年人的重要生活方式。这不只是因为老年人有更多的空闲时间,也不只是老年人有更强烈的观光欲望,而是由于老年人更加需要充实自己的精神生活和内心世界。外出旅游无疑是老年人愉悦情怀、陶冶身心的好方式。旅游胜地大都山清水秀、风景秀丽,当你漫步万籁俱寂的原始森林,倾听潺潺流水,沉浸在花香鸟语之中;或躺卧在漫无边际的大草原之上,看蓝天白云遍地牛羊;或登泰山之顶观喷薄欲出的红日,或远眺千尺飞瀑从天而降之时,你就会感到一种从未有过的心旷神怡、心胸开阔,甚至会使你的情操和志趣在不知不觉中得到陶冶和升华。尤其当你身处海边、山顶瞭望那广阔无垠的江河大海,更会使人格外神清意爽,甚至会有一种轻身欲飞的感觉,从而一切不良情绪和烦恼都会随之消散。如能约上几个志趣相投的老伙伴,一起外出畅游,更能增添无穷乐趣。

晚年生活也要与时俱进。不要仅仅满足于吃饱睡好,也不要只限于在院子里散散步,更不要只靠看电视打发日子。一定要养成一种有意义的嗜好,才能体会现代生活的丰富和美好,才会远离寂寞,使晚年的生活过得有滋有味。

第三节 要善待自己的情感

现在老年人普遍都不愁吃、不愁穿,但不少老年人的情感生活却并不尽如人意。在一些家庭中,老年人为了避免家庭冲突,隐忍自己的情感,

人到老年
应当怎样度过

一个人过着孤独寂寞的生活,有的虽然子孙满堂,但却生活郁闷,晚景凄凉。人到老年要善待自己,必须懂得善待自己的情感。

一、人老了,情感仍是第一需要

(一)人老之后,老伴最要紧

人老之后什么最要紧?在国外,当问及老年人:在你的生活中,什么排第一位?他们大多数会回答:夫人(先生)!而在我国,当问到许多老年人时,他们的回答令人心酸:孙子第一!儿子第一!包括儿子的工作、儿子的出国、儿子的住房、孙子的出国……唯独没有老伴。在人老之前,更多在意的是儿女,尚可理解,但是人老之后,应当更多在意老伴才对,也就是说,人老之后,第一位的、最要紧的就是要有个伴,而老伴,就正是这个伴。

首先,人生唯有老伴才是真正陪自己一起走过漫漫人生路的终身伴侣。人的一生,是谁曾和你相偎相依,从风华正茂一同走到两鬓白霜,从青春岁月的花前月下到生儿育女;从艰苦创业、风雨同舟到如今功成身退?这能有谁?只有你的老伴。除此,无论是父母也好,子女也好,虽然血脉相连,情深义重,但他们都只能陪伴我们走过人生中的一段路,而绝对陪不了我们一生。父母有他们自己的伴侣,儿女长大了也自然会离巢而去。在你的一生中,也许有人曾经给过你激情,给过你柔情,却给不了你深情;也许有人会让你心旌摇荡、朝思暮想,却不能相濡以沫、厮守一生。真正始终陪在你身边,伴你走过人生漫漫长路的,只能是那个永远把你放在心上,给你一生一世最彻底的体恤,最永久心安的那个陪你一起慢慢变老的老伴。就是因为有了这样一个风雨同舟的老伴,才能使你享受不尽人间的天伦之乐。你成功时,与你分享欢乐;你受挫时,鼓励你扬起生命的风帆;

你寂寞时,和你聊聊天,可以无话不讲,使你感到温存。总之,一辈子朝夕相伴,无论是饮食起居、聊天散步、互相帮扶……哪一样也少不了老伴的份儿。真是一生知己,一生相随,又有谁能比老伴更关爱自己、体恤自己?唯有老伴才是自己生命中真正最关爱自己、最体恤自己的那个人。所以,人老之后,夫妻间的缘分应特别珍惜,不管是夫妻哪一方,都应该互相看重,视对方为自己生命中最重要的人。

其次,老伴的关爱是任何其他人无法替代的。人到老年最怕孤独,有个年龄相仿的人相伴相依,不仅生活上可以互相关心、互相照顾,精神上能更好地消除空虚、寂寞、孤独之感。特别是退休之后,脱离了社会发展的主流,容易产生一种被社会遗弃的心理,身边就更需要有个能聊聊贴心话的人,更需要有个在精神上相互慰藉的人。而这些,已然长大的儿女不能做到,亲朋好友也不能做到,只有几十年朝夕相处的老夫老妻,才能相互产生深深的依恋感。这是任何情感也代替不了的一种深厚的爱。

最后,老伴才是晚年健康、幸福的重要依靠和保障。人到老年,身体器官逐渐退化,即使没有什么大病,生活上也会遇到种种困难,因而很需要老两口相互关心,相互照顾。尤其是一方健康状况不佳、自理能力减退后,另一方的悉心照料和温馨关爱更显重要。至于儿女,不孝顺的自不必说,就是孝顺的,儿女要上班,孙辈要上学,不可能日日陪伴,很难指望什么,最可靠的还是老伴。正如有的老年人所说,世俗的功名利禄并不能带给我们真正意义上的幸福,唯有身边有个嘘寒问暖、端茶端水的老伴,才是晚年健康、幸福的重要依靠和保障。

人老了,有个不离不弃、携手同行、共度晚年的知心老伴,相互贴心陪护照顾,是一生最大福气,这不仅有利于晚年生活的安全与快乐,更有利于身心健康和长寿。

（二）老年人应如何珍惜关爱善待老伴

既然老伴才是自己今生生命中最重要的那个人，自然也最需要用心去呵护。遗憾的是，有些老人常常体会不到老伴的重要。有些老年夫妻从早到晚说不上几句话，走不到一起。他们或为了关照儿女子孙，有意无意地忽视了老伴的存在；或因为老夫妻长相厮守，产生了审美疲劳，关注渐渐淡漠；或是因为一方唠叨重复太甚，让另一方不能忍受，影响了相互珍重；或是因为一方生病，常常卧床不起，将另一方缠磨得没了脾气，也会少了珍惜之情。还有的动不动就为一点生活小事拌嘴怄气，甚至无缘无故就不理对方，总是习惯挑剔对方，如此等等，这些都不应是对待老伴的态度。

许多人往往只有经历了失去老伴后的痛苦，才能体会到拥有老伴的珍贵。正如一位哲人所说：珍贵的东西，当你拥有时并不懂得珍惜，只有当你失去之后，才觉得他的重要。老伴儿就是这样，人生的暮年随时都有失去的可能。既然如此，还有什么值得去计较、去怄气呢？为了刷锅洗碗？为了饮食习惯？为了买什么不买什么？为了一句话一个举动？为了不知节俭大手大脚？值得吗？要知道，人生修得一世缘，多不容易！所以，不管夫妻哪一方，都应趁双方都健在时，加倍珍惜对方、关心对方、体贴对方，并在处理日常生活中的任何事情时，都应优先考虑老伴，将老伴放在第一位。

一是要从心底里对老伴倾注全部真诚。过去，由于传统的道德观念把夫妻双方的感情往往在子孙身上倾注得太多太多，而他们自己彼此却很淡漠：孙子有个头痛脑热就急得团团转，而老伴患病卧床竟置之不理。这怎能让老伴心理平衡呢？有位老年人曾对人这样说过，老伴关心孙子，关心猫、狗，关心花草，唯有对他不闻不问，连句问寒问暖的话也没有。老人感叹道：人老了难道连猫狗都不如了吗？在老年生活中，感情生活仍是首位，老年人虽然不能像年轻人那样缠绵火热，但感情交流仍是必需的。每位老年人都应明确，在自己的生活中，老伴第一，老伴是自己最亲的人，必须把全部感情和全部爱，都倾注在老伴身上。你可以养花喂狗，可以有各种爱好，但任何嗜好都不应夺走对老伴的感情，都不应分散对老伴的爱，都不该削弱对老伴的热情。人老了，孩子离开了，只剩下老夫妻两个人，难道不应该老伴第一吗？难道不该把自己的全部感情，通过日常对老伴的关照而表示出来吗？中青年时，由于工作紧张、子女牵连，没有很好爱护自己的伴侣，现在天赐良机，给你一个弥补爱情缺憾的机会。

二是要在生活上舍得为老伴花费积蓄。老年人手中或多或少都有一点积蓄，这样生活才踏实，可以把晚年生活安排得好些。可是，许多老年人仍然过着苦日子，或准备把积蓄给儿子买房子，或准备用积蓄送孙子出国，就是没有想用积蓄为老伴改善生活，让老夫妻过几天好日子。老年人必须改变为子孙留财产的旧观念，不必把积蓄留给子孙，要舍得把积蓄花在老伴身上，用多年积蓄换来老夫妻的健康长寿，这才有真意义。

三是要在行动上多多陪伴老伴。常言道：少时夫妻老来伴。年轻时，夫妻各有事业追求，都忙于工作，对相伴并没有多么强烈期望。可是到了老年，夫妻相伴就非常重要。老夫妻促膝长谈，回首往事；或共同下厨，你炒我炸；或一起看电视，同谈感受；或相伴公园，散步江畔……相伴，是老年人心理对爱情的呼唤；相伴，是回报爱情的具体体现。一起逛逛街，一道买买菜，虽事小不足道，但彼此搀扶、相互关照，使双方的感情得到慰藉，使彼此依恋，这正是老年夫妻所需要的感情满足。但是，在老年夫妻中，能做到好好相伴的并不多见。许多老年人，并没有认识到老伴的需要，只顾自己快乐，或整天跑到外面去打牌，把老伴一个人扔在家中；或迷上跳舞，早上练，晚上跳，连吃饭都不顾上，哪里顾得上老伴；还有的吃饱饭就钻进外面的老人圈里，一扯就是一天。其实，老年夫妻比任何时候都需要相互陪伴，越是老夫老妻越要相互关心对方。在自己欢乐时，首先要想到老伴有欢乐没有；在自己玩得开心时，也要想到老伴是否开心。即使老伴情趣与自己不一，也要设法陪伴老伴，不能让老伴一个人忍受孤独之苦。爱，是要负责任的，陪伴老伴也是一种责任。

四是要在言语上多赞美老伴。退出社会主流的老人，往往特别看重老伴对自己的态度。彼此多些赞扬，少些指责或抱怨，那么双方都会感到欣慰，受到鼓舞。老年朋友，要善待与你同舟共济几十年的老伴，要更加珍惜人生暮年夫妻相随相伴的时光。要多赞美对方的长处，少指责对方的不是，彼此多一分理解多一分关爱，就会少一些误解少一些抱怨，多一点共同的活动，就会少一些孤独。这样，就会感觉出老伴的温情，晚年生活的温馨，幸福愉快地走完人生旅程。

晚年生活的幸福美满，离不开与老伴的心意相通，离不开真心真意的互相关照。只要各自都能把老伴第一、爱情第一、夫妻第一、欢度晚年第一作为生活准则，就能重新点燃晚年的爱情之火、亲情之火。

二、老年人也要勇于追求属于自己的那一方"爱的天地"

（一）老年人要理直气壮地做自己想做的事

世人总希望夫妇百年好合，白头到老。但事实上，夫妻真正白头偕老的毕竟不多，总有一方先去世。老年人丧偶后，其心理创痛、抑郁和苦闷，以及孤寂空虚感是很严重的。因此，有的失偶老人希望再婚，不仅生活上相互可以照顾，更重要的是精神上有了寄托。但由于旧观念的束缚，多数老人不敢理直气壮地提出再婚，有的即使提出来，但一遭反对，便不得不断了念头；还有的老人怕再婚带来新的家庭矛盾，所以宁可忍受孤独，也不敢再向前一步。其实，人上了年纪，仍不可放弃"敢"的权利。生命只有一次，幸福要靠自己争取。老年人要想拥有晚年的幸福婚姻，必须敢于冲破再婚的种种障碍和阻力，理直气壮去追求属于自己的那方"爱的天地"。

1. 要敢于冲破来自自身的心理障碍

由于受封建传统道德观念的影响，许多老年人总是认为，"都这么大年纪了，还结什么婚，让人笑话"。特别是女性老人，更是觉得再找一个新老伴，不仅不光彩，而且是对死去老伴"感情上不忠"的行为。如此种种陈腐的道德观念，使不少老年人扼杀了自己追求晚年幸福的愿望。

其实，无论谁，失去老伴，都没有单身的义务。丧偶本已是人生的不幸，死去的人万事皆休，活着的人还得承受感情上的痛苦和孤独的折磨。如果用是否再婚这个标准，作为检验生者对死者是否忠诚的尺度，既对社会毫无积极意义，也是对生者一种极其残酷的要求。对老年人来说，人老了，虽然不能生育，一样需要婚姻，需要心灵的愉悦，需要有个人相依相伴。尤其是体弱多病时，更需要有个人能给予精神上的慰藉和生活上的照顾。老年人这种求偶心理的需求，远远胜过任何年龄段的人，丧偶之痛也大大超过其他年龄段的人。所以，老年丧偶后的再婚，比任何年龄段的再婚都更顺乎天理，合乎人情，也更理所应当。老年人完全有权利按自己的意愿，自由地恋爱和结婚。单身的老年朋友，大胆地追求自己的幸福吧！你没有单身的义务，抛开社会舆论的压力，走自己的路，让别人去说吧！

2. 要敢于冲破来自社会旧习俗的束缚

社会上对老人再婚普遍存有偏见，老人一旦要再婚，闲言碎语、冷嘲热讽便纷至沓来，什么"春心不老""越老越花哨""老伴尸骨未寒就变心"

等等。特别是高龄老人要求再婚，更是一片舆论哗然。

其实，这一切都是陈腐的世俗思想在作祟。中华民族历来根深蒂固的道德观，是男大当婚，女大当嫁。爱是每个人的正常生理需求，年轻人需要爱，老年人也是人，也同样需要爱，甚至比年轻人更需要爱。晚年丧偶或离婚的老人更是如此，晚年生活本来就够寂寞了，若再没个伴侣相互陪伴，相互慰藉，就更孤独。遗憾的是，有些年轻人对老年人的情爱，视为老不正经，老没有出息，这是绝对错误的。

老年人再婚是尊重自己感情的表现，是无可指责的。老年人丧偶后，只要有了意中人，尽管大胆往前走，千万不要犹豫观望，更不要白白错过"黄昏恋"的机会，而遗憾终生。

3. 要敢于冲破来自子女的干涉和反对

子女反对自己的父亲或母亲再婚，原因是多方面的。比如，有的子女担心父母一旦再婚，原来属于自己的财产会落入他人之手；有的怕别人议论自己对父母不孝，迫使父母再婚；有的不愿与继父或继母相处，更不愿意将来伺候继父继母；更有的认为父母一把年纪还要再婚是给自己丢了面子，如此等等，因此宁可让老人受罪，也绝不让其再婚。

老年人再婚受法律保护，是老年人的一种正当权利。子女反对老人再婚不仅是错误的，也是违法的。在这个问题上，老年人一定要理直气壮地对子女开展工作，既不能屈从于子女的压力，违心地放弃自己的权益，也不能简单从事，与子女闹僵。明智的办法是，对子女晓之利弊，言之有理，动之有情，做好耐心细致的工作。使子女懂得，丧偶后的父母，既需要心理慰藉，更需要生活上的照料，这是父母应该得到的一项基本权益，任何人（包括子女）都不能随意干涉。新的老伴带给父母的愉悦和幸福，是子女无法给予的。同时还应使子女明白，丧偶后是否再婚，父母应该有自己的意愿、自己的自由、自己的选择,这是父母应有的合法权益。如果子女实在蛮不讲理,强行阻挠,甚至以强分财产、断绝关系等来胁迫老人,老人可以通过诉诸法律来解决,千万不要委曲求全,自己承担痛苦,葬送了晚年的幸福。

子女们也要将心比心理解老年人,同情老年人。因为老年人的今天,就是你们的明天。将来到你们老的时候,可能也会遇到再婚问题,如果你们的子女、亲友反对,你们将有何感想呢?奉劝那些极力反对老人再婚的儿女,对父母的不幸和父母生活上的困难,应当给予同情和关怀,克服自私心理,积极支持和帮助老人再婚,使他们真正获得幸福的晚年生活。

老年人的理想伴侣要靠自己去追求,晚年的再婚幸福要靠老人自己去争取,去创造。老年人不必过于顾忌儿女的心思和社会的看法,无论是儿女们的阻挠,还是社会的压力,老人们都要鼓起勇气去面对。只要老年人能真正勇于克服自身的心理障碍,勇于冲破来自各方面的阻力,就一定能最终获得属于自己的那方"爱的天地"。

(二)别错过属于你的人生"第二春"

再婚不仅仅是婚姻法赋予老年人的合法权益,更重要的是,再婚对于丧偶之后孤单苦闷的老年人来说,有着非同寻常的意义:

第一,老年人再婚可以提高生存意义。老年人一旦失去配偶,不仅失去生活的欢乐,甚至对生存也会失去信心和勇气。尤其是子女不在身边的单身老人,更是深切地体会到,人老了,孤身过日子真难,出门一把锁,进门一盏灯,连个说话的人都没有。可是人是需要感情交流的啊!物质生活再丰富也代替不了精神上的需求。尤其是晚上时间最难熬,一个人看电视,看着看着就合衣睡着了。等一觉醒来,荧屏上已是"雪花"一片。面对如此孤身生活,不少失偶老人都认为这样活着已没有什么意义,有的甚至希望早点死去。这绝不是他们活够了,而是无法忍受难熬的孤独。正如有哲人所说:"一个无人分享的快乐,绝非真正的快乐,而一个无人分担的痛苦,则是最可怕的痛苦";"绝对的孤独、痛苦会变成绝望,而无人分享的快乐也同样可以变成绝望"。这就是失偶老人容易失去生存信心的根本缘由。但是,失偶老人再婚获得新的配偶,人就会发生很大变化,不仅在生活上可以互相照顾、互相扶持,更重要的精神上得到慰藉,不会再感到孤独空虚,而是觉得生活有了新意。有了新老伴,可以一起分享生活的喜怒哀乐,从原来忧郁苦闷的内心世界中解脱出来,重新找到生活的乐趣。有的孤身老人,特别是那些原想早日了结残生的失偶老人,一旦找到了新老伴,就会立刻变得"容光焕发""返老还童",重新燃起了生活的热情。

第二,老年人再婚有利于提高生命质量和生活质量。大量事实表明,配偶健在者多长寿。老年人生存目标已不再仅仅为了延长寿命,更重要的是提高生命质量和生活质量。这就必须提前预防老年人伤残、疾病的发生和改善老年人的精神生活。而再婚就是解决丧偶老年人上述两个方面问题的关键。因为再婚后,两人朝夕相处,能及时发现对方身体上的细微变化,能起到无病防病、有病及时发现就医的作用。比如,对于老年人常见的心绞痛、心肌梗塞及脑中风等疾病,都可通过再婚后的相互关心、相互监督,得到有效预防或救治。同理,防止老年人病后伤残才能提高生命质量;防止和治疗慢性疾病才能提高生活质量。夫妻感情和谐,欢乐与共,彼此分忧,能消除不良情绪积累。还有和谐的性生活,从中获得无穷乐趣,从而提高了老年人的生活质量。不少丧偶老人再婚后的健康状况和精神面貌大为改观。这充分说明,再婚有益于提高老年人的生命质量和生活质量。

第三，老年人再婚有利于减轻子女的精神负担。老年人患病率上升，生活处理能力下降。加之老年病多是慢性病，易反复发作，需要有人长期照顾和护理，有的甚至需要长期住院，这些都会加重子女的负担。多数老人的子女都已建立了小家庭，忙于自己的工作，忙于抚儿育女，照顾父母确实是心有余而力不足。尤其是子女在外地工作的，这种矛盾就更突出。老年人再婚后，可以有效减轻一部分子女牵挂老人的精神压力。另外，失偶老人求偶成功，便有了新的归宿，这样不仅有利于减少和防止嫌弃以致虐待老人行为的发生，也有利于减轻民政部门及养老机构的负担。

第四，老年人再婚渐成养老新模式。随着我国家庭结构规模日趋小型化，年轻人和父母趋于各自独立居住，而伴侣就成了老人生活中最主要的交往对象。无偶老人更显孤寂，再婚便成了单身老人普遍的心理需求。再婚不仅仅是为满足老年人情爱的需要，更重要的是为晚年养老的需要。有专家认为，老年人再婚的本质意义不在于"婚"，在于"养老"，是纯粹的养老婚姻、生活婚姻。也就是说，老年人再婚的养老意义已经大于婚姻意义。可见老年人再婚是一种特殊的、阶段性的互助养老模式。尤其是在我国目前养老制度尚不完善的条件下，这也是一种新型养老模式的尝试。如果从年轻人婚姻的角度看待老年人再婚，往往理解不了老年人再婚的本质。老年人不可能产生像年轻人那样火热的爱情，但这并不意味着老年婚姻没有爱，老年人的爱主要体现在生活中的互相照料、互相慰藉、互相供给上，是回归路上的伴侣。所以说，老年人再婚更像是纯粹的养老婚姻、生活婚姻。

大量事实证明，做好老年人的再婚工作，无论对社会、对家庭，对老年人自身的健康长寿都是有益的。老年人再婚不仅可以医治丧偶后的内心创伤，还可以使晚年仍然有个相互慰藉的伴侣和幸福的家庭，使晚年生活过得更充实、更有情趣、更有意义。因此，丧偶老人在面对一段新的感情时，千万不要克制自己，晚年时出现的爱，往往是等不了的。错过了一个爱人，可能就再也等不到下一个了。老年人千万别错过属于你的人生第二春。

（三）老年人再婚后更应加倍珍惜这来之不易的幸福

再婚夫妇都希望能拥有一份温暖、宁静的晚年生活，能与新婚老伴一起走过生命的最后美丽。特别是那些经过冲破重重阻力，将爱情之花变成期盼已久的婚姻之果的老人，再婚后应更加珍惜这来之不易幸福，加倍呵护这段迟来的甜美感情，再婚才会成功，爱情才永远不会衰老。

第一，再婚也要以爱情为前提。黄昏恋同样要讲"爱情"。虽然老年人年纪大了，不会像年轻人那样卿卿我我，但要找一个志同道合、性格相投的伴侣，携手相伴，共度晚年，还是需要爱情的根基。如果双方只是为某种目的而再婚，比如男性老人想找个"高级保姆"，以便有人伺候终生；女性老人想找棵"摇钱树"，以便有终生依靠，如此等等，从这种动机去找老伴，即使顺利再婚，婚姻之舟也可能触礁。因此老年人再婚应建立在真诚的感情基础上。在交往之初，应充分了解对方的人生经历、人品性格、子女情况、情感好恶，以及再婚动机等，特别是要了解清楚是否情趣相投、志同道合，气质性格和价值观念是否相和。如果符合自己的心愿，自然就会相互吸引，产生感情，然后升华为爱情。老年人只有从爱的需要出发而产生的再婚动机，才能使再婚得到幸福。

第二，要学会忘记过去珍视现在。不少老年人再婚后，感情上对第一次婚姻总还有千丝万缕的羁绊，总是难以忘怀，总是在回味。老年人一旦重建家庭，应该慢慢地淡忘过去，否则会严重影响与新配偶感情的发展。

特别是当两人意见发生分歧时，千万不要与原配偶相比，要把眼光放在今天，放在新伴侣身上，要积极地发现对方的优点和长处，全心全意地爱新伴侣，只有这样才有可能达到感情的融洽。

第三，再婚夫妻应互相适应对方。每个人的性格、人品、志趣、爱好各不相同，再婚必须有个熟悉和适应的过程。新伴侣与原配偶不可能相同，差距越大，越难以适应。再婚者两个人的感情逐渐靠拢的过程，也就是去旧迎新的过程。双方都不要去改变对方，而应当想一想，自己怎样才能适应对方。比如有的老年男性，在原来的家庭中衣来伸手、饭来张口，整天提着鸟笼子逛公园，看下象棋，不到饭点不回家，再婚后就不应要求新老伴也这样照顾自己，要尊重新老伴的生活方式，尽可能努力调整自己，多帮助新老伴做些力所能及的家务。这样时间久了，彼此不同的生活习惯也能逐步互相适应，融为一体。

第四，再婚夫妻要平等对待双方子女。老年人再婚后，就不再只是属于原来的家庭，而与新配偶的子女也是一种亲属关系，都是一家人。因此再婚后双方的子女都应平等对待，一视同仁。平时无论在买东西、给钱给物等方面，都应像对待亲生子女一样对待继子女，甚至比对自己亲生子女更关心，这样才能显示你的诚心，激起对方的相同反应，从而有利于再婚夫妻关系的和谐相处。

选择再婚的老人一定要以宽容大度的胸怀、强烈积极的感情，去冲淡过去婚姻生活的旧情，用一颗火热的心去淡化过去的不幸，在心与心的交换、情与情的交融中，去发展新的夫妻关系，这样才能使来之不易的婚姻长久圆满、和和美美。

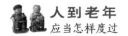

三、老年人也应拥有"性"福生活

（一）老年人要正确看待自己的性需求

首先，人老性未必就老。人们普遍认为，"老年人已没有性欲""老年人已经枯竭了""老年人不应该有性生活了"；甚至连老年人自己也认为"性是年轻人的事"。正是这种陈旧性观念的影响，使许多老年人不敢光明正大地承认自己仍有性要求这一现实，甚至担心自己仍有性要求会被人耻笑为"老不正经"。

实际上，随着年龄的增长，尽管性功能、生殖功能都已渐渐衰退，但只要是身心健康的老年人，不论男女，一般都仍然具有性感情、性要求。特别是随着物质生活水平和身体素质的不断提高，老年人的性需求和性能力，并不像人们所想象的那样随着年龄增长而丧失殆尽。国内外性医学专家证实，绝大部分老年人的性生活可以持续到70岁以上，其中一部分人可以保持到80岁左右。可见，人老了性未必就老了。老年人过性生活是正常的心理和生理需求，并不是可有可无，更不是见不得人的坏事和丑事，而是老年生活中必不可少的重要组成部分。老年人与青壮年人一样，同样有爱和被爱的生理和心理的需求。性冲动是人的本能，是性爱最主要的东西。即使是老年期，也存在性冲动，也有性生活。因为它与生的本能密切相关，是生命过程的一部分。由此可见，人老心不老，人老性不老。

其次，老年人有再婚的权利，也有权利享受性爱。传统观念认为"理想的晚年"不外乎吃得饱、穿得暖、老有养、病有医，再加上举家和睦、子女孝顺等。但不少退休老人，尽管在以上诸方面都比较满足，却依旧乐不起来。他们心情抑郁、闷闷不乐，其中一个重要原因是性欲受到压制，得不到满足，从而经常引起精神上的烦恼苦闷和身体上的不适。比如有些老年夫妻由于性生活不和谐，直接影响老两口之间的感情和关系，还会导致老年人对晚年生活的失望和不满。还有一些单身老人为了自身形象，同时迫于家庭的压力，不得不掩饰对性的需求，过早地就避免了性的接触，使自己失去了许多享受性爱的机会。结果不但不会对身体带来帮助，反而可能导致性器官功能退化，加速人体衰老。特别是有些男性老人，由于性需求长期受到压抑得不到满足，还容易出现不同程度的悲观失望和抑郁情绪，如脾气暴躁，对周围环境不满意，对生活失去信心，经常责骂老伴等，甚至导致在某种情况下失去理智而犯罪。这些都是没有树立起正确性观念的结果。老年人的性要求是正当的生理需要，他们有权利再婚，也有权利享受性爱。老年人应当抛弃旧传统观念的枷锁，正大光明地去争取自己的权利。

（二）为什么老年人需要性生活

老年人的性需求不仅仅是单纯的生理需要，还有相互安慰、相互照料等精神方面的属性。因此，保持适度的性生活，对老年人的晚年生活有很重要的积极意义。

首先，适度的性生活能使老年夫妻的晚年生活变得更为丰富，有效减少孤独、寂寞、空虚等不良感觉和情绪。性对年轻人来说，更多来自身体上的冲动，而对老年人来说，更多则是心理上和情感上的一种需要。老年夫妻朝夕相处，性生活次数少了，但其重要性却日益上升。老年夫妇适度的性生活，可以带来一种亲情感和伴侣感，双方更多地感受到相依为命的感情，会使老人感到，即使社会和子女不再那么需要我了，但老伴仍然离不开我，我至少能在美满的婚姻中获得幸福和满足。和谐的性生活能使老年人增加生活的乐趣，弥补感情时常出现的空虚，促使老年夫妻感情更加亲密、更加恩爱、更加情深意笃。

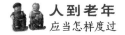

其次，适度的性生活能增强老年人的自信心和生命活力。老年人最大的苦恼和自卑，就是随着性生活能力、体力及各器官的衰退，感到生命力明显减弱。而适度和谐的性生活，哪怕次数有限，也能使老年人从中得到与年轻时等量的心理感受，体验到自己生命之潮的涌动，感受到自己青春活力尚在，从而增强对自己性能力的信心。世界上很难有一种东西能像展示自己性能力一样，让人获得难以言说的自豪感和成就感。

最后，适度的性生活有利于老年人预防疾病，延缓衰老。许多疾病的发生，特别是心身疾病的发生，与长期的性压抑有密切关系。长期的性需求得不到满足，是产生消极情绪的重要因素之一，它容易使人的脾气变得暴躁冲动。适度的性生活能加强人体血液循环，促进激素的分泌，增强新陈代谢，从而使机体免疫功能及抗病能力提高，可降低癌症等多种疾病的发生，并且有利于原有疾病的康复。老年人生理、心理特点，决定了他们性交次数比年轻时明显减少，但仍可以通过亲吻、拥抱、抚爱、牵手等形式的情感交流，使精神上、心理上的爱欲、性欲得到满足，获得性爱享受，从而有效延缓心理和生理上的衰老。据国外医学界大量统计资料分析的结果显示，有配偶的老年男女比无配偶的更长寿，其中性和谐的又比无性生活或性生活不和谐的寿命更长。和谐的性生活常常会使老年人容光焕发，皮肤更有光泽和弹性，看起来更年轻健康。

保持健康的性生活是老年人晚年幸福的一个重要内容，也是保持老年人身心健康的重要因素。俗话说："少年夫妻老来伴，夫妻敬爱多长寿"。所以，我们应给老年人的性活动创造更为宽松的社会氛围、家庭氛围和心理氛围，使老年人也能像年轻人一样，充分享受性爱带来的幸福与欢乐。

(三) 老年人应如何享受性的曼妙

第一，要对自己的性功能有足够的信心。有不少老年人认为自己老了，这方面不行了,其实,这是衰老心理作怪。从生理上看,老年人过适当的性生活完全是可行的,但是心理上认为不行,这种自我暗示,就会影响到性功能的正常发挥。老年人不要因年纪大了,就怀疑自己的性功能,要在精神上立于不败之地。这对老年夫妇尤为重要,要积极暗示自己,相信自己的性能力是强健的、富有生命力的。

第二,要树立健康的性观念。老年人如果把夫妻间的性生活看作是一种欲望的发泄,必然会觉得性生活单调乏味,失去性兴趣,性活动次数和水平即会下降。反之,如果将性生活看成夫妇双方心理上的需要,是一种积极的欢乐,是双方表达情感的组成部分,性活动即会升华,并且不断发展而赋予新的含义,那么即使到老年,性活动还会以各种形式保持下去,而且夫妇间相互依赖的亲密感和依恋之情会更强。

第三,双方要注重情感的培植。老年夫妻要想获得满意的性生活和性愉悦,必须着意于夫妻情意的培植。这是因为人老了,身体状况虽不如从前,但性兴趣依然存在,此时,老年人在夫妻性生活中的心理满足应比生理满足更为重要,这就是说,情比欲更重要。所以,老年人的性生活应当重情不重欲,重质不重量。如果把性生活当作例行公事,或者勉强对方来满足自己的要求,这样都不可能达到心身愉快无比的境地。人到老年,夫妻之间更需要情意绵绵,温馨浪漫,比如老两口或经常一起回忆过去甜蜜相爱的岁月;或经常双双步入舞厅,翩翩起舞;或经常一起去影院看爱情电影;或经常去烛光晚餐等,这样自然水到渠成,终得男欢女爱。

第四,要注意外表修饰,提高对对方的性刺激。有些老年人缺少性兴趣,在很大程度上是因为对自己的老伴太过熟悉,觉得毫无新鲜感所致。夫妻双方应该更加注意锻炼身体,保持良好的状态,适当地保养和美容。这不仅对身体健康有好处,还能在很大程度上增强性吸引力。老年夫妻虽然已经共同生活了几十年,但仍然要记得,偶尔动动脑筋,玩玩神秘,在环境、服饰、言语上下下功夫,让老伴感到自己每天似乎都是不同的,从而激发对方的好奇心,提升性兴趣。

  老年人同样可以拥有美好的性爱,只要心中充满爱情,不管你有多老,激情和浪漫都会伴你终身。同时必须注意,房事不能过度,老年纵欲者,大多容易致数病缠身,很少高寿,尤其是患有高血压、冠心病、心功能不全或脑血管疾病者,皆应节制或严格限制房事,以防性生活引发这些疾病。

第九章

儿女孝敬和社会关爱

人到老年

人到老年
应当怎样度过

纵观人的一生，人生的两头——幼年和老年是最需要关怀和照顾的时刻。因为幼年依靠父母添衣喂食，提携捧负，老年则需要儿女问寒问暖，牵挂搀扶。在这一点上，老年和幼年是很相似的，只不过，老年与幼年在社会所受的关注程度大相径庭，所受关爱也相去甚远。无论从家庭还是从社会的角度来看，每个幼儿无一例外是被密切关注的话题。而老年人的境遇，相形之下就要糟糕得多。正在走向人生终点的老年人，为国家、社会和家庭辛苦劳碌了一生，贡献了一生，如今年老力衰，生活自理能力差了，是最需要人们关心和照顾的时候，而且越来越成为需要依赖和仰仗儿女与社会的弱势群体。他们比任何时候都渴望得到儿女的孝顺和社会的关爱。这不仅是老年人最大的心理期盼，也是每个儿女应尽的义务，是全社会共同的责任。

第一节　理应得到儿女亲人的孝敬和关爱

一、老年父母养育之恩需要子女终生报答

（一）人生百善孝为先

中国自古以来就有"百善孝为先"的说法，孝，在众多美好品行当中是最根本的、第一位的。这是因为在人的一生中，父母的关心和爱护是最

真挚、最无私的,父母养育之恩永远也诉说不完:十月怀胎就不用说了,仅从我们咿呀学语开始,到长大成人,至少有十几年的时间,是在父母的保护和关爱之下生活的。在这十几年的时间里,灾病让父母熬过多少个不眠之夜,读书升学费去父母多少心血,立业成家铺垫着父母多少艰辛。我们的父母就是这样把我们从一尺五寸、抓屎抓尿,呕心沥血,一点一点带大,乃至成家立业,仍然牵肠挂肚。真是生也操心,病也操心,冷也操心,热也操心,教也操心,养也操心,婚也操心,嫁也操心,样样操心。要说感恩,这天底下最大的恩,莫过于父母的养育之恩。他们为养育后代吃尽了苦头,受尽了磨难,从孩子一出生就将苦累留给自己,享受让给孩子……这种与生俱来的亲情,是人世间最真挚最纯洁最持久的情感,这种情感是无法用金钱衡量和置换的。

父母给了我们生命,让我们有了游历人生的机会。乌鸦尚有反哺之义,羊有跪乳之恩,爱父母乃是人类诸德之本。一个人如果对自己的父母都不好,那么他的外表再光鲜亮丽,事业再辉煌,社会地位再高,也不过是一个卑劣之人,是一个被社会蔑视之人。俗话说得好:"当官不敬老,不是好领导;子女不敬老,天地都不饶。"每一个有良心的晚辈都不应忘记长辈对自己的养育之恩,应尽己所能地把老人的生活安排得好些,再好些,使老人安度晚年,以此回报白发高堂的养育之恩,怎么孝顺也不过分。

(二)天下最不能等的事情莫过于孝敬父母

在生活中,我们常会听到这样的许愿:等有了钱,我一定孝敬父母;等有了空,我一定多陪陪父母;等忙完这阵子,我一定回去看看父母。然而,人生有三件事不能等:孝老、行善、健身。其中,孝老最不能等。因为在等待中,我们的父母,可能就匆匆地走远了,这就是人们常说的"子欲养而亲不待"。所以,天下最不能等待的事情,莫过于孝敬父母。

人到老年应当怎样度过

首先,切莫等所谓条件好了再尽孝。应该说,在现实生活中,多数子女对父母都是很有孝心的,而且很多小辈都曾在心底许下过尽孝的心愿,比如,等有了大房子,就把老人接过来,让他们享几天清福;等有了钱,再把大把大把的钱塞给父母,让老人家想吃什么就吃什么;等有了好的工作、好的职位、好的成绩时,再与父母一起分享成功和快乐。但光阴易逝,等所谓的条件好时,老人已走完人生旅程,岁月毕竟不等人。民间歌谣值得记取:"人子一日长一日,爹娘一年老一年。劝人行孝当及时,莫许来日行孝愿。等到父母去世后,想要尽孝难上难。纵有美酒佳肴灵前供,爹娘何曾到嘴边。不如活着吃一口,粗茶淡饭也香甜。"由此也清楚告诉我们每个做儿女的,对老人生前的一次尽孝,胜过身后百次扫墓。也正如人间俗话所言:"清明烧纸千万张,不如生前一碗汤;孝子床前一碗水,胜过坟前万堆灰。"

其次,切莫等有了宽裕的时间再尽孝。对于已经长大成人的儿女,大多总是觉得自己孝敬父母的机会还有很多,他们不仅要等有了钱、有了车、有了大房子……更多的情况是,他们总以为眼下工作太忙、任务太重,等以后有了宽裕的时间,再去好好孝顺父母。其实,很多时候我们会抽出时间上网、聊天、看电影、码字、玩游戏、逛街等,只是陪父母就觉得没有空,就觉得可以再等等。特别是每当觉得父母身体还硬朗时,我们总是不紧不慢,认为来日方长,机会多着呢。笔者这一生就有两件最为遗憾而且是永远无法挽回的事,至今只要一想起来就会感到一阵阵钻心的痛。一件事是没有给母亲买一副老花眼镜。我的视力从读书直到退休前一直都保持"1.5"的水平。但过了60岁之后,不知不觉就开始老花了,只好去买老花镜。但每次戴上老花镜,我都会想起母亲。母亲到1994年冬天去世的时候,还在用一副戴了20多年的、因断了一条腿用胶布缠了又缠的破旧老花镜。我不能不心酸,因为母亲一生唯一的爱好就是做鞋,几乎每年都要给我们姐弟三家大大小小做二三十双鞋,可我竟然从没有想过给她买一副老花镜。是买不起吗?不是!是我根本没想到。而我母亲呢,也从不对儿子提任何要求。直到自己也开始变老,也需要戴老花镜的时候,才突然发现,对于一位老者,一副合适的老花镜是多么重要。现在想买,买全世界最好的,可惜晚了,母亲已经用不上了。显然,这样的遗憾只能永远伴随我了。另一件事是,我未曾实现母亲生前的一个心愿。我从小就失去了父亲,是母亲一生守寡,独自一人含辛茹苦养活了我们三个儿女,并把我培养至大学毕业。在母亲还能走动的时候,我正年轻,整天只知道忙工作,从来没有想到带老母亲出去游玩,后来我曾几次打算带母亲回浙江永康老家一趟。母亲和父亲年轻时,一起从永康老家流落到龙游谋生,此后一直未曾回去过。母亲听说我要带她回永康也特有兴致,可是一拖再拖直到1994年底,想不到母亲竟一病不起撒手而去。到那时我才猛醒到,在这个世界上,什么都可以等,只有尽孝不能等。生活中无论是谁,都有可能把某些事情给耽误了,也许还有补救的法子,唯独耽误了尽孝、耽误了实现老人的心愿,是最无法补救的,那将留下挥之不去的追悔。这种追悔会随着年龄的增长而衍变成一种钻心的痛,持久,很持久,可能直到生命的结束。我们往往只有在老人永远离去的时候,才悔恨自己没有尽到孝心,才体会到我们对父母有太多太多无法弥补的愧疚。

所以,我们千万不要总想着来日方长,以为很多事可以慢慢去做,很多人可以慢慢去爱,结果往往是,事情还来不及做已变得毫无意义,人还来不及爱已然没有了机会。来日方长其实是一个最大的谎言,等到失去的那一刻,才蓦然发现,来日方长并不长。

人到老年应当怎样度过

最后，切莫等老人病了再尽孝。家里老人一旦生病了，大多数子女再忙也会放下工作，提着大包小包的营养品急急忙忙来看望父母。但平时老人健康的时候，子女则很少关心老人，总觉得父母还年轻，身体还很好，因而往往容易在夜以继日的忙碌中忽略了父母的存在。唯有父母病重住院了，才会心急火燎地去看望，可惜有时候一切都晚了，因为不少父母就此告别人世，再也不需要任何营养品和儿女们悔之晚矣的所谓"孝心"了。于是，子女们只有痛哭流涕，捶胸顿足，追悔莫及。如有位年轻的创业者，父亲在他3岁时就去世了，母亲一个人靠摆地摊将他拉扯大。他发誓要让母亲过上富足的生活，于是在23岁那年便离家到外打拼，最后，事业倒是做得风生水起，只是想接老母尽孝时，母亲已经得了晚期癌症……

在这个世界上什么事都可以等，唯有尽孝不能等。很多赤诚忠厚的子女，相信来日方长，相信水到渠成，相信必有功成名就、衣锦还乡的那一天，可以从容尽孝。然而，很多时候往往就在我们功不成名不就的时候，父母就离开了人世。而且也总是在父母离开人世的那一刹那，我们才会猛然醒悟：时间是残酷的，人生是短暂的，生命是脆弱的，现实是无情的。千万不要因为公务，因为学习，因为生计，因为赚钱，因为营造自己的小家庭，或其他别的什么原因，而将一次次尽孝的心愿向后推移。特别要提醒的是，千万不要等到父母老得眼花得再也无法辨认我们的笑容，不要等到父母老得耳聋得再也听不到我们的呼唤，不要等到父母老得再也无力抬起手来抚摸我们的额头，更不要等到与父母彼此阴阳两隔的时候，再懊悔不已，到那时就真正为时晚矣。工作没了，可以再找；钱没了，可以再赚；唯有父母没了，就真没了。在尽孝这件事上，"过了这个村，就再也没有那个店"。愿天下的儿女们，不必等待功成名就，衣锦还乡，也不必等到时间充裕，更不要等老人病了时再急急忙忙去尽孝。现在想到什么，就赶紧去做吧，尽孝永远都要趁父母健在！

二、子女应如何孝敬父母

无数事实都证明，人到老年有四怕：一怕贫穷，二怕生病，三怕孤独，四怕子女不孝。当下，在我国有成千上万的老年人生活在"四怕"之中，其中怕子女不孝已成为老年人最大的精神压力。这是因为随着社会的发展，"养儿防老"已越来越不靠谱。不少年轻的儿女，也日益觉得尽孝是个越来越沉重的负担。其理由是：工作忙、压力大，尽孝没时间；收入低、负担重，尽孝没有能力；谋生他乡、远离父母，孝心难表达，等等。其实，尽孝并不要求一定要花多少时间、拿出多少钱去孝敬，更不一定要做出什么惊天动地的大事情去报答。只要每个做儿女的，能真正按照下列要求去做，就一定能成为使老人称心的孝顺儿女。

（一）多给父母好脸色是对父母最大的尊敬和孝道

有一个真实的故事，讲的是一个老板非常有钱，生意做得非常大，很难得回家一趟。他母亲非常想念他，有一次回家，晚上睡觉时突然醒来见老母亲正坐在他床边看着他，他就把母亲训斥了一顿说："你老了老了闲着没事不休息，坐这儿干什么？"实际上他不知道，原来他母亲是想他，是要坐在儿子的床边看一看，感受一下儿子躺在床上的气息。后来，这个母亲心里非常难过，因忍受不了儿子的冷脸训斥，第二天就自杀了。这个悲凉的故事将告诫年轻一代，颜孝是何等重要！

孔子说，孝敬父母最难的是"色难"。所谓"色难"，就是指不给父母脸色看，最难。有人认为，买房子、请保姆、吃大餐、去旅游就是孝顺父母。其实，这是低层面的"孝"。高层面的"孝"，应表现为对父母精神上的敬重和感情上的安慰。也就是说，子女应敬重他们，关心他们的精神生活，不嫌弃，不抱怨，想发脾气时会克制，始终和颜悦色地对待父母。作为儿女，不只能够让父母吃好喝好就是行孝，平时对父母能够有个好脸色、说话有个好语气，就是对父母更重要的行孝。

然而，自古以来，好脸色是最难做到的孝道。虽已历经几千年，小辈对长辈却是依然存在"色难"。尤其是随着独生子女成为家庭的户主，他们一方面要承受社会竞争的压力，另一方面要承担双方老人赡养的重担，于是，"色难"就愈加普遍而严重。比如长辈想跟小辈聊聊天，小辈爱搭不理；长辈偶有小恙，想向小辈述说，小辈很不耐烦；小辈听了长辈的话不顺心，顿时吹胡子瞪眼等。还有不少年轻人，一方面心安理得地享受着父母像佣人一样的周到服务；另一方面觉得父母凡事瞎操心，心中不屑，脸上不敬，和父母说话时动不动摔摔打打，从不正眼看父母，更别提给父母好脸色了。有的子女事业不顺利，很烦躁，在家里也总是发脾气，偶尔还对父母吼上两句。有些子女从小越是被父母宠大，长大后却对父母态度越差。这些子女都有一个通病：在外对朋友、同事都客客气气，回到家就吆五喝六、任性耍横。因为他们从心底觉得，父母生了他们，就得一生为他们负责。如果愿望没有达到，就会埋怨父母无能，甚至对父母产生诸多不满和挑剔，以致常会因一点小事，动辄就呵斥父母："怎么教了你那么多遍你还不会！""你不会就不要乱碰！""怎么这么点小事都做不好？"有的甚至动辄威胁父母："我就不爱回家""你们没有权利管我"，如此等等，使老人伤透了心，更使他们因年老产生的自卑加重，觉得自己没用，活着实在没意思；越来越多的老人在儿女面前，不得不忍气吞声，提心吊胆过日子。

脸色上的难看和精神上的冷落，最容易伤害父母那颗年老脆弱的心，也是最使老人难以忍受的精神痛苦。许多为人子女者，常常犯一个共同的错误，他们总是把最好的脾气给了不相干的人，却把最差的情绪留给了父母；把最愉悦的笑容给了不重要的人，却把冷脸留给了父母；把最多的温声细语留给了不值得的人，却把冷言相对留给了父母。或许因为太熟悉，又或许因为太亲密，他们常常恃宠而骄，忘了感恩与回报。

为什么父母在我们儿女面前变得小心翼翼、唯唯诺诺？为什么父母在我们儿女面前不敢大声说话，总是欲言又止？为什么父母身边发生的琐事不再对我们倾诉？因为我们变了。我们好像变得很厉害，动不动就把父母当佣人一样使唤，稍微不顺心就对父母一通发泄，从来不给他们好脸色看。我们好像变得很有钱，经常出入父母消费不起的场所，抽着父母买不起的烟，吃着父母舍不得吃的美食，用着父母从没见过的奢侈品，然后嘲笑父母是没有见过世面的土包子，和他们没有共同语言。我们好像变得很爱抱怨，抱怨父母没能给自己一个好的经济基础，抱怨他们总是爱唠叨，抱怨他们做的事、说的话总是不合心意。我们所有这些变化的态度，还有那些不经意的小事，往往伤害父母最深。在我们伤害他们无数次之后，终于，他们变成了一个在我们儿女面前小心翼翼的刺猬。

可是，我们凭什么这样对待他们？我们在父母面前有什么好高傲的啊！他们给了我们最宝贵的生命，含辛茹苦地把我们拉扯大，宁愿自己受委屈也要把最好的给我们，我们还要怎么样？世间最悲凉的事情，莫过于白发苍苍之际，却还要在子女面前小心翼翼，还要尽力去照顾他们的情绪。这究竟是意味着什么？意味着在这个世界上，一个人最大的失败，就是毕生付出了自己的全部，却养了一个不懂得感恩的不孝之子。

"色难"难在何处？说到底，难就难在没有一颗感恩的心，难在没有一个谦和的态度。"色难"成了衡量孝心的道德标尺。一个人如果连给父母一张好脸色都做不到，其他的所谓孝德孝行，又有多少是真正发自内心的呢？

随时都给父母好脸色,最能体现一个人的素养。不管什么情况下,都能做到给父母一个好脸色,不是一件容易的事。每天给父母一个"好脸色",关键是对父母要真正有一颗感恩之心,要多想想父母为自己的付出和养育之恩。只要我们做儿女的能真正时时心里装着父母,念着父母恩情,那么无论我们环境顺逆,也无论自己地位有多高、官有多大,在父母面前,都始终会有温和的态度、愉悦的脸色、委婉的声音。因为真正的孝,要有实实在在的心,来不得半点虚假。你的孝心在哪里,你的孝行就在哪里,这些都会反映在你的脸上。即便工作有再多的不如意,每天回家都会从内心对父母发出开心的笑容,从而让父母真正从内心感到快乐、幸福。好脸色,是儿女能给予父母最好的报答。

(二)要以养儿育女之心孝敬父母

每个做父母的都很疼自己的孩子,特别是现在,人们生活水平提高了,年轻人让自己的孩子吃好、穿好、住好未尝不可,但千万不能忘了用同样的心态去孝敬老人。老年人的今天就是年轻人的明天,所以,我们也同样要以养育儿女之心去孝敬父母。

首先,要用养儿育女的那份爱心对待父母。人们常说:母爱博大无私,父爱深沉如山。每一个做父母的,无不对自己的儿女付出过无微不至的关爱,子女的每一点成绩、每一个进步都倾注了父母的心血和汗水。做儿女的要懂得回报父母,用关心、爱护自己孩子的那种心态、那份责任感去对待父母。经常同父母沟通交流,主动为父母排忧解难,心里要总是想着如何使父母过得快乐,活得幸福,真正让他们在一种融洽亲密的家庭氛围中,愉悦地安度晚年。

其次,要用养儿育女的那份耐心对待父母。天下做父母的唯独对自己的子女最有耐心,为了子女的成长、进步,他们殚精竭虑,操心受累,却又无怨无悔。可父母也会随着岁月的流逝,一天一天地变老。特别是到了晚年,由于疾病的缠绕及视力听力的下降,父母的性情会发生很大的变化,稍不如意就会烦躁不安,发牢骚、耍脾气。这时候,做子女的千万不可有嫌弃心理,应当心平气和,耐住性子,设身处地为父母着想。要听得进父母的意见,忍得住父母的埋怨,受得起父母的啰唆,尽量不惹父母生气,切忌冷言相对,顶顶撞撞。如果和父母居住在一起,要接受他们的生活习惯,体验他们的喜恶,尊重他们做出的选择。

最后,要用养儿育女的那份细心对待父母。孝顺父母,并不是一定要给他们多少钱,让他们享受多么高档的物质生活,往往日常生活中一些最琐碎、最简单、最容易做到的小事,更能让父母感到实实在在的满足。所以,做子女的,平时要多留心观察父母的变化,学会揣摩父母的心思,懂得父母的所想、所愿、所盼,并坚持从细节入手,从小事做起,做一些令父母感动的事。如记住为父母过生日,隔一段时间给父母添置一件新衣服、闲暇时与父母聊聊家常,经常为父母买一些可口的食品,适时安排父母外出旅游活动等。为方便老人日常生活,应主动把医院、供水、供电及物业等常用的电话号码罗列在大表上,让老人不用戴老花眼镜就可查询;还有给老人买了药品及保健品时,应将每日用量及次数写大一些贴于药瓶上,以免蚂蚁般的字让父母头痛。如此一些举手之劳的小事,花不了多少钱,费不了多大劲,用不了多少时间,却更能让父母欣喜不已。越是生活细节的小事,越能体现出一个人敬老的品格。一个不懂得从细节上孝顺老人的人,就不可能做到真正孝顺父母、尊重老人。因为年迈的父母是需要用心来爱的。而爱往往是需要通过许多微小的细节来表达的。经常记住有关父母的那些小事,并适时地给他们惊喜和感动,老人才会觉得为子女所做的一切没有白费,他们才会开心满足,才会感到幸福。

总之，老人跟孩子特别像，只要你拿出对待孩子精力的30%或者一半，老人就会觉得非常幸福和快乐。

（三）日常生活中要坚持做到"六多六不"

一是多照料，不抱怨。父母年事已高，行动不便，生活需要照料。特别是得病住院的老人，更离不开儿女的尽心伺候。照料父母本是儿女的义务，是对父母恩情的回报，儿女是不能讲什么的。但儿女也已中年，家庭负担较重。当父母患病需要照顾时，有些儿女便觉得自己太辛苦了，伺候小的，又要照顾老的。这种抱怨情绪有时在父母面前也流露出来，使父母在心理上产生压力，父母会认为拖累了儿女。平心而论，中年的儿女正是事业上的骨干，工作很忙，还要操劳照顾父母，确实累了些。可是，人老了，必然要儿女照料，儿女不应有什么抱怨，即便是累些、苦些，也应当默默承受。与自己小时候父母受的累、吃的苦相比，还是微不足道的。在父母面前应尽心尽力、愉快高兴，才能安抚父母那颗衰老的心。

二是多孝敬，不攀比。对父母尽孝道是每个做儿女的应尽责任。但有的儿女总喜欢攀比，一提孝敬老人，总先看看兄弟姐妹做得如何，干事掏钱都要与兄弟姐妹比一下，总怕自己吃亏。其实，儿女尽孝应各尽所能，不必管别人，只要自己尽了全力孝敬父母，就是尽到了责任。若是攀比，就是一种伪孝。当手足之间的攀比心多了，对父母的孝心就会越来越少。攀比只能损害手足情，伤害父母心。

三是多报答，不索取。儿女对待父母只有报答，无论如何孝敬父母也不过分。可是，有的儿女却别有用心，他们照料父母是为了索取，惦记父母手中的积蓄，还有住房……他们经常探听父母对遗产处理的口气，甚至强迫父母立下对自己有利的遗嘱。有的儿女对有财产的父母表现出热情和关心，而对于穷父母则冷落和疏远。为了索取才照料父母，扭曲了儿女与父母的血肉关系，也玷污了双方的美好情感。

四是多宽慰，不训斥。老人经常会由于记忆力差、反应迟钝、身不由己地做出一些错事闯下祸，比如洗碗忘了关水龙头，炒菜时锅里落了头发却看不到，洗澡时用错了毛巾，流了鼻涕自己却浑然不觉，如此等等。对此，做子女的要心平气和，多说些宽慰的话，千万不能埋怨，更不能训斥，要像小时候父母宽容我们一样，原谅他们所有的"错"。

五是多顺从，不顶撞。对待父母不仅要孝，还要顺，孝顺应以顺为先。在生活中，有些儿女常为一丁点儿小事就跟老人"争理"，甚至当面顶撞老人，以致弄得老人很不高兴。有位名人说过："老人的心与儿童的心是同样脆弱的。"老人在年轻的时候被人顶撞几句，可能全然不放在心里，因为他是朝气蓬勃的强者。而到了老年期，进入了"弱势社会团体"，是否得到别人的尊敬，成了他生存的第一价值。老人受到子女的顶撞后，会感到羞辱、窝火，做儿女的要理解老人的心。和父母和谐相处，意见不同时，要注意讲究方式方法，无论孰是孰非，都不要和父母正面顶撞，尽量顺着老人的意思或根据老人的意愿行事。即使老人说话或做事有失偏颇，只要不是原则问题就不要计较，千万不能硬着来。特别千万不能在亲朋好友面前调侃、顶撞老人，这样最伤老人的自尊心。

六是多报喜，不报忧。人老了，感情变得很脆弱，经不起刺激、打击，他们需平静、欢愉的生活环境。儿女应尽量为父母创造条件，使父母的情绪免受刺激。比如，儿女应多向父母报喜，诸如自己晋升、提薪、获奖及子女学习的进步等，让父母分享喜悦，振奋精神。而让父母担心的事千万别讲，因为他们知道了，只会跟着忧愁，既伤害身体，又解决不了任何问题。

人到老年
应当怎样度过

（四）莫让"常回家看看"变味

亲情是人世间最真挚、最珍贵的情感，年轻人能否常回家看看，也就自然成了衡量儿女是否孝敬老人的重要体现。然而，有的老人却并不太喜欢儿女常回家看看。这主要是因为有些年轻人回家看望老人，从不知道帮助老人干活，也不知道好好地陪老人说说话，他们聚在一起只管自己看电视、玩手机、打牌等，对孩子和家务全然不顾。老人既要管吃喝，又要管孩子。这样的"回家看看"，老人怎能不烦？还有不少儿女"常回家看看"，仅仅是走个形式，买点东西，给点钱，匆匆看望一下吃个饭就走。他们每次回家总是"饭不好人不到，吃完饭人没了"。像这样的"回家看看"，老人能享受到天伦之乐吗？常回家看看之所以重要，是因为那是老人最为渴望的，而看看也不是扔下东西就走，看看也不是带着嫌弃的眼神看一眼，而是要实实在在的陪伴。所以，希望每个儿女从现在开始，将"常回家看看"，实现以下三个转变：

一是变"常回家看看"为"常回家干干"。有的儿女平时工作繁忙，且也比较辛苦，因而每当双休日回家看望老人，往往不会想到给老人干点活，不仅买菜做饭，甚至连照顾孩子，一概不沾手，至于洗碗、打扫卫生就更不愿做了。儿女们每回一次家，爸妈总是要张罗一桌好饭，这对年老的父母来说，可真是重体力劳动啊！孩子走后，家里乱得像杂货铺子，剩下的饭菜扔也不是，留着几天吃不完。老人累得几天缓不过气来，经济上也很难负担，以致不少老年人很怕双休日。因为每次双休日都会使老人劳累过度，轻则腰酸背痛，重则会引发其他疾病。所以，为人子女者，回家看望老人时，绝不能只是"常回家看看"，也应"常回家干干"。老人毕竟年衰体弱，家中许多家务，尤其是一些重活或需要爬高的家务事，已越来越力不从心。所以，年轻人常回家看看，不是到老人家做客，而是应该负起责任，干些家务活，让老人从内心真正感受到晚辈的孝顺、敬老。比如帮助老人洗衣服晒被、打扫房间，陪护看病，或陪着老人去购物等。倘若儿女孙辈到了老人家里，让老人好好歇息，年轻人亲自动手，不仅把老人的住所打扫得干干净净，而且把饭菜做得香甜可口，余下时间与老人促膝谈心，唠唠家常。如此这般，怎能不使老人从内心盼望晚辈们常回家看看？

二是变"常回家看看"为"常回家聊聊"。如今的老人，多数都不为柴米油盐发愁了，他们更需要精神上的享受。他们会有许多这样那样的一些心事和烦恼要向儿女倾诉，需要子女做知心人。因此，"常回家看看"应是常回家聊聊、谈谈、听听、问问、劝劝，而不只是子女"生活的烦恼跟妈妈说说"，这种单向倾诉也应变为让父母把生活的烦恼向子女说说的双向交流。作为子女，回家看看的关键，是要给老人带来快乐，要真正体现出对老人的感情。不单单是"到家"了，便解除了父母对子女的思念，不是父母一见到子女就一切释然了。回家看老人，就得多待在父母身边，多和老人谈谈心、叙叙旧。可有的小两口周末或节假日回到父母家，进屋就掏出手机，各自沉迷于网络世界里，聊微信、刷微博、看球赛、抢红包，情愿和千里之处的人聊得不亦乐乎，也想不起和身旁的父母多说一句话，以致老人虽然有很多心里话想对儿女说，却总是欲言又止，似乎与儿女相距很远。正如有人所说："世界上最遥远的距离，不是天涯海角，而是和父母团聚时，你却在低头玩手机。"所以，回家看老人，最好从一跨家进门就坚决把手机关掉。因为只有关了手机，才能真正拉近与老人的心理距离，才能有更多时间与老人谈心、叙旧、聊家常，同时才能有更多时间给老人做事。比如，一个儿子给父亲剪了脚趾甲，使老人感动不已；一个女儿与母亲同睡一张床在被窝里聊天，使这位母亲久久难忘。回家的时间不长，不仅做事要对父母的心，说话也要说到父母心坎儿上，老人希望你做的、说的，

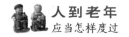

人到老年
应当怎样度过

你做了、说了，便有欢乐。

三是变"常回家看看"为"常接老人出去走走"。近年来，老人过年较多地采用这种新方式，即到小辈家挨个蹓跶。父母看到小辈生活得到了改善，有的买了新房，吃讲营养，住讲宽敞，行讲便当，穿讲花样，比自己的改善更开心。父母在子女家可理直气壮地"吃现成"、"视察视察"，还可游览附近的风景，换一种生活方式，感受一下现代生活的气息。

全天下的儿女们，无论何时回家看父母，少走形式，多珍惜和父母在一起的时间，多陪爸妈说说话，多与他们聊聊天，多扳着手指算算有爹有妈的日子还能有多少，再想想自己还能与年迈的父母见多少次面。不要忘了父母的养育之恩，不要忽略了父母的生命已经进入了人生倒计时，一旦他们无福享受时，留给我们的将是不尽的伤痛。

总之，回家看望老人，不能带着"啃老"的念头，要带着"助老"的愿望，多给老人减轻些负担，多帮老人干些家务，真正时时处处以老人为核心，多做些让老人感到温馨的事，多说些让老人开心的话，这样，回家看望老人才会达到理想的效果。如若以常回家看看为名，行啃老之实，那么，还不如让老人自由自在地过自己的日子，以不打扰老人为好。

（五）尽孝也要与时俱进

古人"父母在，不远游"的老观念，在如今飞速发展的社会中已经难以做到了。现在的子女无法时时刻刻守候在老人身边，无暇照顾老人，以致不少年轻人逐渐开始以独特的行孝方式去关爱父母。目前比较流行的"行孝新方式"有以下几种：

一是送养老机构。把老人送到老年公寓、养老院、托老所去，那儿有老友相伴，有人员服侍，老人不孤单、不寂寞。这与单纯给父母赡养费的意义是不同的，把父母交给专业人员照管，日常生活和医疗有人负责，比较令人放心。

二是请保姆。一部分老年人年龄偏大，体弱多病，生活难以自理。儿女们不可能天天陪在父母身边。于是花钱给父母请保姆，通过保姆的照顾，表示他们对老人的一片孝心。而且老人居家养老，心理上更容易接受。所以为老人请保姆已越来越成为年轻人比较流行的一种行孝新形式。

三是出资送旅游。因工作和经济条件的限制，老人年轻时大部分人没有外出旅游的机会。现在儿女尽孝，要说为老人弥补点什么遗憾的话，外出旅游可能是老人的最大期盼。所以，很多子女通常在父母生日，或比较适宜的季节，为父母操办一次开心的旅游，以此表达自己的孝心。

四是送保健服务。现在有很多子女把定期送父母来做体检作为尽孝的方式。经济发达地区的有些子女还送父母去上海、杭州等地的医养结合的疗养院，既体检又疗养。为长辈买健康保险的方式也很流行。

五是网购式尽孝。不少年轻人因为在异地工作或加班等原因，而常在节日里通过网络服务，给父母发红包或网购礼物、鲜花等方式来尽孝。以致有的父母已不再一心将孩子"拴"在身边，反而希望子女能尽力去闯、去飞，去实现自己的愿望和人生价值。

在这个世界上，父母是唯一尽心付出却不求回报的人，也是最不愿意给子女添麻烦的人。都说，做父母是有有效期的，其实，做儿女又何尝不是？子欲养而亲尚在，是上天给予的最大恩赐。趁父母还健在，多陪陪他们。不要整天只知道在朋友圈说父母在，人生尚有来处，父母去，人生只剩归途。多拿出些实际行动，去做，去实现。

不要总说自己没有时间，真正没时间的不是我们，而是那一天比一天更多老去的父母。他们内心的孤独、对子女的渴盼，以及在那岁月的深处，面对迟暮的恐慌，才是最需要我们抓紧时间去慰藉的。

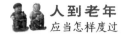
人到老年
应当怎样度过

老人的那一代，远不及现在条件好，但不论怎样，他们依旧呵护我们健康茁壮成长。而今，他们年纪大了，子女不要觉得反正也老了，凡事就给他们凑合。正因为老了，来日并不方长，所以才更应该尽己所能，尽量多给他们创造一些好的生活环境和条件。

少一些玩手机的时间，多给父母嘘寒问暖；少一次聚会的时间，多陪父母说说话。他们想要吃什么，就给他们买点什么，不要舍不得，不要怕花钱，只要老人健康，不生病，他们那点吃喝穿戴，又能花多少钱。有空的时候，也给父母安排一次说走就走的旅行，去他们想去的地方，去看他们想看的风景，完成他们未完成的心愿，满足他们一直想要的渴求。

不要总觉得父母还有健康的体魄，闲暇的时间，就觉得他们还应该为我们做些什么。带孩子，收拾家，这些麻烦的事情我们自己来做。老人已经辛苦了大半辈子了，盼熬了多久，才能熬到如今子女已长成、自己功成身退的光景。他们也需要一点时间为自己而活，他们也需要好好地享受一下自己生命的光彩。不论贡献大小，他们将我们抚育成人就是最大成就。

不要计较父母曾经偏爱了谁，做错了什么，付出了多少。尽孝这件事，不需要任何条件和理由，只管做自己就好。善待老人，就是善待明天的自己。多少年以后你就会发现，善待老人，不光是一种报恩，更是对自己内心的成全。

三、老年人怎样才能让儿女更孝敬

孝敬父母是我们中华民族的优良传统。孝不仅是人们年老之后的精神支柱，更是许多人相互炫耀的一种资本，同时也是老人之间家长里短的重要话题，他们赞的是儿女的孝顺，怨的也是儿女的不孝。谁家的孩子若对父母的孝顺有加，这些老人不仅笑容常在，就连说话口气也会硬气许多；

谁家的儿女若对老年人不敬，不仅老人自己心情抑郁，甚至连周围的邻居也会对此议论纷纷。正如有人所说："幸福老年人的喜剧有一半是由儿女导演的，而不幸福老年人的悲剧则有一半是由儿女酿成的。"可见，老年人对于儿女的孝与不孝是极为看重的。那么，作为年老的父母，应怎样才能让儿女更孝敬？

(一)要正确对待儿女的孝与不孝

有些老年人常常感到晚辈不孝敬，终日气不顺，心不安。其实，关于子女孝与不孝的问题，并不是一两句话就能说得清楚的。这当中，晚辈有晚辈的难处，老人也有老人的苦衷。在许多情况下，有些老年人心中认定的不孝行为，有时往往并非儿女真的存有不孝之心。在很多老年人的心目中，孝敬就是关心照顾自己，并尽量抽时间陪伴自己。但有的年轻人却认为，行孝不一定要放在嘴上，更不一定要日日有所表示。父母要正确看待儿女的孝与不孝，要区别不同情况对待。比如有些子女由于受经济条件限制，不是不想行孝，而是确实没有能力。因此，衡量是否孝顺的标准，不应只看子女能满足老人多少物质需求，而应看子女是否对老人有一颗真正孝顺的心。如果子女在拮据的生活条件下，还能在各方面尽心照顾老人，老人就应知足；如果老人身在福中不知福，盲目与人攀比，那么与子女的感情就会慢慢疏远。还有的老人要求子女什么都要顺从自己，甚至插手安排子女的生活，一旦子女没有遵从自己的意愿，便指责子女不孝。其实，孝敬父母不一定就是要严格执行父母的安排，儿女有儿女自己的选择，只要他们的选择是正确合理的，父母不仅不应指责儿女不孝，而且应该表示支持。

子女对父母的孝顺是多种多样的，子女的孝顺与否，标准也不应该是统一的。老年人应以豁达的心胸，对待子女的孝顺问题。终究，孝顺只是一种美好的奢望，可遇不可求。有，则是你的福分；无，亦不怨不嗔，泰然处之。养老还是要靠自己，做父母的，千万不要抱着靠子女的想法过活。总之，老年人要时刻提醒自己："孝"不大喜，"不孝"亦不大悲。

（二）要学会对子女表达感激和赞扬

子女对老人孝顺是一种义务，老人在接受的同时，也要学会表达自己的感激。子女对老人的孝顺和照顾，如果长期得不到回应，那么也不会持续太久。家庭成员虽有长晚辈之分，但在人格上应该是互相平等的，父母要学会尊重儿女的各种权利，也要学会尊重子女对自己的孝敬。大部分老人心里多少有一个误区，总认为"我把你一把尿一把屎拉扯大，你现在孝敬我是天经地义的事情"，以致有的老人整日把曾经养育子女的艰辛挂在嘴边，有的甚至要求子女什么都要顺从自己，一旦子女没有听从自己的意愿，便指责子女没良心、不孝顺。这样势必会引起子女产生反感情绪。儿女对自己好，应该真诚地说一声谢谢，不仅能让父母子女的关系更加平等和谐，也能让儿女更加孝敬自己。

老人要想孩子孝敬你，还得学会对孩子的孝敬行为多夸奖、多鼓励。只要是儿女的孝心，比如你生日给你买的新衣服，即使不合你的心意，你也要表示高兴开心，而且逢人就夸，那样儿女就会产生心理上的满足感和幸福感，买衣服的积极性就会更持久。儿女偶然做事不周到，也不要随意批评指责，更不要动不动在子女面前，夸别人的儿女是多么孝顺，埋怨贬低自家儿女做得如何不够。这样很容易伤害儿女对父母的感情，更会影响儿女孝敬父母的积极性。老年人一定要懂得这样一个道理："在某种程度上，孝顺不是骂出来的，而是夸出来的。"

（三）父母是子女的第一榜样

子女对待父母的态度，直接受父母对待长辈态度的影响，父母的榜样对子女的影响是很大的。有不少父母，自己对自己的父母不孝敬，在自己父母年迈生病时不好好照顾，自己的子女又怎么会懂得孝敬呢？孝敬父母不是简单的命令和口号，而是要让孩子从日常生活中一点一滴学习的。要想让自己的儿女孝敬，首先自己要做孝敬的儿女。休假日要尽量带上孩子去看望老人，帮老人做些家务，经常和老人共聚同乐，尽一份子女应尽的责任和义务。如此日长时久，孩子耳濡目染，潜移默化，也会逐渐养成尊敬长辈、孝敬父母的好习惯。

（四）让儿女了解父母为家庭作出的贡献

中国的父母宁愿让自己吃苦受累，也要让儿女过上舒适的生活，这种心情可以理解，但是这种对儿女的过度疼爱和呵护，会使子女体会不到父母的艰辛和付出，他们会觉得父母给孩子吃好、穿好、用好是理所当然的，这样的儿女又怎能会孝敬自己的父母呢？所以，从子女小时候开始，父母就应该有意识地把自己的工作和收入情况告诉子女，让子女知道自己的辛劳，这样他们就会懂得珍惜父母的劳动成果，也会从心底里感激父母。

同时，身为父母也不要把养育之恩看得过重。如果整天想着我如何含辛茹苦，对子女恩重如山，这样的父母如同投资商一样，把亲子关系看得像是金钱借贷关系，也得不到晚辈的推崇和尊敬。做父母的尽管为儿女付出了很多，但不要指望回报。古往今来，父母对子女的爱与子女对父母的爱，从来都是不成比例的。儿女总是亏欠父母的，代代流传至今，而这恰恰是一种哺育的美德，并非晚年的缺憾。所以，如果儿女不够孝顺，我们要尽力劝说自己，不必因此过于伤心难过，把要求儿女回报自己的心看轻一些，看淡一些。老话说"父慈子孝"，"父慈"是永恒的，"子孝"却有不确定性。儿女对你孝顺，则乐享天伦；若儿女不够孝顺，我们亦不强求。不是你养育了他，他就一定会孝敬你的。如果太看重养育之恩，也许会导

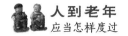

致希望越大,失望越大。最好的办法是提前做好靠自己养老的规划。

(五)不要总为自己的晚年和后事担心

很多老人总担心自己的晚年和后事,平时常念叨"我老了你们肯定会嫌弃我""我以后老得走不动了,你们要是对我不孝敬……"等等。这些话在老人看来,只是说出自己心里的担忧和想法而已,但对儿女来说却是另一番感受,有的儿女会觉得父母是在暗示自己不孝顺,有的儿女则不愿听父母安排后事之类消极的话。老人如果经常这样念叨,势必会使两代人之间产生隔阂。事实上,如果是孝顺的子女,自然会尽心尽力为父母安排好晚年和后事,如果不孝顺,再怎么唠叨也不能让他们变得更孝顺。老人应该看开一点,过好当下的每一天。至于死后的事情,自己无法掌控,就不要过于担忧,子女们怎么安排随他们去吧。

第二节　更需要精神赡养

过去,说起孝敬老人,会认为让老人吃饱穿暖,晚辈就尽到了孝心。可现在,许多老年人衣食无忧,却依然郁郁寡欢。这主要是因为,生活条件逐渐富裕了,老年人缺的不是金钱和物质,他们更渴望精神的关爱和慰藉。于是养老的一个深层次问题——精神赡养,越来越引起人们的重视和关注。

一、养老,呼唤精神赡养

(一)什么是精神赡养

所谓"精神赡养",是指关注老年人心理和精神上的需求,并尽量给予慰藉和满足。精神赡养还应包括不准对老人制造精神痛苦或精神虐待。比如在言语、行为上不伤害老人、不限制老人生活自由和人身自由。老人再婚、找伴侣、交朋友，参加文艺体育活动，以及对其他精神生活的追求，都不能进行限制。总之，精神赡养的范围很广，一切事关老年人精神愉悦与否的赡养内容和方式，都应属精神赡养范围。

精神赡养是从中华传统孝道文化中发展而来。那么，老年人在精神方面的需求到底有哪些？主要包含以下三个方面：

一是自尊的需求，这是老年人精神赡养的基本需求。就是要求社会及子女给老人以人格尊重，老年人有自主决策的权利，诸如再婚、去公共机构养老等的权利，子女干涉老人再婚实际就是损害了老年人的尊严。老年人有自己的生活方式、思维习惯和选择的权利，在通常情况下都应该受到晚辈的尊重。

二是期待的需求。即老年人期待子女事业有成、生活幸福。对父母来说，自己好不算好，儿女好才是好。儿女的平安、健康和幸福，对老年父母的精神世界，是极大的心理安慰。因此，儿女生活美满、事业有成，实际上构成了对老年父母高层次的精神赡养。

三是亲情的需求。就是要求子女给父母以情感慰藉，满足老年人对家庭亲情、天伦之乐的心理需求。苦闷时的慰藉、孤独时的交流、精神上的寄托，是对老年人的直接关怀。亲情对老年人的生活质量、生命质量产生重大影响。

(二) 尽孝更需重精神

如今大多数子女对老人物质上的赡养都容易做到，要钱给钱，要啥都能得到满足，生活上的照料一般也能履行，可在精神上的慰藉就很少有人做到了。如今的年轻人即使和老人生活在一起，通常都以工作繁忙为由，很少去陪老人散心、娱乐，有的嫌老人背时落伍，不愿与老人交谈、聊天；

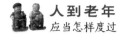
人到老年
应当怎样度过

而长年在外工作的,往往难得回家看望年迈的父母,以致忽视了对老人的精神赡养。其实,许多年轻人并不知道,老年人更需要的是精神慰藉。许多老人都有退休金等固定收入,生活上本来就不成问题。老人们要儿女们孝顺,并不是图他们多少物质上的回报,而是渴望孩子们能真心想着他们。他们心里想的、盼的,就是能经常和儿女们在一起说说话、聊聊天,吃吃饭,这种儿女亲情比什么都可贵。有了亲情,粗茶淡饭也香甜。所以,老人们多数时候,并不需要儿女为他们买新衣、买补品等,只要儿女百忙之中想到给他们打个电话,问候一下,哪怕随便聊聊,有时甚至哪怕只是一句话,都能让老人心情舒畅好几天。这种精神上的愉悦,比给老人任何好吃的东西都更重要,是任何物质赡养不能取代的。有时候给老人多点精神关怀,往往比多给他们一些钱,更能让他们高兴。

传统孝道也历来强调,孝敬老人,基础在养,重点在敬。养是物质上的保障,敬是精神上的慰藉,只有养敬兼备,才算是真正的孝道。所以,早在几千年以前,孔子就曾说过:"今之孝者,是谓能养,至于犬马,皆能有养。不敬,何以别乎?"意思是说,只对老人提供物质供养,而没有精神和感情的投入,那人和动物就没有什么区别了。可见先贤圣人早就指明,只养不敬非孝也,既养且敬才是孝。我们现代年轻的儿女们更应懂得尽孝更需重精神的道理,绝不能认为给点钱、给点物就算尽了孝道。我们不仅要让老人老有所养,老有所依,更要让老人老有所乐,老有所敬,才算是真正意义上的孝顺。

(三)精神赡养也是儿女应尽的义务

赡养老人是每个做子女或晚辈应尽的义务和责任。然而,很多年轻人对这一义务和责任的理解,往往只限于对老人物质保障和生活照顾方面,仅把满足老人衣食住行当作"赡养"的全部,而未能把对父母或长辈的精神安慰、敬爱尊重列入赡养的重要内容，以致很多年轻人总是理直气壮地认为，只要给父母拿了钱，支付了赡养费，就算尽到了赡养义务。其实，给父母钱，并尽量让老人吃好、喝好、住得舒服，这的确也是尽孝的一个重要方面，但仅仅做到这些是不够的，因为老年人精神上的需求，往往不是靠物质给予所能满足的。物质赡养并不能代替精神赡养。如果没有精神安慰和情感交流，赡养费给再多也显得苍白寡义。比如，有的子女，虽然给老人提供生活费，却不愿回家探望父母，即使回来了也不着家，这种用金钱代替亲情的态度，怎能让父母感到幸福？有的儿女给了老人生活费，但几乎不让老人进自己家门，老人天长日久过着孤单的生活，甚至被剥夺了看望孙辈的权利，这样的儿女能说是尽到了赡养义务吗？

《中华人民共和国老年人权益保障法》明确规定：赡养人应当履行对老年人经济上供养、生活上照料和精神上慰藉的义务。这就明确把赡养人对老年人"精神慰藉"正式纳入了法律范畴。由此可见，通常说的赡养，本身就包含着精神赡养的内容，只是往往被忽视罢了。所以，精神赡养也是每个儿女应尽的责任，赡养老人，不仅要定期给予物质上的供养，更重要的是，还要经常给予老人精神上的慰藉，使他们在精神上得到满足和快乐，这才是现代社会道德发展新趋势中真正的孝道。

二、精神赡养是老年人普遍的迫切要求

老年人之所以需要精神上的关爱，不仅在于他们作为"人"而需要关怀，更在于他们步入晚年而在心理上有更多的精神渴望。人到老年，既是思想上最成熟的时候，也是心理上最脆弱的时候；既有荣誉感，也容易有自卑感；既有宁静感，也容易有孤独感；既有恋子之情，也容易有厌世之心。

人到老年
应当怎样度过

在这种情况下，比衣食住行更重要的是精神的慰藉。对此，我们应予以足够的重视。

（一）渴求情感关爱是老年人心理特点决定的

人到老年，不仅身体生理机能会出现衰老、退化，而且心理素质也会逐渐变差。比如，老年人退休以后，由社会角色为主转变为以家庭角色为主，一些人就难以适应退休这种"突变"，感到自己被社会遗弃，产生老而无用的自卑感。有些老年人由于缺乏个人的兴趣爱好或与儿女分居，每天不知道如何打发时光，因无聊而备感孤独寂寞，生活乏味，甚至觉得活着没啥意思。有些老年人受到慢性疾病的折磨，对死亡感到恐惧，天天心惊胆战，郁郁寡欢。还有些老年人受到丧偶或"白发人送黑发人"等精神打击，对生活丧失信心，有的发生精神障碍，甚至出现抑郁及自杀倾向。

随着空巢家庭不断增多，老年人与子女相聚机会越来越少，在情感上也变得越来越脆弱。特别是中国人根深蒂固的"养儿防老"心理，使老年人尤为渴望得到儿女更多的温情，以驱散内心的寂寞，求得精神的充实，实现心境的宁和，享受生命的快乐。所以，从心理学角度说，老年人比年轻人更渴望情感关爱，更企盼心灵慰藉，说到底，更需要来自儿女、亲人和社会的精神赡养。

（二）渴求亲情慰藉是老年人对晚年幸福的理性追求

人老了，总是希望自己能有一个真正幸福的晚年。那么什么才算是晚年的真正幸福呢？据一项"老年人幸福度"的调查，有一个孝顺的子女在身边，是老年人晚年幸福的首要条件。平时，老年人最羡慕的、在一起经常"攀比"的，不是住得有多好、有多少积蓄，更不是孩子有没有挣大钱，而是孩子多长时间来看望自己一次，这是衡量老年人晚年生活是否幸福的"重要指标"之一。一般情况下，老人身边经常有子女嘘寒问暖，关怀备至，就会从内心感到自己晚年生活幸福平和；反之，老人身边没有子女关心，或者子女很少前来探望，就会感到孤独、凄苦，其衰老的速度就会大大高于同龄老人；至于那些被子女视为累赘的老人，已是了无生趣，对生活失去了信心，感到活着没有任何意义，晚年生活的幸福更是无从谈起。由此可见，"亲情慰藉"，对于老年人晚年生活及其身心健康的影响是极大的。

美国心理学家摩根曾对纽约的退休老人做过调查，发现经常得到子女及晚辈安慰、体贴的老人，要比那些与子女关系不融洽、得不到关心爱护的老人寿命长达10～15年。摩根认为，凡是子女或晚辈经常给予宽慰、体贴，家庭关系融洽者，老人有更多的幸福感。这种幸福感，对老人延年益寿大有裨益。因此，每个做晚辈的不仅应从生活上、更要从精神上多关心老人、尊重老人。只要有儿女的身影经常在老人面前晃动，只要有儿女的话语经常在老人耳边响起，老人们的情感就不寂寞，内心就感到充实，晚年生活自然就会感到幸福。

（三）渴求精神快乐是老年人丰富晚年精神生活的需要

据有关调查显示，近40%的老人在经济上有积余，物质生活水平和受教育程度较高，如果社会给予支持，能够为老年人提供展示风采、发挥潜能的舞台，那么他们就会走出狭窄的生活圈子，跟上时代的步伐，成为社会人。他们的生活不再满足于看电视、打麻将这些简单枯燥的生活，而是积极主动走出家门，参与开放的活动，追求更加高雅有情趣的，融娱乐性、知识性和自身身心健康发展为一体的文化活动，把晚年生活营造得更加丰富多彩，更有品位，从中老人们也更能展示自己的才华和体现人生新的价值。

人到老年，是人生旅程中的最后驿站。蛰居在最后驿站中的老人，不仅需要物质享用，更需要精神享受，尤其不可缺少精神抚慰及感情交流。

一方面，老年人需要"接受"安慰、体贴、同情、鼓励、关爱，甚至是激励；另一方面，老年人还需要"表达"意见、建议、希望、见解，甚至是发泄。老年人与他人交流中的这些心灵碰撞，会闪烁出夕阳生命的璀璨火花。老年人可以从获得的心理满足中，丰富生活内容，乃至提高生命质量。可以毫不夸张地说，精神慰藉在老年人的心灵深处，可以转化成一种希望、向往、信心和力量，甚至是发掘晚年幸福的源泉。倘若老年人离开了精神关爱，尽管物质生活有再多的安逸，结局仍然无异于生活在空虚、孤寂与无聊之中，那是何等可怕的晚景啊！

三、老年人精神赡养存在的问题及原因

（一）老年人精神赡养状况堪忧

自 2011 年新修订的《老年人权益保障法》颁布以来，老年人的精神赡养问题已逐步引起社会的关注。但是由于多种原因，目前城乡有老人的家庭中，至少有八成以上家庭对老年人的精神赡养状况不尽如人意。

一是子女对老年人的精神慰藉、情感关怀普遍严重缺失。一则调查表明，80% 的老人希望分开居住的子女，能经常来看望自己。即使和子女同住的，也有 43% 的老人希望子女多和自己进行情感交流，能够多说说话。但现实情况是，有关调查显示，大约只有 40% 的儿女，能够每周去看望父母；多数儿女只是在逢年过节或是老人生日的时候才回来探望父母，还有极少数一年也不回一次家，甚至连个电话都没有。更多的儿女对老人只要给了赡养费，其他一切就都不闻不问，无视他们的存在，更不愿与他们交流。有的尽管与父母同住一个院落，一年也说不上几句话。据有关抽样调查结果显示，子女与老人不交谈的占 23.26%，较少交谈的占 40.39%，而经常交谈的仅占 35.81%。由于缺乏精神关爱和情感交流，不少老人在孤独、

寂寞和无聊中度日如年。难怪有些老人虽然吃穿不愁,但并不感到活得开心,有的甚至不愿活得太长。正如一位80岁的老奶奶所说:"现在的孩子不像以前的孩子,从他们身上已感觉不到温暖。"

农村地区老人精神遗弃情况更为严重。由于子女大多长年外出打工,老人在家中更觉孤单,平时经常看到只有祖孙一起生活。家中不仅有孩子父母亲的缺席,也有老年人子女赡养的缺席。据有关调查资料显示,在农村,靠子女供养的老人达86%,其中九成以上子女对父母缺乏精神关爱。这些老人中,在基本丧失劳动能力和生活自理能力后,因儿女的嫌弃和拒绝,被迫独居的比例高达80%以上,其中52%的儿女对父母感情"麻木"。这些数据从另一个角度揭示了一个事实,那就是老年人与子女之间的代际关系呈现感情淡化的趋势,这表明农村家庭对老年人的"精神赡养"状况不尽如人意,甚至每况愈下。

随着社会的发展和家庭结构的变化,无论是农村还是城市,空巢现象也越来越严峻。据相关数据显示,目前我国空巢老人人数已突破1亿,而且还在显著增长趋势,以致大多数老人的晚年只能同配偶居住或独居。长期独居的空巢老人普遍都有明显的孤独感、失落感和社会疏离感,有的对生活失去希望,失去信心,有的由于常年缺乏亲情温暖,不仅生病没有人照顾,甚至死了也无人知晓。据报载,上海市杨浦区一位年逾八旬的空巢老人在家猝死多日,最先发现的不是其家人,也不是左邻右舍,而是一条曾得到过老人救济的流浪狗。2017年8月20日,安徽芜湖某小区一对退休教师在家中意外身亡,数日后才被邻居发现。据悉,老夫妻有儿有女。"空巢悲剧"频发,折射出亲情的冷漠,孝道的迷失。

更有少数家庭出现虐老、弃老现象。有些子女嫌弃老人,宁愿给老人赡养费,也不愿和老人生活在一起。有的子女甚至不经老人同意,擅自将不愿离家的老人送到养老院。特别是对那些患有痴呆症、瘫痪症等失能或半失能老人，子女们更是宁愿花钱，不愿出力，千方百计把老人拒之门外。

二是尊老普遍不足。如今社会生活中普遍存在"爱小过分，尊老不足"的现象。在许多年轻人家庭里，凡是"小"的几乎都成了家中的"小皇帝"，什么好吃、好玩的，首先都要让给"小皇帝"，而"老的"无不成为家中的包袱和累赘。在许多家庭，尤其是农村家庭中普遍存在的情况是，吃的最差的是老人，穿的最破的是老人，小、矮、偏、旧房里住的是老人，家庭中最没有地位的也多是老人。家中无论大事小事都不愿老人参与，甚至千方百计避开老人，以致很多老人都会陷入这样的苦恼中："现在孩子们翅膀硬了，再也用不着我们了，做什么事情问都不问一下，他们就擅自决定了。"

三是不关心老人的情感生活。现在尽管物质和文化生活都有了显著改善，但这并不能取代老年夫妻相依为伴，彼此宽慰的生活方式。有不少家庭常因赡养问题，人为地将老人分开供养；或者将父母一方接来照看孙辈，使得老年夫妻一个在城里，一个在乡下，一个在村东，一个在村西，过着老来分居的生活。这对相依相伴几十载老年夫妻的深厚情感，不能不是一个沉重打击。许多分居的老年夫妻内心都是有苦难言。

四是"精神赡养"维权案例日益增多。正是由于精神关爱严重缺失，以致老人状告子女没有尽到精神赡养义务的案例越来越多。提出精神赡养诉讼请求的老人中，大多是身边无共同居住的子女陪伴，甚感孤独。如江苏海安县有位80多岁的老人，他有两个儿子，都已成家立业。每个月两儿子都会按时给老人数百元的生活费，使其经济上并不困难。可是，物质上的优越并不能消除老人精神上的空虚。他和老伴虽然住得离儿子家很近，却经常见不到儿子的面。原来，其中一个儿子常年在外打工，一年到头难得回家几天；而另一个儿子虽然在本地工作，但每天都是早出晚归，以致平时老人很少见到儿子，常年没有和儿子聊天谈心的机会。开始，老两口因太感孤独，多次对两儿子说："我们很想你们俩兄弟能多回家看看我们，我们的要求并不高。"但每次都被儿子以工作忙为由推脱了。后来，老人又试过给儿子打电话，但由于他长期找不到人倾诉，每次电话总要絮絮叨叨地说上一个多钟头，以致两个儿子接了几次电话以后，怕耽误工作就再也不敢接了。由于实在难以忍受"空巢"寂寞的老两口，思来想去，最终不得不将两个儿子告上了法庭，请求法院判令两个儿子要尽到"精神赡养"的义务。老人说，走法律程序实在是迫不得已。刚被父母起诉到法院时，两个儿子觉得老爸、老妈不缺钱、不愁吃，不明白为啥要起诉自己。直到他们受到法院的调解批评后才意识到，虽然他们在经济上对老人的关心是足够的，但不该忽略了老人的亲情需求。近年来，类似有关老人因"精神赡养"状告子女的案例不胜枚举。

　　五是精神虐待事件时有发生。在赡养老人时，有的子女不仅不关心老人的情感需求，甚至还在精神上冷落虐待老人。有一对老年夫妻星期天坐公交车去儿子家看孙子，一进门，儿媳就阴着脸怪声怪气地嚷道："来得真是时候，我刚买了烤鸭。"不等二老坐定，儿媳妇把烤鸭重重往饭桌上一放说："吃啊，吃啊，烤鸭也涨价了。"可以想象，老两口这顿饭是如何吃下的。还有些子女，关心老人竟不如关心自己养的宠物。曾有一位母亲在网上发帖称，很想做儿子家的一条狗，原因是：儿子平时工作再忙，可从不忘给狗补充营养，不忘给狗买漂亮的花衣裳，而面对农村贫穷老家，常年吃炖白菜、穿着打补丁衣服的老父母，从来不问不管。儿子常牵着狗去公园散步，却从不曾带年迈的父母去游玩。所以，这位母亲幻想着有一天能成为儿子家的狗，就可常跟着儿子去散步，那有多风光。帖子一出，让很多人潸然泪下，无地自容。网友纷纷谴责这位让母亲如此辛酸的儿子，平时连狗都管吃管喝，管穿管玩，却对自己的年老父母什么都不管，难怪老人竟会生出"想去做儿子家一条狗"的悲凉心境！

老人"遭受"精神遗弃的后果十分严重，最为明显的是，由于缺乏精神关爱，老人极易引发心理疾病。调查显示，老人中约有70%的心理疾病，是长期缺少精神关爱所导致的。更为严重的是，不少老年人因长期缺乏儿女亲情，失去生活的信心，过早地走完了人生之路。有位75岁的老人，有5个子女，在物质赡养方面很令周围人羡慕。但自老伴离世后，老人长期独处而抑郁成疾，竟从自家的四楼跳下，不治身亡。可见缺少精神关爱的老人，再好的物质赡养也弥补不了其内心难言的痛苦与孤独。

（二）老年人精神赡养问题凸显的原因

第一，"代沟"是精神赡养的心理障碍。两代人所处的时代不同，受教育程度不同，以致在日常相处中，往往容易产生思想上、理解上和习惯上的差距。这些差距的存在，必然会产生隔膜，从而影响了两代人的正常交流，甚至还会堵死"精神赡养"的感情通道。另外，精神赡养相对难以量化，同时，精神赡养涉及子女在时间、精力、情感上的付出，相比物质经济上的赡养，需要更多考虑时间成本、机会成本，因而容易使年轻人忽视隐藏在老年人物质需求背后深层次的精神需求。除此，子女的孝顺程度、子女的异地就业或学习等，都会对老年人的精神赡养带来很大影响。

第二，家庭结构的变化。随着工业化、城市化的发展和城镇居民住房条件的改善，无论是农村还是城市，其家庭结构已发生了质变，三代同堂的现象越来越少，老人独居越来越成为普遍的现象。这势必造成老年人与子女面对面交流时间减少，更多的时候，只能靠老年夫妻相依相伴，来满足情感上的慰藉。无配偶的独居老人，精神情感需求得不到满足的情况势必更为严重。

第三，老人在儿女的情感世界中日益边缘化。人们常说，儿女小时候父母在他们心中是第一位的；长大建立了小家庭，父母就降到第二位；有了孩子，父母可能就降到了第三位。这虽是笑谈，但却带有普遍性。特别是随着生活节奏不断加快，年轻人要生存、要竞争，忙了工作忙孩子，再忙小家庭，到老人这里根本就没有时间了。尤其是随着对幼儿教育的日益重视，很多子女几乎把所有的爱和精力，都倾注到培养新一代身上，忽视了对老年人的情感投入，致使老人在子女的情感世界中越来越处于边缘化位置。儿女们每天忙完工作后，一回家便和妻子（丈夫）孩子待在一起，很少与老人交谈，老人能不深感寂寞孤独之苦吗？

第四，社会对老人精神赡养的关注度不够。现代社会特别是现代城市社会是陌生人的社会，又是年轻人主导的社会，对老年人的精神关爱是相对不足的。人们对老年人的关注普遍仅限于物质上的供给，而忽略了精神上的慰藉。尤其是随着社会化养老体系的建立，如何体现"社会精神赡养"，让老年人有一个物质和精神都愉悦的环境，是做得很不够的。我国《老年人权益保障法》明确规定，家庭成员应当关心老年人的精神需求，不得忽视、冷落老年人。同时还把"常回家看看"正式写入法律。但精神赡养义务毕竟不同于物质赡养义务，由于这方面的法律法规还不够完善，约束力不够强，以致解决老年人精神慰藉问题的强制力，还不足以形成大规模的社会影响力；而且道德的约束力也往往受到很多非道德因素的制约。因此，对老年人精神赡养问题的解决仅靠立法还远远不够，还应加强社会的舆论引导、道德教育和监督，营造良好的"尊老、爱老、护老、助老"的社会氛围，同时需要政府与社会多方面配合和支持，以解决日益严峻的养老难问题。总之，当全社会都真正重视老人、珍视老人、关爱老人的时候，老人的精神赡养问题才会真正有所改善。

四、如何做好老年人的精神赡养

要做好对老年人的精神赡养并不难，最根本的是要端正认识，因为精神赡养更多是靠子女的自觉性。虽然《老年人权益保障法》对老年人精神赡养工作已有了明确规定，但如果子女缺乏自觉性，即使有法律约束，仍然达不到精神赡养的目的。必须从思想上真正提高对精神赡养重要性的认识，这是做好老年人精神赡养的重要前提。除此之外，还须注意做好以下几个方面工作：

（一）要尽力满足老年人对骨肉亲情的渴望

在物质赡养得到基本保障的条件下，亲情是对老人最大的精神安慰。俗话说：不怕缺金少银，就怕骨肉不亲。任何金钱上的补偿，都代替不了儿女亲情。满足老年人对亲情的渴望，应注意以下三个方面：

一是要尽量多陪伴老人，多与老人说说话、聊聊天。由于生活习惯、年龄差异、工作压力等各方面的原因，使老年人与子女之间交流、陪伴的机会越来越少。据调查发现，近五成的老年人认为，子女陪伴的缺失是养老的最大问题。因此，作为儿女应尽力满足老人这方面的需求。尤其是不在一起居住的儿女，只要有机会，应常回家看一看、问一问、听一听，多和老人说说话、聊聊天、拉拉家常。尤其是要真正心贴心地和老人多交流、多沟通，把工作上的事和老父亲说说，把生活上的事和老母亲谈谈，向他们取取经，征求一下意见。这不仅使自己受益匪浅，还可以使老人感觉自己还有用，不是孩子们的负担，而是孩子们的靠山，因而会使老人越活越自信。同时还需常常耐心倾听老人回顾往事、聊聊得意事、诉诉烦心事，尽量让他们把话说够、说透、说完，不拦话、不抬杠，对他们得意的岁月多称赞，对他们伤心的往事多安慰，对他们留下的遗憾多弥补。真正成为老人的知心人、贴心人、暖心人，让老人受到感情上的尊重和精神上的慰藉，老人则可越活越舒心。

二是要经常带隔代小辈一起看望老人。含饴弄孙，是老年人生活中的幸福和乐趣。有的孙辈长久不和祖辈生活在一起，以致对自己的爷爷奶奶很生疏。而在老人的眼中，孙子孙女永远是自己的至亲至爱。老人渴望能关爱孙辈，渴望能跟他们有更多沟通交流。因此，作为中间一代，应尽量利用节假日、双休日，多带孩子回家看看双方老人，多与老人一起聚聚，吃吃饭。当老人与儿孙们围在一起时，就会觉得非常快乐，并从中感受到众星捧月的精神享受和儿孙绕膝的天伦之乐。尤其是当老人看到孙辈们个个活泼可爱、天真烂漫时，烦恼会一扫而光，情趣也会倍增。

三是要经常主动向老人告之自己在外的信息。子女在外长期毫无音讯，老人会魂系梦牵，甚至会心理不安。子女们应随时告诉老人自己的行动信息，特别是在外地工作的子女，要常发短信、常打电话，经常主动把自己的生活、工作、社交等情况告诉老人，以免老人思念，增添不必要的心理负担，造成不正常的家庭气氛。

亲情的温暖，无可替代，金钱难买。物质上的再富有，也难以消除亲情淡漠的无奈和遗憾。往往一声子女亲切的问候，一条儿孙真诚的短信，一顿与父母欢聚的团圆饭，就能温暖老人的心，滋润老人的心田。儿女们千万要重视并努力满足老人的亲情需求。

（二）让老人事事处处感受尊严

对于老人的精神赡养，其最核心的就是事事处处都要体现出对老人的尊重，让老人觉得自己的人生还有价值，生活还有意义。

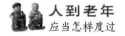

人到老年
应当怎样度过

一是尊重老人独立自主的权利。老人有自主决策的权利，诸如再婚、去机构养老，也有享受闲暇时间的权利，有进行社交、娱乐的权利，有不断学习、继续进步、发挥余热的权利，而不是应该成天围着锅台转，做孙辈的保姆，甚至是孙辈的陪读和玩伴。子女对老人的生活、工作、学习、休闲等方面，均不得任意干涉，尤其如再婚、养老方式的选择，必须由老人自行做主。

一个不断进步的社会，应该事事处处都要给老年人更多自主选择的机会和权利。在这个过程中，我们要做的就是给予老年人足够的尊重。真正的尊重，不是自以为是地把自己的意愿强加给他们，而是用心去倾听和了解老人的真实想法。让老人保持生活的自主性，这才能有益于老年人的身心健康，让老人有主动选择权和控制感，而不是事事包办代替，这才是真正尊重老年人的关键。

二是多让老人参与家庭决策。每个人都有自尊心，都希望得到他人的尊重。这种心理需要，老人更为迫切。他们习惯于子女对他们尊重有加。尤其是退休以后，老人失去了过去的社会地位，更加看重子女的尊重。因此，年轻人在与父辈相处的过程中，要把尊重放在首要位置。不管父母的经济条件、劳动能力是否有变化，在处理家庭重大问题时，比如遇到恋爱婚姻、工作调动、住房搬迁、幼儿教育等，都应主动征求并尊重老人的意见。这样可以使老人感到自己存在的价值，感到自己在家庭中依旧举足轻重，从而在心理上得到安慰。

三是要记住老人的一些重要节日。进入老年期后，一些节日在老人心中日益变得重要起来，比如老人的生日、重阳节、父亲节、母亲节等。他们觉得自己在世上的日子不多了，能和儿孙们一起团聚欢乐的日子也越来越少了，以致对老年人的节日，尤其是对老年人自己的生日越来越看重。

但目前的普遍风气是，为孩子过生日越来越讲究，请客办酒席，办得轰轰烈烈，而对老人的生日却显得冷淡，有的甚至忘记了老人的生日。这是很不应该的。从小到大一直都是父母年年为我们过生日，如今父母老了，我们却把他们的生日淡忘了，这怎能不使老人感到"被遗忘"的悲凉！所以，每一个做儿女的，都要理解老人的这种心理，要记住老人的一些重要节日，尤其要记住老人的生日。每当老人生日到来的时候，我们一定要放下繁忙的工作和应酬，尽心尽力地为老人做好生日祝贺。要请老人堂前高坐，向他们鞠躬表示祝贺和敬意。这样做，不仅使老人得到安慰，而且也能使孩子受到教育，上行下效，形成良好家风。在老人生日时，还应尽可能多陪老人做点事，比如陪老人逛逛新景观，看看城市日新月异的变化；为老人送上一束康乃馨，体味好日子的芬芳和温馨；和老人一起翻看子女从孩提时代起的旧照片，在往事回首中拨动记忆的思弦，照一张新的全家福。倘若你不在老人身边，不妨发一条情真意切的短信，把浓浓的爱意送给老人。老人感到儿女没有忘记他们，会非常高兴和开心。

（三）学会赞美和夸奖老人

对老人的精神赡养，还应包括赞美和夸奖。这一点很多子女并没有意识到，更不理解老人的这种心理需求。有的子女不善于对老人说"好"话，虽孝顺却无赞美之言。更有的子女总认为自己比父母强，比父母能干，因而经常在父母面前夸耀自己，却从不提及老人的优点和进步，更没有想到应该鼓励和夸奖一下老人。其实，人都是希望得到别人赞赏的，老人自然也不例外。老年人和年轻人一样，其内心都有被重视、被肯定、被尊重的渴望。经常不失时机、恰到好处地赞美老人，对满足老年人的成就感、荣誉感，提高老年人的精神生活质量，有很大益处。比如，老人都希望年轻健康，你就不妨赞美他说："您老越来越年轻了，越老越有风采了！""看您红光满面,比和您老一起玩的同龄老年人精神多了。"也可以采用抛砖引玉的提问式赞美老人的经历:"您老过去多次被评为优秀党员,披红戴花,一定有不少有趣的故事吧?"经这么一问,老人便会绘声绘色地讲述一段尘封的故事,对现在的生活也更充满信心。还可以夸夸老人日常的点滴进步和兴趣特长。比如有的老人为了自身健康,戒掉多年嗜好的烟酒;有的老人喜爱看书报,在写作上很有成果,文章见报多,得奖也不少;还有的老人能烧一手好菜,更有的老人擅长钓鱼,经常钓到鲜活野生鱼,等等。这些都是值得鼓励的话题,做子女的经常适时有度地赞赏和夸奖他们,不仅会使老人在子女的夸奖声中感受亲情和温暖让老人体会到子女的关心和孝心,同时还会使老人从内心得到一种被重视、被肯定的满足,从而会觉得自己老得有价值,活得有意义,有尊严。

(四)要满足老人的"被需要感"

在生活中,为了照顾好自己的父母,不少子女总是想尽一切办法让老人少操心、少劳累,有的甚至什么事也不让老人做,让老人彻底休息享清福。其实,这并非孝敬父母的最好选择。说得更确切一点,"什么都不让老人干"是对老人最大的不尊重。很多年轻人并不知道,"废物式养老"会让老人感觉"老而无用",被尊重感降低,在社会接触中也更加封闭和孤独。我们常说"尊老","尊"的到底是什么?尊重老人,不是尊重他的年纪、地位,本质上是尊重每个人都会老去的事实,理解人到老年后的生理和心理变化,并接纳这种变化。老年人虽然体力方面有所下降,但仍有继续发光发热的意愿和能力,理应得到认可和尊重。所以子女尽孝一定要注意方式、分寸,让父母感到自己有用,还能被孩子需要,这才是他们晚年快乐的支柱。可见,对老人最好的孝敬,并不是一定要给予父母多少物质享受,而是能让他们继续愉快地发挥余热,给渐渐塌陷的生命和生活注入新的活力。比如，如果老人跟你住在一起，你不妨常把家中的一些生活小事交给老人管理，让老人做自己的"助理"。这不仅能让老人觉得有一种被儿女需要的自豪感，而且还会使老人觉得自己就是这个家的主人，儿女永远需要他（她）的帮忙，这样住起来反而特别自在，也许这就是最大的孝顺了。

（五）因人制宜满足不同的精神需求

老年父母的文化程度、价值观念、生活经历、志趣爱好各不相同，精神需求也各不相同。子女应当根据父母的不同心理特点，投其所好"对症下药"。例如，有些父母自尊心很强，喜欢发表一些"权威性的意见"。子女切忌公开顶撞，特别是在外人面前，否则会使他们耿耿于怀，觉得自己丢了很大面子。有些父母饱经忧患，或年老多病，需要从感情上给予开导和鼓励。当遇到丧偶不幸时，子女更需要在他们身边给以精神上的关怀和支撑。有些老年父母性格外向，喜欢活动，子女应当积极鼓励他们去从事一些力所能及的工作，或参加一些社会活动，使他们生活得充实而有意义。如有些老人喜欢看书、写作，子女能主动为老人购几本喜爱的书，或订几份老人喜爱的报纸杂志等，可能会使老人爱不释手、倍感温馨。还有些父母到了老年，会变得情绪变化无常，喜欢表现自己，甚至讲出话来有点无知、天真，像个小孩子，这就是心理学上的"返老还童"现象。子女应予理解，多观察、体贴他们，多为老人提供新的乐趣。更有些老人一生除了自己从事的工作外，几乎找不到别的兴趣和爱好，以致失落感格外沉重。子女应主动动员帮助老人培养某些方面的兴趣和爱好，如集邮集报、养鸟种花、绘画书法等，为老人寻找新的精神支柱，不求出成果，但求怡然自得，自娱自乐。在外工作的子女，应在一年内想方设法安排几次和老人聚会，儿孙祖辈相聚在一起，对老人来说，真是天伦之乐，比蜜还甜。

总之，对于老人的不同精神需求，只要做儿女的平时多留个心眼儿，稍加留意，再多多考虑平时老人的表现和习惯，就应该很容易找到适宜的对策和方案，这样精神孝敬老人也就不会成为一个难题了。

（六）老年人精神赡养更要立足靠自己

不少老年人总是经常埋怨儿女不来看望他们、陪伴他们，说儿女没有良心。其实，大可不必。儿女们怎样，不是我们重点考虑的问题，关键是我们自身应怎样安排自己的余年。要想有一个不寂寞的晚年，对于老年人来说，不能靠儿女，只能立足于靠自己。学会"精神自乐"，不失为老年人自我精神赡养的好途径。

一是干事找乐。身体条件好的老人，尽量主动找些有意义的事干，继续证明自己余生的价值，而不是被动地坐在家里等着儿女前来嘘寒问暖，这是一种更高层次的精神赡养。所以，老年人每天都要有事可做，即使明明没事也要想尽办法找出一些事。特别是每天都要安排一些固定的事等着自己去做，就不会感到寂寞，即使没有子女相伴左右，照样可以生活得有滋有味。

二是结伴逗乐。除了积极参与社区文体活动，或经常扎堆聊天消除寂寞外，有些老年人创出了许多新招。比如"拼家养老"，在家中招年轻大学生做房客，身边有了说话的人，精神上就不空虚了。

三是出去看乐。能行动自理的老人，最好走出去到处看看，即使年纪再大，也别"宅"在家里，常出去走走乐处多。到公园走走，到田野走走，到老年大学走走，到图书馆走走，去呼吸新鲜空气，去领略大自然风光，有条件的可以外出旅游，让新鲜事物填充生活。

四是自娱自乐。自己怎么快乐逍遥就怎么做。老年人可根据自己的身体条件、文化程度和志趣爱好，选择适宜的活动，能写就写，能画就画，能唱就唱，能跳就跳。比如，写自娱自乐的诗文，画自我欣赏的画作，唱只有自己才能听得懂的戏曲，跳自己编排的舞蹈，做自己喜欢的手工……一切都是为了自己高兴，让心灵获得愉悦，这就是自娱自乐的真谛。只要老年人善于时时、处处、事事自寻乐趣，寂寞何惧之有。

老年朋友要明白，晚年生活的主动权在自己手里，精神赡养的主动权也应该由自己掌握，只要跳出单纯依赖子女精神赡养的旧观念，就一定能找到自我精神赡养的好途径。

（七）精神赡养需要全社会共同努力

随着老龄化社会的到来，对老年人的精神赡养，不再单纯是家庭的问题，更是具有深远影响的社会问题。老年人既要有家庭、子女的精神赡养，也要有社会机构的精神赡养；既要在家里受到儿女的尊重，也要在社会上受到年轻人的尊敬、礼让。

社会对老年人的精神满足，就是要为老年人提供老有所学、老有所乐的途径，积极帮助他们更好地融入社会。各级老龄工作委员会、老年协会和老年活动中心，应从老年人的爱好、兴趣、话题、情趣、志向，以及生理和心理等方面的共同特征出发，组织丰富多彩的文体活动。比如，开展清晨操练活动，晚间的舞蹈交谊，日常的下棋、打牌、弹琴、唱歌、习文、登山、游泳、打门球等运动，以及不定期举行相关的比赛，激励情趣，陶冶情操，并且持之以恒，则必有成效。老年人通过这些集体性的文体活动，不仅能达到强身健体目的，还能有效地清除孤独、寂寞和烦恼，从而真正享受到社会提供的精神满足。

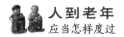
人到老年
应当怎样度过

第三节　理应享受社会"尊老、爱老、养老、助老"的回报

人们常说，儿童是人类的未来，那么，老年人是什么？无疑，老年人是人类的历史，是人类连接过去和现在的桥梁。不关心老年人的民族是愚昧的民族，不关心老年人的社会是没有前途的社会。因为，老年人的问题绝非只局限于老年人本身的问题，社会中每个人都和老年人有密切联系。截至2022年底，全国有60岁以上老年人2.80亿人，占总人口19.8%。而一个老人，他所影响联系的面很广，不仅有他的家人亲属，还牵涉众多社会成员。并且，每个人，终有一天也会成为老年人。所以，全社会都要尊重老年人，人人都要关心老年人。

一、老年人曾经为国家社会付出很多

尊重老年人、关爱老年人、照顾老年人是中华民族的传统美德。特别是现在这一代老年人，大都是1949年前后参加工作的。他们所生活的时代，正值新中国成立并进行初步建设时期。特定的时代条件，使得这代老人所作出的奉献、牺牲以及所经受的艰难困苦，是任何别的"代"根本无法相比的，因而更应受到社会的尊重和关爱。

（一）现在这代老年人曾经是最具忘我精神的一代劳动者、创业者

我国目前的这批老年人，曾经为推动我国社会主义革命和社会主义建设作出过极大的贡献。在新中国成立以前的争取民族独立和人民幸福自由的斗争中，他们作出了巨大的牺牲；在新中国成立以后的社会主义建设中，他们将自己的精力、体力甚至是整个生命都无偿、无怨、无悔地交给了国家。特别是如今80岁以上的老年人，他们大多是20世纪五六十年代及其

以前战斗在各条战线上的主力军：农业方面的老年人，曾经解决过几代人的衣食问题；工业方面的老年人，曾经建立开拓了无数工厂、矿山和油田，搞了无数革新、发明和创造；商业方面的老年人，曾经年复一年地搞流通，保障供给；医务方面的老年人，曾经救死扶伤了几代人；教育科技文化方面的老年人，曾经一茬一茬地培育了后代，一步一个脚印地繁荣发展了科学文化事业；从军从政和其他各方面的老年人，曾经为建设国家、维护祖国和世界和平而拼搏一生。像"铁人"王进喜、劳动模范时传祥等，就是这批人中的典型代表。现在许多老年人身患各种疾病，原因之一，便是由于当时身体过度透支而造成的。如果要做一个代际比较，当下的老年人曾经是一代最具忘我精神的劳动者、创业者。

（二）曾经艰苦负重的一代吃苦者、奉献者

一是经济收入增长缓慢。改革开放以前，国家政策导向是先生产后生活，个人收入增长幅度很低，与社会财富增长幅度不成比例。这就是说，国家对于这批人应给予的报酬没有全部到位。全部职工平均工资的指数以1952年为100，到了1978年，实际工资指数只有110.5元，几乎没有多少变化。1957年，城镇居民人均储蓄存款年底余额只有28元，农村居民只有3.3元，到1975年也分别只有71.5元和4.6元。个人经济收入的提高幅度，无论是同社会总产值、国民收入和国民生产总值提升的幅度相比，还是同劳动生产率提升的幅度相比，都形成了鲜明反差。在这种情况下，当年的劳动者几乎把每年所创造的效益，都全部无私地奉献给自己一穷二白的国家，而自身根本谈不上什么财富的积累。

二是生活水平低下。在20世纪50~70年代，国家大力提倡"勤俭建国""勤俭持家""勤俭办一切事业"，同时强调"先生产后生活"的战略安排，使当时的社会成员将个人消费压至最低限度。当时的全国城乡居民的生活水准是较为低下的,特别是20世纪60年代初,国民经济面临严重困难,许多人过的是"半年糠菜半年粮"的"瓜菜代"生活。同时由于消费品的短缺,全国全面实行了严格的"票证制"。由此可见,从1949年到改革开放以前的30年间,绝大多数社会成员,仅仅是限于简单的生产与再生产,几乎根本谈不上生活质量问题。

三是家庭负担较为沉重。现在的老年人在中青年时期,不仅收入和生活水准十分低下,而且要承受沉重的家庭负担。这主要表现在当时的经济人口负担系数较高。每一农村劳动力负担人数,1952年为2.08人,1978年为2.53人;每一城镇就业者负担的人数,1957年为3.29人,1978年为2.06人。而在2001年,每一农村劳动力负担人数仅为1.52人,每一城镇就业者负担的人数只有1.88人。两个时期的劳动力和就业者所负担的人数形成了鲜明的对比。从某种意义上讲,现在的老年人在其中青年时期只有贡献没有索取,他们对社会直接与间接的贡献极大,而自己获得的极少。如今的老年人,既没有中国传统社会"凭辈分"的优势,也没有发达国家的社会福利优势,更没有工作年限优势。相比之下,只有在年龄、体力、精力、机会诸方面的劣势,因此根本无法同中青年相比。城镇老年人除了退休金之外,一般没有其他方面的收入。农村老年人不但没有养老金,更没有退休一说。另外,不少老年人还要间接承担中国改革的另一种成本,即程度不同地负担其失业子女甚至是第三代的生活费用。

由此可见,这代老年人在过去几十年的艰苦岁月里,为了国家建设牺牲和付出了个人利益,因而这代人的家庭生活负担一直都较为沉重。他们不仅中青年时期为国家、为社会作出了很大贡献,建立了不可磨灭的功勋,而且进入老年阶段后,他们中绝大部分,仍然坚持以各种方式、途径继续为社会、为家庭发挥余热,创造财富。特别是他们当中那些老专家、老教授、老学者等从事脑力劳动老年人,并没有因为离开岗位减少从事社会活动的能量。据统计,目前全国已退休的,有关从事经济、科技、教育、卫生等方面的专家高达 500 多万人,60~70 岁的约占 70%,其中具有中高级技术职称、身体健康、有能力继续发挥作用的约占 70%。他们是我国现代化建设一支不可或缺的人力资源大军。在相当长的一段时间里,他们掌握的知识、经验,仍然是社会发展不可缺少的宝贵财富。现在这代老年人不仅是最为艰苦负重、最具忘我、奉献精神的一代老年人,也是最值得自豪的一代老年人。他们是铺路石,让新一代的路更加平坦;他们是梯子,让新一代踏上,去攀登事业的高峰;他们是一江东去的逝水,让新一代扬帆起航,驶向成功的彼岸。他们是最值得年轻一代学习和尊敬的老前辈,也是最值得全社会尊敬的成就者、贡献者。老年人作为"栽树"的前人,理所当然受到全社会的敬重和关爱,老年人作为经济社会发展的"奠基者",毫无疑问也更应分享当今社会经济发展的丰硕成果。

二、全社会人人都要关心老年人

(一)树立优待共享理念

老年人一生为国家、社会和家庭做出了贡献,当他们年老体弱之时,不仅仅因为是弱者而受到关爱优待,更多的因为是成就者、贡献者,理应受到尊重和优待,这是一个文明社会、文明组织、文明人都应有的价值取向。全社会理应要特别重视、妥善解决好老年人养老保障和共享经济社会发展成果等问题。

新中国成立 70 多年来,我们做了许多"前人栽树,后人乘凉"的事情,单一重视生产性的积累,忽视社会保障的积累,以致在社会保障方面严重亏欠了老年人。更应值得引起社会和政府重视的是，这批老人还面临着他们本来并不熟悉的市场经济所造成的压力，承受着巨大的甚至不堪重负的多种生活重压，比如购置必要的住宅，对于他们中的许多人来说，是可望而不可即的。且不说购房款项对他们微薄的积蓄而言几乎是一笔天文数字，就是银行考虑到偿还能力问题，也不会为他们提供购房贷款。由此，我们必须看到的是，社会的发展是通过一代又一代人的努力来实现的，整个人类历史就是靠代际合力来推动的。前代人为后代人提供了最为基本的生存和发展的基础。人们总是在前人留下的基础上，开始正常的生活和进行再创造的。代与代之间存在一个公正原则，社会有责任通过种种必要的方式，使这些退休者的生活水准，能够同当今社会生活平均水准相适应。所以，我们要充分认识到，让老年人共享经济发展成果，不是对老年人的"恩赐""济贫"和"额外负担"，而是对老年人在中青年时期所创造财富的延期支付，是对他们长期低薪制、高透支的一种补偿，是党的政策、国家法律赋予他们的权利，是"建立一个不分年龄人人共享的社会"的要求。唯有如此，才能真正体现出，社会对于这些人已经付出的劳动、对社会作出贡献的一种承认和回报。否则，就不能真正体现出代际之间的公正。

总之，随着老龄社会的到来，我们面临的问题，不仅仅是如何通过提供足够的物质条件使老年人吃饱穿暖，也不仅仅是使老年人居有定所，更重要的还要使老年人能充分享有社会发展成果和积极向上的精神生活。老年人不仅有从国家和社会获得物质帮助的权利，有享受社会服务和社会优待的权利，更有参与社会发展和共享发展成果的权利。毫无疑问，社会应该积极承担起为老年群体谋求更多利益的责任，比如为困难老人增加福利保障，或发展老年人再就业机会，鼓励他们融入社会，贡献力量，树立对生活、工作的自信心和积极性。

(二)营造"尊老、爱老、养老、助老"的良好社会氛围

在市场经济日益发达的今天,无论人们的思想观念、价值取向及家庭结构发生怎样的变化,中华民族优秀的传统伦理美德,依然是维系人们正常生活的基本准则,所以,在全社会,尤其是在年轻人中,需要继续大力弘扬这种传统美德,并不断使之发扬光大。

首先,尊老敬老教育应从社会舆论抓起。应该说,绝大多数子女都是能够关心、爱护、孝敬父母,并能千方百计积极创造条件,让父母过上宽裕的日子,并享受老年的美好生活。但也存在一些不容忽视的问题,家庭养老面临严峻挑战。比如尊老、敬老、养老的观念在青少年中逐渐淡化,轻老、嫌老、刮老、逼老、弃老等现象到处可见,令人担忧。家庭地位,老小倒挂;家庭消费,老小悬殊。老年人在家庭中受到冷遇、歧视、虐待的现象还屡屡发生。少数不肖子孙,怨恨老一代没有留下丰厚的财产家底,甚至将老人弃之街头;更有甚者为了钱财,为了房产,竟对自己的老人大打出手,残害无辜。除此之外,社会上还存有不少极不尊重老人,甚至是歧视老人的现象。有人曾随机调查过50位老人,他们中的80%都遭遇过语言伤害。所有这些轻老、厌老、弃老现象的存在,说明尊老、敬老、养老已经不单单是家庭问题和个人问题,而是一个重大的社会问题。因此,弘扬尊老敬老优良传统,无论是对解决老龄化问题,还是建设现代化社会,都具有十分重大的意义。必须充分运用敬老月、重阳节、中秋节、春节以及其他重要老龄活动的时机,在全社会广泛开展深入、持久、多种形式的尊老敬老宣传教育活动,使人们认识到,尊老、敬老是每个公民应尽的义务,老年人是家庭和社会的宝贵财富,理所应当应受到全社会的尊重和关爱。比如,老人走在路上,理应有人让路;上车理应有人搀扶;坐车理应有人让座。要使老年人不论在何种公共场所,都能听到这样亲切的声音:

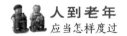

"您老,这边请。""老爷爷,让我来扶着您。"……不管是雄浑的声音,甜润的声音,还是稚嫩的声音,都在奏响着一个主题,那就是要使每个老人都能深切感受到一股浓厚的社会敬老之风。

其次,尊老敬老爱老教育必须从学校抓起。学校教育不单单是授业解惑,更重要的是教会学生如何做人、如何处事。做人的根本,是应懂得知恩图报。唯有对父母心存感恩之情,才会对他人、对社会心存感激。如今,文明进步了,科技发展了,而"孝"文化的教育却被忽略。许多孩子高学分、低素质,只知读书不会做人,将父母的养育之恩看作是应该的、必需的,淡化乃至丧失了孝敬父母的意识,进而"啃老族""月光族"等大量产生,这是值得我们吸取教训的。各级学校在加强青少年政治思想教育的同时,应将孝道教育作为一项极为重要内容。要通过充分运用歌咏、演讲、小品、书画、摄影等多种形式,潜移默化地将孝道理念、孝道文化融入德育教育之中,促使每个学生从小就懂得孝敬老人,关爱长辈,并由爱父母、爱家庭的感情,逐步扩大到爱他人、爱社会、爱祖国的崇高境界。这是当今社会发展的需要,也是素质教育应走的路子。

最后,尊老敬老教育必须从典型抓起。对于尽孝及尊老敬老的先进典型,社会应予以大力表彰,并通过不断发现、树立、宣传尊老敬老的先进典型,让他们感人的事迹深入人心、家喻户晓,并带动广大群众,使尊老敬老蔚然成风。对于社会上公共场所出现的轻老、欺老、厌老、弃老等不良现象,要果断、坚决予以打击和处理,以增强全社会的法制意识和公德意识。并通过加强对反面典型的坚决打击和舆论宣传,给更多人以警示。只有全社会真正形成尊老敬老的良好氛围,才能使老年人政治上受到敬重,经济上得到保障,权益上获得保护。

（三）国家要为老年人提供有利的政策保障

如果说父母对子女有养育之恩，因而子女有义务赡养老人以回报这种恩情的话，那么每一对父母在为社会创造物质财富或精神财富的同时，也抚育了社会劳动的后备力量。生育养育下一代本身也是一种社会贡献。国家理应从社会政策、娱乐设施、养老服务等方面，努力为老年人的生存和发展，提供一系列优惠政策和生活保障：

1. 政府要重视抓好适老化居家环境的建设与改造

随着老龄化社会的迅速发展，居家养老已越来越成为老年人养老方式的主流，目前全国有超过 2 亿的老年人选择居家养老。但不少老人仍生活在老旧小区里，这些小区适老性差、出行难、活动空间匮乏等问题日益凸显，尤其是无障碍设施普遍缺失，以致全国每年有 4000 多万老年人至少发生一次跌倒。如今在全国范围内，要求加快适老化居家养老环境的改造呼声越来越高。为了有效满足城乡老年人的居家养老需要，政府应当组织有关部门重点做好下列两件事：

一是要加大居家适老化工程的改造力度。为切实保障居住的安全，越来越多的老年人强烈要求政府有关部门加快推行老旧小区的适老化改造，如加装电梯，加装轮椅通道、加设公共区域休息座椅等，这样才能让老人更安全地出入家门。同时，小区户内的适老改造也应抓紧同步进行，可以通过采取政府补贴等形式，围绕如厕洗澡安全、室内行走便利、居家环境改善、智能检测跟进、辅助器具适配等方面的功能，分期分批对特殊困难老年人家庭进行居家适老化改造，包括地面、墙体、卧室、厨房、卫生间等施工改造服务，以提升老年人生活自理能力和居家生活品质。

二是在住宅规划的设计上，要大力提倡建设适合"居家养老"的"亲情住宅小区"。这种"亲情住宅小区"的特点是：户型规划设计适应两代或多代人同住、有分有合的要求,可在住宅小区内专门设立老年住宅楼,与子女就近居住;也可在同一栋住宅楼里专门设立老年户型,与子女相邻居住;还可以同一套住宅里专门设立老年居室。现在的小区规模都做得很大,完全有条件作这样的规划设计,尽可能使老年人能够与子女同住一个小区或同住一栋楼。

还可以探索其他多种老年住宅模式,比如小区内可分别设有"健康老年人住宅""有医疗设施的老年人住宅"以及"有特别看护的老年人住宅"。老年人根据年龄和健康状况的变化,可以调换不同类型的老年住宅,从而使老年人终其一生都能与儿孙共同在熟悉的小区内居住,还可以享受到全面、专业及高品质的养老服务。比如,在这种小区的设计里,不仅有休闲、护理、医疗、健身等服务设施,而且在室外空间、环境等方面都能充分顾及老年人的生活需要。比如小区内普遍都有能让老人出来坐坐,跟邻居或朋友聊天,或一起做做体操的小公园。这种"小公园"分布在住宅小区范围内,可以被任何人临近使用,而不要去很大而远的公园或公共场所。

2. 政府要鼓励老年人积极参与各种社会活动

老年人不仅需要健康长寿,而且需要积极参与各种社会活动。社会活动的参与主要包括经济方面的参与、公共权益方面的参与、社会文化方面的参与等。老年人进行社会参与,既是社会经济发展的需要,也是老年人自身安度晚年的需要。为满足老年人参与社会的需求,政府有关部门应着重做好以下两项工作:

一是要积极为老年人参与社会创造良好的社会环境。①要广泛宣传参与社会发展是老年人的权利。老年人的社会参与,不仅是老年人的问题,更是社会发展问题。社会应该维护老年人参与社会政治、经济、文化发展的权利,并努力为其创造各方面的条件。②要为老年人参与社会活动提供精神动力,帮助老年人正确认识自己的人生价值;认识到进入老年期并不是事业的终点,而是新生活的起点,鼓励老年人积极地融入社会发展中去。③政府还要为老年人参与社会提供更多的机会。积极制定相关政策法规,采取相应措施,充分利用老年资源,鼓励老年人创业、工作。比如,银行可根据情况,对那些有技术、有能力、有创业想法和实际操作经验的老年人,给予小额贷款支持,积极为老年人参与社会、发挥余热创造条件。社区也可以针对老年人的再就业需求,提供相关的咨询和信息,帮助老年人参与到各项社会发展中去。

二是要加强与完善老年人的活动设施建设。目前我国老年人的活动设施相当缺乏,尤其是在广大农村地区,老年人的活动设施极其匮乏。要加大对老年活动设施建设的资金投入,尤其是要加强农村地区老年人活动设施的建设。要多组织开展老年人喜欢参与的活动项目。广播、电视要多做一些老年人关心的和喜欢的节目;同时,还要充分发挥老年群体中文艺骨干的作用,利用他们优势,吸引带动更多老年人参加活动。政府、街道、社区等要加强开展相关的老年人活动。老年人对由政府等机构、组织开展的活动比较认可,参与的积极性也比较高。在丰富老年人精神文化生活中,要充分利用和发挥政府各有关部门的作用。

3. 切实加快发展社会化养老事业建设

养老问题是老年人面临的最主要的经济和社会问题。许多老年人常常会为"自己将来如何养老"担心。因为他们清楚,"养儿防老"已时过境迁,儿女无法承担养老的全部任务。老人虽然大多有退休金和养老金,可人老了,不是有几个钱就能玩得转的,不是只有吃穿这样简单的需要。随着年龄的老化,日常生活照料、精神慰藉、心理调适、康复护理、临终关

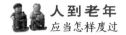

怀、紧急救助等千头万绪，不是老人本身能解决的，依靠社会化养老是必然选择。当前的问题是，我国现有的养老机构，如敬老院、养老院、福利院、疗养院等，远远不能满足社会对养老的要求，能够让老人选择的实在太少。养老机构"一床难求"矛盾仍很突出。截至2020年底，全国共有各类养老机构和设施32.9万个，养老床位合计821万张，即每千名老人拥有养老床位31.1张，也就是说平均33个老人才能得到一张床位。而且养老护理员短缺，专业化程度低；服务方式单一，老年人具有的自然生理属性、社会心理属性、生活文化属性等都很难得到满足。政府应切实把社会养老作为一项重大事业来对待，把助老作为一个重要产业来经营：

一是要加快发展社会养老机构。随着人口老龄化的迅速发展，为更好地满足老年人社会化养老的需要，各级政府有关部门要加快发展社会养老机构，同时建议政府在土地供应、资金投入、税费减免、财政补助、社会融资、供水供电供热等方面，出台一系列优惠政策，支持社会资本大力兴办养老院、福利院、老年公寓等养老机构，特别是政府要加快推进养老机构"公建民营"的模式改革，以尽快改变养老机构"供不应求"的困局。

二是要加快社区养老服务体系建设。我国经济还不够发达，仅靠兴办养老机构解决养老问题是不现实的，再加上传统的家庭养老意识根深蒂固，因此，居家养老仍是我国老年人养老的主要模式。但由于家庭结构的小型化、核心化等原因，老年人在居家养老过程中遇到许多困难和不便。为满足老年人居家养老的需要，必须动员社会力量加快建立健全社区养老服务体系：①提供医疗保健服务。在社区内开设老年门诊、老年康复保健站等老年医疗保健机构，为老年人提供多种健康服务项目。②开展生活照料服务。主要是指由社区服务实体或者社会团体组织，为老年人提供各类有偿的家政或上门家务服务。如买菜、做饭、清洁房间、代购物品、陪伴就诊、打针输液、病期护理,以及提供保姆与钟点工的介绍等服务。也可积极推行社区日间照料室、托老所、老年聊天站、老年食堂等多种形式的居家养老服务项目。③提供精神支持性服务。比如陪老人聊天、看电影以及组织和吸引老年人参与各类文化娱乐活动等。

三是要动员一切力量做好社会养老工作。社会养老应该成为全社会关心的事业,要利用一切可能的条件,组织建立社会养老队伍,参加社会养老队伍的人员,主要来自以下三个方面:①采取"以老养老"方式。动员退休不久的、较为年轻且身体健康的、本人愿意再工作的老年人参加养老工作,并获得合理的报酬。②吸引有志于社会养老事业的志愿者参加养老工作。他们是社会养老事业中一支不可缺少的重要力量,他们年轻力壮,有知识、有生气,养老工作不能不依靠他们,但他们的工资收入及其他待遇,必须保证不低于其他工作,最好略高一般工作的水平。③组织各类各级学校青少年定期、定点参加老年服务工作,如为老人打扫卫生、演出文艺节目、宣传时事政治等。青少年参加老年服务工作,有利于培养尊老敬老的思想,同时也有益于老年人从年轻人那儿得到力量与信心,双方相互得益。这方面工作,只要依靠地区与学校之间的联系,相互配合,措施落实,是完全可能实现的。

三、老年人自身也要加强学习,不断修炼提升自己

由于各级党委和政府的重视,社会上尊老敬老已逐步形成良好风气。但作为老年人,对社会尊老敬老的努力和行为,也应该要有尊重和感恩之心。特别是在目前,国家在许多方面都还满足不了老年人需求的情况下,老年人绝不能以功臣自居,以老炫老,更不能妄自尊大,而是应多一些理

解，多一些自谦，才能受到社会的尊重与爱戴，社会的敬老氛围也才会更加深厚。

（一）老年人需要融入社会，必须更新观念

如今社会经济、文化与科技的变化速度越来越快，变化的幅度越来越大，变化的领域越来越广。老年人在观念和行为上，一般趋于保持固定不变或少变的态势，自然而然会与外在世界愈加疏离，社会适应问题也将变得愈加明显。老年人要保持与社会共同进步，共享社会发展的成果，仅靠自身原有的生产和生活经验已难以实现。老年人必须坚持终身学习，不断丰富知识技能，方能享受知识社会所带来的生活乐趣，促使自己更好地参与社会，满足自己实现人生价值的愿望。因此，老年人不应自暴自弃，应该不断努力吸收新知识、新信息、新观念和新理念，让自己在思想上不落伍、行动上不落后，紧跟时代步伐。

（二）老年人需要社会尊重，也需要自谦

社会提倡尊老敬老，对老年人来说，也应多一些自谦。自谦有益于确保老年人的人生列车平稳运行，更能深受社会的尊重。不少老人总是经常埋怨自己被社会遗忘，被社会冷落，其中一个重要原因就是在某些方面太看重自己。一个人，不管你过去职务多高，贡献多大，下了台就是普通百姓。人家叫你一声"老大爷"，算是对你尊重，叫你一声"老头儿"也没有错。所以，越是年纪大了，越要谦虚谨慎，低调做人。自己的价值观和处事方式一定要和社会的大多数有共同标准。老年人要想不被社会冷落、不被社会遗忘，就要多参与一些社会活动，尤其是要积极主动地多参与一些志愿者活动，那将有益充分展示自身能力、阅历以及对社会的热爱，这样才能促使年轻人改变对老年人的看法和认知，以提升老年人的社会地位。否则，一味要求社会看重自己，而自己却以老自居，是肯定不会受欢迎的。

（三）尊老是传统，老年人也要看得开

几千年来，中国人讲"百善孝为先"。孝道是社会基本道德规范，它一般指社会要求子女对父母应尽的义务，包括尊敬、关爱、赡养老人，为父母、长辈养老送终等。同时这种孝道也被推及整个社会里，所谓"老吾老以及人之老"。

老年人在社会上得到尊重，是应该的。因此，当老年人遇到有人让座，有人帮忙时，在道谢之后，没有必要惴惴不安。但是，如果没有人让座，没有人帮忙，也不要愤愤然而自找不快。他们毕竟不是你的儿女，没有法律上的责任和义务必须帮你、让你。所以，尊老是传统，老人也要看开点。人老了，有人帮你是情分，不帮你是本分，千万别埋怨社会，这也是人之常情。

这里还要提醒老年朋友，有些事情，不能以自己的意志为转移，做事要掌握分寸，该争取的权利，就去争取，不该争取的，也不要强求。人老了，要想得到尊重，更要学会拿捏好分寸，不能因为过去对社会有贡献，就可以为所欲为，甚至倚老卖老，为老不尊，那是会适得其反的。这不仅仅在社会生活中，就是在家庭生活中也是如此。不管做什么事，都应当有大胸襟，并向远处看。不要总觉得自己在这个社会上没有得到什么，连座位也要争。要想想，你为社会付出了什么。要使年轻人尊重你，自己必须做出好样子。好的社会风尚不只要靠年轻人来创造，老年人更要做出表率。

（四）老年人需要帮助，也要学会帮助人

年老体弱后，确实越来越需要家庭、亲人、社会的关心、照料和帮助。但老年人也应不甘于被服务，要积极依靠自己的力量，努力克服年老多病带来生活的不便和困难。同时也要学会在力所能及的情况下，尽量多做些

人到老年 应当怎样度过

有益的事以奉献他人,这样自己的晚年生活才会过得更加充实,更有获得感和幸福感。我们之所以感到人生有意义,就是因为我们能够有所奉献。因此人老了是需要帮助,但也要学会帮助他人,每一个老年人都要努力成为一个既受助又助人的老人,才能真正深受社会的欢迎和尊重。

第十章

坦然面对死亡

人到老年

人到老年,最感不安的是在人生的轨道上接近了终点,走向死亡。然而,死亡是人生必然的最终归宿,也是人在老年时期遇到的最严峻、最实际、最痛苦的考验。面对自己生命之钟即将停摆之际,坦然、从容面对生命的最后时刻,平静、安详并能无痛苦、有尊严地走向人生的终点,这才是真正最高人生境界和最圆满人生结局的体现。

第一节　如何看待生与死

一、什么是老年人的科学生死观

老年人的生死观是指老年人对生与死的态度,它反映了老年人晚年生活的幸福感、满意度及社会对老年人的关怀程度。对待死亡,说到底,是如何对待生的问题。在生命将尽之时,是消极厌世,放弃生活,放弃追求,放弃进取,还是珍惜生命,积极进取,积极奋斗,积极向上,是两种截然不同的生死观。对生命和死亡抱有积极认识和科学态度的老年人,能清醒地面对人生,追求积极的人生,因而普遍都能拥有一个积极健康的晚年。那么,什么是老年人对待生与死的积极、科学的态度呢?

第十章 坦然面对死亡

（一）生与死都是不可抗拒的自然规律

凡有生命，都存在着死亡的必然性，因为有生必然有死。生就是活着，是生命的延续；死就是逝去，意味着生命的结束。一切生物都是如此，旧的死去，新的再生，人类也是如此。尽管每个人的人生道路千差万别，但不论是什么样的人，也不论这个人是多么有权势、地位、名望、金钱，也无论这个人是多么贫贱、卑微，都不会因为他曾是什么，曾做过什么而能够躲避死亡。人类社会的发展历史，就是无数人的生老病死的相互衔接、继承和繁衍的历史。前代人不断死亡，后代人不断延续，每代人都像接力赛跑一样，有所继承，有所变革，有所发展，才造就了今天社会的文明和进步。因此，新旧更替、生死变化、新陈代谢、世代更迭是任何生命现象都无法避免的普遍规律。所以对每个人来说，无论是谁，一个一个迟早都要命赴黄泉，上至国家元首，下至黎民百姓，最终谁都无一幸免。

既然有生必有死，既然生命有开始和终结，生死是气之聚散、阴阳的变化、规律的体现，且这种自然规律是不可抗拒的，我们就应以乐观的态度对待生与死。既然来到这个世界，就不要认为人生是痛苦的，即整天为生老病死所困扰，甚至觉得还不如早点死。同时也不应为活着而活着，整天处在畏老、畏死的阴影中。人既不应毫无意义地贪生，也不应毫无原则地怕死，更不应毫无价值地厌生求死，而是生则乐生，死则乐死。更确切地说，就是人在活着时就要积极有所作为，尽情地享受生活的美好，而到死时则欣然而死，以坦然的态度走向生命的归宿。这才是一种具有积极意义的、正确对待生与死的态度。

（二）人可以争取长寿，但不能永生

人之所以能够长寿，是因为认识和遵循了人的生长规律，从而使生命时限得以延长。人们对生长规律认识得越清楚，就越能长寿。但是，即使

人到老年
应当怎样度过

科学技术发展到今天这样高的程度,世界上绝大多数人的寿命也只能几十岁,人均寿命最长的国家如冰岛和日本,平均寿命也不过80多岁。随着医学的进一步发展,人的寿命还可以延长,但无论如何不可能无限延长下去。自古以来,多少帝王幻想长生不老,最后都失败了。人类发展史证明,世界上任何人期望并追求长生不老都是办不到的,那也是不符合自然发展规律的。1963年,毛泽东在同人民大会堂工作人员谈话时也提到:健康很重要,可以多活几年,什么万岁,万寿无疆,没有那回事,你们不要听。人都是要死的。

既然人不能永生,正确的人生观要求我们,既要正确地对待生,也要正确地对待死。一个人讲起生来头头是道,而一提到死就毛骨悚然,那不是一个真正的唯物主义者。人在活着的时候就要想到死,要正确地看待死。有了必要的思想准备,到了死的时候就不会感到突然、意外。同样,人在要死的时候,也要正确地回顾自己的一生,要看到自己在世时做了不少有益于人类的工作,不论多少、大小,总是一份贡献,那就会死而无憾,也就更不会恐惧、悔恨。

一般地说,凡是能正确对待生存、生活的人,也都能正确地对待死亡。越是能正确处理生活中的矛盾、问题的人,也就越能自觉地迎接和处理死亡的问题。越是认识到死亡是必然的客观规律的人,也就越懂得让有限的生命过得更丰富、更充实,使个人对于社会贡献更大些,才能做到死得其所,心灵安之。

(三)生命不会永恒,但精神意志可以长存

有一种流传甚广的生死观是"人死如灯灭",意思是说,人死一了百了,什么都没有了。这种把死亡视为灰飞烟灭,使人们寻觅不到任何人生的价值,丧失了生存与发展的人生动力,因而是一种不健康的生死观。其实,人即便死去，精神生命也是可以永存的。所谓精神生命，就是指一个人的思想和精神的社会形态，也就是我们通常认可的永垂不朽，即肉身消逝后，其思想和精神仍然可以发挥作用，活在人们心中。一个人的精神生命可以长存，主要体现在以下几个方面。

首先，人的生死与动物的生死不一样，动物只有肌体这个生命，而人则不同，除了有肌体，还有思想、品德和才智，等等。肌体是物质生命，思想、品德和才智是精神生命。所以，动物死了就什么都不存在了，而人死了则还有其社会及文化的意义。比如有的人尽管已经死去多年，但由于他为了国家利益、为了社会和集体利益、为了他人生命和财产安全而把生死置之度外，表现出崇高的自我牺牲精神，所以人们一直认为他还活着，因为他留下的美德、美名永远活在人们心里。

当然生活中具有这种英雄境界的人毕竟是少数，从大多数人生存的情况来看，人们一般都会有后代。逝者已矣，却因其绵绵不绝的后代，而使其血缘生命在生理生命终止之后仍然存在。而且，人们在社会中生活数十年，人际关系的建构非常复杂丰富，即便其死后，仍可能有众多的人记得他或她。其生理生命虽然终止了，可其人际的社会生命应该还在延续。

其次，人之精神生命的死亡与生理生命的死亡亦非同步。许多人生前创造了永恒的精神产品，如音乐、绘画、文学的创作，如自然科学、社会科学和人文科学等的发明创造，如道德人格榜样的矗立，如世间丰功伟业的创建等。虽然其生理生命已完结，可因其"立德、立功、立言"，则其精神生命永存于世。可见，身可以死但精神可以不朽！人类真正可以再生自己的只有精神，真正可以使他永垂不朽的，也只有长留在人们心中的精神！立功、立德、立言便是这种不朽精神的具体表现形式。

所以，若老人们能够真正明白，死亡是人之生活的终止，人之生命，如血缘生命、人际生命和精神生命可以永存，那么，人之死亡就不是全部毁灭，死后精神生命的永存仍能给人以莫大的宽慰。老年人只要能如此智慧地看待生与死，把生死问题放到人类不断延续的整体的长河之中，就不会被死神所困扰，而会高高兴兴地去创造生活，舒舒坦坦地去品赏生活。即使高龄者，眼前也会呈现出一片值得欣赏的美好生活。

总之，一个人不仅可以活在个人生命历程中，也可以通过自己的价值观、行为举动和意志表现，将精神的力量传递下去，影响到下一代，甚至代代相传。在家族生命的延续与精神的传承中，在人类大爱与智慧的追求中，一个人可以获得不灭的灵魂。

二、老年人对待生与死的态度，将会影响整个老年期的生活质量

老年人对晚年生活的感受，在一定程度上受自身身体条件以及心理状况的影响，特别是受老年人对待生死的态度，即与生死观的正确与否影响极大。因为不同的生死观会决定一个人最后的生活是充满希望的、乐观的、富于创造力的，还是沮丧的、绝望的、黑暗的、无所作为的。尤其是老年人晚年的生活质量很大程度上取决于老年人不同的生死观。大量事实表明，老年人对待生与死的正确生死观，将会对其晚年生活产生以下三个方面的积极影响：

（一）拥有正确的生死观，有助于老年人在生命晚期再次找到新的人生意义

如何看待老年人的生存价值？老年人应该具有什么样的价值观？这是事关老年人能否愉快而有意义地度过晚年的一个非常重要的问题。所谓老年价值观，是指对老年人所处的社会地位和所具有社会功能的概括。所谓

老年人的社会价值,就是指进入老年期后,他们能用自己的行为继续为社会、为人民做出贡献,创造价值。

人在生命过程中的成就,往往决定了他面对死亡时是否平静和坦然。这是因为老年人的成就感和价值观,直接影响着老年人的精神面貌。老年人的自我成就感高,感到自己活得有价值,其幸福感、满意感便强,精神有所寄托,可谓人老心不老;老年人的自我成就感低,看不到自己的生存价值,则会苦闷、孤独感强,觉得活着没意思,精神生活空虚。有些人进入老年阶段之后,由于把生与死看得极为消极悲观,以致缺乏生存的勇气,丧失生活的目标,甚至看不到自己的生活有什么意义,晚年生活一直被阴影笼罩着。毫无疑问,一个对人生不抱任何期待的人,也就失去了作为一个真正的人的价值和意义。人一旦生活失去了意义,实际上死亡就已开始了,或者说已是部分死亡了的"活死人"。相反,对生与死持积极乐观的老年人,他们能清醒地面对自己的暮年人生,"纵浪大化中,不喜亦不惧",能够珍惜生命的有限时间,不断努力创造出一个个新的生活支点和人生的价值,为社会和他人尽可能地多作贡献,使有限的生命充实完善。这样的老年人在其生命的晚年终于又找到了新的人生意义,从而就能坦然地面对死亡,比较容易承受死亡,没有遗憾和内疚。

(二)拥有正确的生死观,有助于老年人增强抗御疾病能力

老年人对待生与死的态度不同,表现在对待疾病的态度也不尽相同。有些老年人生了病,安然坚强,经过治疗和休养,慢慢康复。而有些人把死亡看得过重,担心自己活一天就是向死亡迈进一步,以致身体稍有不适,便战战兢兢。尤其是一旦得知自己的病难以治愈时,立刻就陷入消极悲观的境地,缺乏战胜疾病的信心和勇气。如果再卧床不能起,生活无法自理,更会觉得自己成为社会和家庭的累赘、负担,此时,痛苦、焦虑、抑郁、

内疚等多种复杂情感交织在一起,不仅更加重病情,甚至会产生与其受疾病折磨,连累亲人,还不如早点死去的念头。可见,老年人愈是把死亡看得过重,心理负担就愈重,疾病就越难治愈。

老年人只有树立正确的生死观,才能保持对待疾病的乐观心态,做到面对疾病不烦恼,不急躁,不多疑,不忧虑,即使患了不治之症,面临死亡,也不会过于悲伤。反而会更抓紧有生之年,多做一些有益于社会、有益于家庭的事。有了这样胸怀宽广、积极乐观的生死观,才更有可能促进身体健康,增强抵御疾病的能力。

(三)拥有正确的生死观,有助于老年人克服对死亡的忧虑与恐惧

老年人拥有不同的生死观,对待死亡会有不同的反应。有的老人对人的老化和自然死亡这种客观性缺乏正确认识,对衰老和死亡产生恐惧心理,整天忧心忡忡,担心死亡会随时降临自己头上,不仅晚年生活失去了乐趣,而且还徒增许多烦恼和痛苦。而对生与死持积极乐观的老年人,能清楚认识到,生老病死是不以人的意志为转移的自然规律,任何人都无法抗拒,而且任何人生命都是有限的,因而他们对于人的衰老和死亡不会产生恐惧心理。而且由于他们能清楚知道自己总有一天会死,因而他们非常珍惜晚年的有限之日,尽可能多地去享受每一天的好时光,每一天的阳光与雨露,每一天的亲情和友情。只要每天都过得毫无遗憾,那么就是享受了生命。他们懂得,与其悲悲戚戚地活20年,不如高高兴兴地活10年。愉快地生活,不为种种微不足道的干扰所动,不仅有利于提高"生"的质量,而且也使"生"的寿命有所延缓。只有这样,才能有面对死亡的勇气,也才能更好地理解生与死的价值和意义。

总之,生老病死是自然规律,死亡是生命的终点站,每个人迟早都要到达的。人到老年,害怕生老病死是正常的,也是可以理解的,但一定要

调整好自己的生死观，顺应自然，泰然处之，笑迎回归，超然解脱。不要害怕生老病死，谁也躲不掉。与其终日忧心于生老病死，不如放下心里的负担，热爱自己的生活。

三、老年人如何正确认识、科学对待死亡

一般而言，人在 40 岁以前是很少考虑死的问题的，50 岁以前会偶尔想到死的问题，六七十岁则经常想到死，八九十岁则几乎天天会想到死亡问题。可见，人到了老年，特别是到了耄耋之年，就会经常想到死，这是非常自然的。人到老年，死亡问题不考虑是不可能的。关键是想到以后，自己究竟应如何正确、科学地对待。树立正确科学的死亡观，有助于老年人提升生死品质，获得真正的生死坦然。

（一）老年人面对死亡要坦然达观

一般来说，达观的老人对不如意的事都会看得开、想得开，他们把死亡看成是生命的一个过程、生命的一种转移，因而他们都能较理智地安排后事，能坦然地告别人生。爱因斯坦在临死前向众人坦言相告：是我死去的时候了，我将平静地等待死神。周恩来在生命的最后时刻，深知自己的病情严重，对身边医务人员说："我这里没事了，把药留下来给其他更需要的人。"对死亡的达观态度可以反映一个人对生命意义的真实理解。爱因斯坦、周恩来之所以能如此心境平和地面对死亡，是因为他们对死有着清醒的认识和充分的精神准备。所以，他们的死真正体现出了一种人生的质量。

心境平和地面对死亡，是一种值得赞扬肯定的达观心态，但这并不是人人都容易能做到的事。对普通老年人而言，坦然达观的死亡态度可表现为，对死亡的顺从接受并能有计划地安排自己的临终。不少文化程度较高的老年人，能清楚地意识到死亡的迫近，在弥留之际对死的恐惧和悲哀较少，能镇静从容地接受死神的邀请。这些人平时善于应付各种困境，有较高的工作效率和较多的工作成果；面对临终，他们常常恳求医护人员告诉自己患病的实情，自己还有多少存活时间，以便安排好手头的工作和后事。他们总是尽可能地避免因自己疾病和死亡而给工作带来损失，总是尽力争取为社会作最后一点贡献，并想方设法减轻亲友的痛苦。总之，只有面对死亡比较达观，把生死看得透彻，才能真正从思想上彻底解除对死亡的恐惧，才能活得轻松自在，没有后顾之忧。

（二）唯有对死的敬，才有对生的惜

在这个世界上永远找不到长生不老的人，也永远找不到长生不老的药。所以，不必害怕死亡。我们既要敬畏它，也要接受它。正是死亡使我们懂得了生命的可贵，才会珍惜在世上的每一分钟。如果我们的生命是无限的，我们还会珍惜时间吗？还会觉得"一寸光阴一寸金"吗？所以，死亡的存在，让我们看到了生命的短暂，会利用有限的时间做更多有意义的事情，使生命质量得以更大提高。可见，"死"的存在不是使"生"毫无意义，而是更凸现出"生"的意义与价值。正如有位哲人所说：对于死，我从不过多考虑，因为那不是我所能决定的；但对于生，我们却应当好好地把握。人生由每时每刻组成，所以我们每时每刻都要活出好心情，活出精彩，这样才能无愧于这仅有一次的生命。任何时候都要时时牢记：人是为活而生，不是为死而生！即使死神敲门，要自己明天走，今天也要好好活下去。这样的老人不仅能让自己活着的每分每秒都不留下遗憾，而且在死亡来临之际，可以心安理得释然离去，从而最终真正达到生死两相安的最佳境界。

（三）要像对待生那样自然对待死

一切顺乎自然的事都是好事，没有什么比寿终正寝更自然的了。对于人生最后一刻的到来，人们总是希望越迟越好，但当它真的来临，不必害怕去面对。中国有一句古话，叫作"节哀顺变"，就是这个意思。因为，死亡不会因为你的不安和不甘而隐去或退去，它在要来时总会来的。既然如此，就应该把不安心转变为安心，把不甘心转换成甘心，这就叫对生死顺其自然。当自然把生命给予我们时就好好享用，全力以赴过好生命的每一天。当自然要取走生命时，悉听尊便，平静地把生命归还给自然。正如庄子所说："夫大块载我以形，劳我以生；佚我以老，息我以死。故善养吾生者，乃所以善吾死也。"这里所谓"大块"就是指大地、自然。就是说，自然用形体让我承载，用生存让我劳累，用衰老让我安逸，用死亡让我休息。自然能善待我的生，也就能善待我的死。这种善待生死的态度，是把生死看成自然过程的必然结果，所以对待死亡应采取唯物主义的态度，在身体尚好的时候，全力完成自己未竟的事业，以充分显示生命的价值。当身患重病时，应积极配合治疗。若知道死亡即将来临，就应及时安排好后事，并平静地等待着生命最后一刻的到来。

第二节 对死亡的恐惧是晚年一大心理难关

一、为什么人越老越会畏惧死亡

面对死亡，有的人从容，视死如归；有的人安详，平心静气。但对于大多数人来说，死亡是人生中最令人恐怖的事，无论怎样的文化背景，无论哪一年龄段的人群，面对死亡阴影的笼罩，都会产生恐惧心理。尤其是人到老年，死亡离得更近了，恐惧心理要比其他年龄段大得多。有些老年人只要一听到"死"字，就胆战心惊。一旦自己得了病，就感到"西山落日"，极度悲观失望，甚至经常想象自己死后的种种情景，弄得卧不安席，食不甘味，常常半夜中被噩梦惊醒。也有些老年人疑病心理尤为严重，只要发现自己有任何不适，便认为是大病临头，死亡将至，整天处于焦虑、不安之中。还有些老年人，因害怕死亡，不敢自己单独外出，不敢乘车，甚至闭门不出，卧床不起；更有些老年人甚至因此精神崩溃，万念俱灰，他们忌讳"死"以及一切和"死"有关的字眼，而且随着年岁越增长，对死亡越恐惧。

老年人惧怕死亡，其原因主要有以下几个方面：

（一）害怕死亡带来人生毁灭性的丧失

对于大多数老年人来说，对死亡恐惧的根本原因，是死亡带来的各种不可挽回的毁灭性的丧失。死亡意味着丧失了自己，即个人生命的终结，意味着自己再也感受不到现实生活的美好，没有了人生的一切。死亡意味着与伴侣、子女的永别，与所有亲朋好友永别，并失去财产和一辈子的辛勤所得，失去自己所珍爱的一切，包括曾经所得到的一切名利地位。归结一句话，死亡一旦来临，人世间的一切联系（包括一切亲人、好友、社会关系）全部失去，生命中的所有美好也全部化为乌有。所有这一切，都是由于死亡剥夺了人的身体和功能，也剥夺了他的欢乐和幸福、爱和想象、亲情和亲人，剥夺了他对世界的感受、他的创造力、他的希望。所以，往往是社会地位越高、经济状况越好、生活条件越优越的老人，越是害怕死亡。因为对"人生"的一切越依恋，就越无法割舍，在死神不可避免地降临时，必然使人产生更大的痛苦。

（二）害怕死亡前难以承受的病痛折磨

有些身患重症的老人，每当看到有同病者相继离去，总感到早晚会有一天轮到自己，想起这种情景就感到害怕、焦虑、紧张、不安，害怕自己也会在疾病的折磨中死去，这是老年人面对死亡的普遍忧虑。伟大的德国诗人海涅，在饱受死亡前困于"床褥墓穴"的不幸后写下："死亡并非不幸，死亡前长达数年之久的痛苦折磨，才是真正的不幸。"对死亡的恐惧和悲观由此而生。

多数老年人的死亡恐惧，是在目睹亲朋好友的死亡后发生的。特别是亲人之死，往往会给人们造成强烈的心理震撼和刻骨铭心的死亡恐惧。有一位老年人的父亲患肝癌，经过近一年的治疗后不幸去世。在去世前的一段时间里，父亲痛苦万分。父亲临死前的痛苦不已的叫喊和窒息难受的挣扎，一直在他的脑海里萦绕，长期无法消除。正是这些耳闻目睹的死亡过程中的痛苦感受，很容易使人对死亡产生恐惧心理，并会使人联想到自己死亡时，不知是如何凄惨痛苦，故此无形中忧虑丛生，不寒而栗。

另外，传统观念将死亡与邪恶、惩罚、报应等联系在一起，以致人们经常把死亡看作老天对人的最高惩罚，"下地狱"成为对别人的最大诅咒。尤其是当人们从一些新闻报道、影视作品中，看到那些濒死的挣扎、哀号、呻吟等痛苦表情，以及车祸现场惨烈的景象等等，都会使人不由自主地想象死亡该是怎样的痛苦，更加剧人们对死亡的恐惧。

（三）担心死亡使未了心愿不能完成

有些老年人心里总觉得自己的工作事业或抱负未完成，或者家庭里存在的大问题未解决，许多心事未向子女有所交代，担心自己哪一天会匆匆离去，诸多事务无法处置，放心不下。比如体弱多病的老伴、尚未成家的子女，自己死后无人照顾他们，会给他们带来各种生活困难和心理困扰，因而恐惧死亡。有关调查显示，家庭角色越重要的老人，越是害怕自己死后会给家庭和亲人带来痛苦。

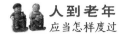

（四）对死亡的不可认知，导致产生恐惧

人之"生"是一个从无知到有知到知之甚多的过程。而人之"死"则是不可知的，人死了，一切感知与思维活动就停止了，没有人能告之死亡之后是怎么样的，而且死亡是一个人的旅程，不会有人陪伴，更无法让人替代。所以，"死亡"既是一无法体验与言说的"无常"，也是深不可测、无法体验的人类终极的痛苦之源。"生"与"死"是如此的不同，"死"对人的生存、生活与人生又是整体的毁灭，这怎么能不令人心焦、恐怖和痛苦呢？

人们对未知的恐惧是与生俱来的本能。正是这无法预知的死亡感受，才会令人们想入非非，另一个世界究竟什么样谁也说不清楚，唯一展现在眼前的是，完整的人将变成骨灰，整个机体顿时消失得无影无踪，使人不禁恐惧油然而生。

二、老年人惧怕死亡消极有害

对死亡的恐惧虽然是老年人一大心理难关，但并不能说老年人对死亡的恐惧心理是不正常的。应当说，老年人恐惧死亡，对于他们珍惜生命、防止厌世轻生还有一定的积极意义。但恐惧超过了限度，就不再是正常心理了，而且对晚年生活质量和身心健康危害极大。

（一）对死亡的恐惧会导致晚年生活充满悲伤和不愉快

老年人虽然比年轻人距离死亡要近些，但总还是未来的一种可能性，但如果有了对死亡的恐惧，死神就像影子一样，整天跟着你转来转去，会赶走你心中一切愉快的东西，剩下的只能是悲愁和恐惧。比如有些人总是想到死，触景生情之事太多，联想之事太多，看到菊花盛开，他就想到明年我还能再看到它吗？收拾夏天的衣服时，他也想到明年我还会穿它吗？甚至晚上睡觉了还想明天能否再起来。如果一个人的晚年生活总是处于死亡的压力之下，那是非常不幸的。他的生活就会笼罩着一层阴影，在阴影下生活是非常痛苦的。

（二）对死亡的恐惧会直接影响老年人的身心健康

对死亡采取什么样的态度，是老年人在其晚年面临的一场严峻的挑战。在现实生活中，越是惧怕死亡的人越是短寿。因为惧怕死亡的人，经常处于恐惧、忧郁的精神紧张状态下，整日惶惶不安、忧心忡忡，势必寝不安席，食不甘味，梦幻纷扰，以致神经系统高度紧张，心律失常，会降低人体免疫力，降低对疾病的抵抗能力，使整体健康水平下降。健康状况越是低下，死神越会早日降临。而那些思想上没有"死亡"包袱的人，心态乐观，知道人总有一死，无非是早死晚死，怕又能怎样，因此，采取活着干、死了算的态度，不去考虑死，不等死，该怎么生活就怎么生活，结果换来了健康长寿。对待癌症也是一样，越是恐惧，越是谈癌色变，一有不适就是疑神疑鬼，癌症这个"鬼"就越会主动找上门来。有些人虽患上癌症，但他们在思想上不畏惧，不背包袱，积极治疗，坚持锻炼，结果延长了寿命。辩证法就是这样无情：越贪生怕死、一味追求长生不老的人，离死亡往往更快更近；越是对死亡不畏不惧的人越能善待死亡，而善待死亡恰恰是对生存的最大优待。

从心理学角度看，对死亡的恐惧还可引起人的心理变态，形成反常的孤僻暴躁的人格特性，甚至产生不可控制的潜在危险动机和行为倾向，从而造成十分危险的后果。这是社会和家庭都需要重视和注意的。

（三）对死亡的恐惧不只是个人的问题

一个人情绪的好坏无疑会影响家庭和社会的人际关系。对死亡的恐惧不是一般的忧愁，它不仅会直接影响老年人晚年的生活质量及身心健康，甚至还会给家人和亲友带来极大精神负担和经济压力。如有些老年人出于

对死亡的恐惧心理,凡是广告上能打动他心的保健产品,他都要掏腰包去购买;凡是宣传能治疗他病的新药、新仪器检查,他都要去试试。当把钱扔向这个无底洞时,出现了两种后果:一是享受公费医疗者导致医疗费用大幅度上升,造成很多不必要的损失。二是造成低收入老人的贫困,越病越穷,给家庭带来致命的打击。所以生死观是否正确是一个至关重要的现实问题。

三、老年人如何克服对死亡的恐惧

一些老年人常在死亡的恐惧中生活。这要放在年轻人身上倒是无可厚非的。因为他们还没有享受到生命所能带来的全部乐趣,而且他们还有许多发展机会,还有无数事业在等着他们去创造,所以他们有理由惧怕自己英年早逝,并为担心失去生命所赋予的最美的东西而感到痛苦,这是在情理之中的。但这要是出于尝过人生酸甜苦乐的老人身上,出于已经完成了自身使命的长者身上,他们却是没出息的,也是极不光彩的。因此,老年人应尽快从"死亡恐惧"的阴影中走出来,非常必要。

(一)要树立积极的生活观念

老年人克服恐惧死亡的最好办法是积极生活,热爱生活。作为一个社会人,总会对生命、亲情、物质享受与精神生活有一种留恋与追求,在人生的最后阶段也不例外。需要是个人生命发展的内在动力。热爱生活,有所追求的人,才会感到生活有意义,才能淡忘死亡的恐惧。

有的老年人,进入领取养老金的生活不久,却出乎意料地死亡。原因固然很复杂,其中一个很大原因,就是由于他们退休后无所事事,失去了生活的意义与乐趣,整天总是担心死亡来临,从而加速了衰老,导致了死亡。所以,人到老年,克服怕死念头的最好办法是逐步使自己关心更多的事情，多考虑那些个人以外的事情，逐步使你的兴趣变得广泛，使之超出自我的范围，把人生看成同河流一样，历程千里，最终归入大海，没有任何界线。这样，你就会感到与整个自然界共存了……一个人到了老年，如果能如此看待自己的生命，他就不会因死亡而恐惧、而痛苦。所以，人到老年，只要自己还有工作能力，还能做些力所能及的事，就要以积极的态度继续为社会贡献自己的力量，要努力使自己有限的时间过得很充实、很有意义。因为人的生活越充实，对人生就越少眷恋。而充实的生活就是忙碌的生活，生活忙碌了，人就不大想到死亡，也就较少恐惧。有这样一位老人，72岁时忙于获取心理学博士学位，他说自己还有很多能做的项目，所以没有时间死。还有一位老人，已80岁高龄仍攻读绘画博士学位，她学得很投入，真是忙得没有时间去考虑死的问题。这样的老人无惧死亡，因为他们的生活是充实、愉快、有意义的，甚至是忘我的，他们无愧于社会所给予的一切，也无愧于自己的生命。

（二）要淡泊名利，减轻心理压力

老年人希望能健康长寿，目的是可以和亲人团聚，并继续享受优厚的物质生活。而死亡不仅意味着我们所得到的一切名利、地位最终都将全部失去，而且也意味着要和自己心爱的亲人和所拥有的财产永别。可以说，死亡是人生最悲壮的一幕，任何人都不能例外。而且越是对子女、配偶爱得深的人越畏惧死亡，物质欲越强烈，占有的（金钱、地位）范围越广阔，恐惧死亡的压力越沉重。所以，老年人要把一切名利看淡些，把亲情看淡些，才能真正看淡生死。死亡虽然会把我们和至亲分开，会让亲人们悲伤，但是对于老年人来说，越是做到安详和坦然面对死亡，越能减少他们的担心，减轻他们的痛苦。亲人能幸福生活，对自己就是一种安慰。我们留下的财产都是"生不带来，死不带去"的身外物，或捐或赠，留给社会，都是贡献。

老年人只有看淡名利，看淡生死，才能淡然面对生老病死，才能不重生，不轻死，洒脱面对生活中的一切。如此，来也安然，去也安然，心无挂碍，得大自在。

（三）克服怯懦思想

有的老人生性懦弱，一想到自己年龄大了，不久人世，对死亡恐惧极其强烈。特别是进入高龄后，认为自己是别人的累赘，不如一死了之，有的甚至没有等死神前来索命，自己主动向死神报到去了。还有的老年人因儿女不孝、身患重病等原因，时有自杀轻生现象发生。

自杀其实质是一种怯懦的表现。既然从生到死不可抗拒，就应该坦然从容面对。与其终日惶惶恐恐地在死亡阴影下度过，倒不如大度一点，豁达一点，换过一种活法。不要天天担心自己关节又痛了，血压又高了，又有亲友去世了；更不要时时忧虑自己什么时候死，而把自己一天天的生活搞得愁眉苦脸的。反正每个人最终总有一天要离开这个世界，所以活一天就快乐过一天，活一个月就快乐过一个月，好好把握手中的今天与这个月，去过自己想要过的平静且富于快乐的日子。就算是哪一天生病了，或发现患了癌症，也无所谓。一个人一旦真正打开了死亡的精神枷锁，不再背负着沉重的心理包袱，就不会再自己折磨自己，反而使活着的每一天都能感到开心和快乐。试想，一个人如果连死都不怕，还会怕生活中其他的打击和挫折吗？能置生死于度外，更可活得心地坦荡，无所顾虑，从而延缓衰老和死亡的到来。

总之，尽管每个人都有自己不同的生活方式和生活态度，但无论谁，即使进入人生暮年，也没有任何理由轻生。虽然人的死亡是不可避免的，但我们还是应努力追求生，哪怕只有一丝希望也在所不惜，因为生比死更有意义。

（四）避免"恐病""疑病"心理过重

人到老年应该关注自身的健康，但是凡事太过就会走向另一个极端，整天疑神疑鬼，怀疑自己得了这个病、那个病，这儿也不舒服、那儿也难受。有这种情况的老人不在少数。其实，有的老人健康状况良好，只不过是一种"疑病""恐病"的心理。对疾病的疑虑，常常会损害老年人的身心健康，甚至积忧成疾，导致无病变有病。老年人千万不要让毫无根据的疑虑损害自己，更不要整天都把注意力集中在无关紧要的小病痛上。只要不是器质性疾病，对一些功能性症状和某些不适，不要过于敏感，不要盲目猜测，要抱着适当医疗、顺其自然的态度。否则，无病疑病，自己吓自己，早晚"吓"出病来。

一旦得知自己确实得了重病，也要处事不惊，冷静对待。老年人由于生理机能的衰退，免疫功能的降低，以致某些器官发生病变只是时间问题，没有什么大惊小怪的。有了疾病不可怕，可怕的是由疾病导致的悲观、失望的情绪。比如有的老年人患了重病之后，整天茶不思、饭不吃，严重的甚至整天以泪洗面，惶惶不可终日，这只能使身体状况越来越糟糕。所以，当疾病降临时，唯有勇敢地面对，积极地配合医生治疗，乐观地生活，才可能战胜疾病。

对老人来说，珍惜爱护自己的身体是应该的、必要的，但是不要把死亡看得过重。对死亡越恐惧，心理负担就越重。不如健康地活着，平等地过着，真实地爱着，乐此不疲地忙着，情绪自然就会乐观，哪怕是身患绝症也会长寿。

（五）要从心理上对死亡做好充分准备

人到老年，很容易感受到自己的生存时间已经十分有限，特别是身患重病的老年人，可能更有紧迫感。老年人应做好充分的心理准备，从容不迫地去面对死亡。比如，有计划地安排好自己晚年的有限时间，努力使生活过得充实而有意义。同时还要把对后事的交代、遗嘱的修正，以及其他的离世准备，比如拍一张满意的照片留作遗像、选择好墓地、下葬方式、追悼会的举行方式等，都一一安排好、处理好。有了充分的心理准备，就可以在生命结束之时，不用担心有不了之事和未交代的事，从而能好好地去享受剩余的岁月，随时都可放心地离开这个世界。

老年人要做到平静地对待死亡，并不是件容易的事。这需要有成熟的个性，良好的适应能力，坚强的意志力及稳定的情绪等心理品质。这些对于人的整个生命过程直到生命最后一息，都是至关重要的。

第三节　怎样度过生命之旅的最后一程——临终死亡期

人生最无奈的是，既不能选择生也不能选择死。善终既是生命的最高追求，也是生命的基本权利。所以，中国的传统风尚，历来是很看重"善终"的。一个人可以终身受穷，也可以一辈子庸庸碌碌无所作为，然而人生的结局一定不能"恶死"，怎么也要让自己太太平平地去赴黄泉，这就是"善终"。换句话说，也就是要"死于安乐"，这是几千年来中国人对死的一种精神追求。特别是随着社会经济的发展，人类文明的进步，人们不仅关注自己晚年如何拥有健康、高质量的养老环境，而且开始越来越关注如何安然地走过人生终点。如今，越来越多的老年人，都期望自己在生命的最后时期，能无痛苦、有尊严地度过生命之旅的最后一程。

人到老年的最后一程，究竟应通过哪些途径才能给生命以舒适、宁静，甚至美丽的终结？

第十章 坦然面对死亡

一、倡导临终关怀是老年人"老能善终"的最好举措

随着人寿命的延长，老年人的病期、伤残期也延长了。据调查，60岁以上的老年人，80%以上都患有疾病。在进入老龄化社会的今天，老人越来越多，老人患病率也越来越高。如何在生命最后时期能获得特殊关爱，让生命质量得以提升，是值得全社会关注和急需解决的问题。临终关怀也正是在这样的背景下应运而生。

所谓临终关怀，是指由医务工作者、社会工作者、志愿者等社会各层次组成的团队，向临终患者及其家属提供的包括生理、心理和社会等方面的一种全面性支持和照料，其宗旨是使临终老年患者生命得到尊重，症状得到控制，维持较高的生存质量，家属的身心健康得到维护和增强，使患者能无痛苦、安宁、舒适地走完人生的最后旅程。简言之，临终关怀"不以延长生命为目的，而以减轻身体痛苦为宗旨，使患者优雅地活着，有尊严地离去"。

临终关怀是一套有组织的医疗保健服务项目。当老人临终时，只要从以下几方面做好关怀和护理工作，就能使临终者真正做到"老能善终"：

（一）控制疼痛，减轻痛苦

对于濒死的临终者来说，比死亡更可怕的，也是最难以忍受的，是在生命的最后一段时间里，持续剧痛的折磨。在各类疼痛性疾病中，遭受疼痛长期折磨数量最大的是癌症患者，80%的患者有2种以上的疼痛，30%以上的患者有4种或更多种疼痛，以致许多临终患者在其生命的最后一段时间里，对疼痛的恐惧往往超过对死亡的恐惧。这种恐惧甚至会使他们即使对于轻微的疼痛，都会达到难以忍受的地步。而且病情越长，疼痛就越难以忍受，有的甚至绝望自杀。疼痛使临终者的尊严受到损害，痛苦使生命品质得不到提高。80%临终者的最大心理需求，就是要求减轻痛苦。从

某种程度上说,解除临终病人的疼痛比治疗疾病更为重要。因此对临终病人的医护照料,及时减轻控制疼痛无疑是第一位。对临终病人止痛剂的使用基本不受限制,也不必担心止痛剂可能使药物成瘾,只注重止痛效果。

(二)临终老人的生活护理

一是要有一个最后的舒适安静的静养环境。当生命进入最后阶段的时刻,谁都希望在一个优雅安静的环境中辞别人世。所以,临终老人的住室应当有舒适和谐的独特要求,作为病人最后停留的地方,应该环境优雅、空气清新、温度适宜,室内的布置符合病人的要求和喜好,如灯光、墙壁颜色、窗帘等,并放置一些病人喜欢的花草、盆景等物品,以适应病人日常生活习惯的需要。

二是生活上要关心体贴,使患者感到温暖。老年人临终时,一般都有吞咽困难,尊重老人的意愿,能吃就吃些,不能吃就弄些汤食。帮助他们端水端饭,协助他们大小便等。要答应老人提出的一切生活上的要求和安排,并要告知老人的医疗费用,让老人不用操心。

三是做好临终老人的个人卫生。这不仅是提高病人的生活质量问题,也是关系到尊重病人生命价值和生命尊严的伦理道德问题。因此,绝不能因病人处在临终期,而忽略了对病人个人卫生的护理。临终老人尽管濒临死亡,但仍然会在意自己的身体形象和其他人对自己的观感。老人在身体干净、衣着整洁的时候会感觉更好,不用担心自己的外表会令人不快。对临终老人应注意定时帮助他们擦洗身体,勤换衣服、被褥,保证他们的身体始终都处于干净、舒适的状态中。特别是当有亲友探望时,更要注重病人的衣着容貌,注意床具的清洁干净,以维护临终病人的尊严。

(三)临终老人的心理护理

对于那些治疗已不能生效、生命即将结束的临终老人来说,他们迫切需要的不是治疗,而是期望"临终期无痛苦",特别是需要人间的温暖、社会的尊重、精神的照护、亲友的陪伴和他人的关怀。因此临终末期的保健核心,是在控制和减轻患者肌体痛苦的同时,重点放在对患者的精神支持和慰藉上,使患者能在人生最后有限的日子里,在充满人性温情的氛围中,安详、宁静、无痛苦、有尊严地离开人世。

一是耐心倾听和诚恳交谈。临终老年人在生命的最后时刻,需要倾诉内心的愿望和嘱托,需要与人沟通和交流。我们要在病人身旁坐下,用充分的时间,认真仔细地倾听临终老人诉说,使他们体验到人生最后的温暖。对虚弱无力的临终老人,除了与他们进行语言交流外,还可通过表情、眼神、手势等方式,表达对老人的同情和安慰。这样能获得临终老人的信赖和配合,及时了解老人临终前的真实想法和心愿。值得注意的是,在与老年人交流时,要照顾老年人的自尊心,尊重他们的权利,满足他们的需求,尽可能减轻他们的焦虑、抑郁和恐惧情绪,使他们毫无遗憾地离开人世。

二是家属子女要片刻不离地陪护守候在临终老人身边。家属子女是老年人的亲人,也是老年人的精神支柱。老年人在临终期间都希望老伴、子女尽可能陪在自己的身旁。尤其是处于弥留之际,有许多依依不舍的话语要告诉老伴,有许多希望和要求要向子女交代和嘱咐。如果这些最后的精神需求能得到满足,他们就会获得心理慰藉,减轻孤独感,有利于稳定情绪,有利于安详地度过生命的最后历程。如果得不到满足,他们在弥留之际会充满焦虑不安,有的甚至会死不瞑目,抱憾终生。

三是要多去触摸躺在床上的临终老人。老人临终时,特别渴望亲情、渴望身体抚摸,拥抱、握握手、贴贴脸颊,都能给老人莫大的安慰。作为临终老人的亲属及其医护人员,千万别忽视了这点,要经常多去触摸躺在床上的临终老人。触摸或握着临终老人的手,注视着他的眼睛,或轻轻替他按摩,都可以给临终老人极大的抚慰和舒适的感觉,并能使临终老人感受到身边人对他的爱。家属及医护人员还要不断对临终或昏迷中的老人多说话。临终老人大部分处于睡睡醒醒状态,但多数是清醒的。家属及医护人员要把握住时间,人的听觉是最后消失的,不要到后来想说时已没有时间了。要多说些让老人宽心、放心的话,比如,医生、家人应不时在病人耳边说:"家里所有亲人都在这儿,还有医生和护士,大家都在。不要怕!"这样才能有效地表达出对临终老人真诚的关怀和尊重,让他们走得平静,走得安详。

四是尽量满足老人最后的临终要求。不少老人在临终之前,会考虑到自己的家庭和亲友,考虑到自己尚有未完成的事业和使命,因而都会有许多内心的意愿和希望要向亲人交代和嘱咐。对此要尽量满足。不可满足的要耐心解释,绝不可抱轻视、讥讽、嘲笑的态度。有些老人临终前也许会交代一些身后事,不舍得放下心爱的人,尤其是不能照顾自己的亲人,如年幼的子女及高龄的父母,家人一定要答应老人,将他所不放心的亲人生活照顾好、安排好,让老人放心地并毫无遗憾地与世界告别。对于临终老人在生命最终时刻提出的各种要求和愿望,无论是物质的或是精神的,无论是做得到或者一时做不到的,作为临终老人的亲属,都应悉心询问、尽力揣摩、努力帮助实现,相信这是对临终者最后也是最好的礼物。

五是帮助老人积极看待自己的一生。作为一个普通老人,虽然不能像伟人那样著书立说、青史留名,但他们一辈子辛辛苦苦,养活了一个家庭,抚育大了孩子,对亲人和社会都有或大或小的贡献,这就够了,这就是成功,就值得自豪。所以,在他们行将逝世的时候,我们应该根据临终老人不同的生活经历,给予他们不同的积极评价,帮助他们回顾总结自己一生中的辛劳和功绩,让他们尽量以无牵挂和无遗憾的心情,带着满足感、成就感,告别他曾经生活过的世界。

二、倡导"生前预嘱"是对生命尊严的主动维护

对每一个饱受疾病折磨的临终老年患者来说,让他们觉得自己真正最难以接受的,并不是让人为他们擦身沐浴,而是在他们生命终结不可避免时,无法为自己的生命自主选择医疗及其死亡方式,以致无法真正为自己实现临终的自主和尊严。如今越来越多的公民,尤其是老年人,为了避免自己临终无法表达时受制于他人意愿、"求生不得,求死不能"的痛苦,希望趁着自己还有自主意识时,就着手开始思考规划如何走完自己生命的最后历程,并希望形成一份有效文件,以便届时获得实施。这就是"生前预嘱"的由来。"生前预嘱"的倡导,目前在我国处于萌芽状态,但"生前预嘱"的理念已越来越被民众,特别是被广大老人所接受,而且要求尊重临终老人的死亡权利呼声越来越高,选择"生前预嘱"的人群也越来越庞大。究其原因,主要有以下三个方面:

(一)"生前预嘱",能使临终老人最大限度地实现自己临终的自主和尊严

所谓"生前预嘱",是指人们在健康或意识清楚时,事先自愿签署的,并说明自己在不可治愈的伤病末期或临终时,要或不要哪种医疗和护理措施、死亡后有怎样的嘱托等指示性的文件。具体内容包括填写"五个愿望",即:"我在生命末期要或不要什么样的医疗服务""我希望使用或不使用生命支持系统""我希望别人怎样对待我""我想让我的家人和朋友知道什么""我希望谁来做我签署这份文件的见证人"。上述"五个愿望"的内容,充分体现了临终老人的个人意愿和自主选择,而且完全是在个人清醒健康情况下的一种选择,应该得到社会的尊重和法律的认可。

生命的消失,把人生割裂为阴阳两界,就必然存在着身后之事。如果人们不预先和及时地明确表达自己的愿望,那么最后的结果,只能是把自己的命运交到别人手中。尽管这些"别人"是家人、朋友和医生,还有社

会通行的规定、惯例、医疗制度和习俗，但那毕竟不是本人的选择和愿望。只有通过签署"生前预嘱"，清楚地写下身后事的安排，才是每个人把握自己生命归途的一个环节，是自己安排自己生命的一部分。这样可以让家人更准确地完成逝者的心愿，更好地执行逝者生前的安排。倡导"生前预嘱"最重要的意义，是它真正维护了生命末期病人的最高利益，从减少病人痛苦的角度出发，使病人有尊严地安心离去。

（二）"生前预嘱"没有法律障碍，容易得以实施

在我国传统观念里，不惜一切代价抢救患者，哪怕延长一分一秒生命，都被认为是值得的。其实，绝大多数绝症或危重病人晚期所进行的生命支持疗法都是徒劳的，浪费了大量的钱财而徒增患者和亲属的痛苦，实际上毫无意义。人们之所以不愿放弃救治，一个重要原因就是缺乏法律的支持和受到传统道德观念的约束。医生怕担见死不救的罪名，而患者亲属怕背上不孝或无情无义的骂名。有了患者的"生前预嘱"，并且明确规定其预嘱必须至少有两位成人签署见证，他们不能是患者的亲属和配偶，也不能是患者的遗产继承人或直接负担患者医疗费用的人。这样，医生根据患者的"生前预嘱"，不使用或停止使用生命支持系统，被认为是得到了病人的"授权"，对病人的死亡不再负有法律责任。病人"授权"医生不使用或停止使用生命支持系统而死亡，也不再被看作是自杀，并且不影响家属领取保险赔偿。所以，如果有了患者的"生前预嘱"，大家就都有了下台阶的梯子，患者可以选择以死解脱，而且能让医生免受承担法律纠纷的忧虑，还能让家属、子女免受来自社会及亲友种种"不孝"舆论的指责。

倡导"生前预嘱"这种不由任何人，而是由自己对自己作出的决定，是真正自己为自己的死亡做主的充分体现。"生前预嘱"文件中的"五个愿望"的内容，不仅完全符合我国宪法精神，不违反任何现行法律，而且我

国法律体系中还有许多法规和条例可以作为使用这种文件的依据。因此，也可以说，倡导"生前预嘱"，是真正为临终老人找到了一条维护生命最后尊严的有效途径。

（三）"生前预嘱"是对国家、家庭和个人均有益处的大好事

长期以来，我国城乡医院每年的医疗费用，大部分耗费在对临终患者死亡的推延上。对于一个已经进入生命终结期的人，所使用的生命支持系统和药物费用都是极为昂贵的。不少病人家庭，往往为这毫无意义的推迟而负债累累。有资料表明，人一生75%的医疗费都用在生命最后的抢救上，其中有相当一部分是在人生最后一个月花费掉的。特别是有些高龄重病老人在危重时，若需要较长时间依靠生命支持系统生存，则更会带来一系列医疗和社会问题。这种医疗永无止境地延伸，不仅会妨碍有尊严的死亡，而且会造成四方的痛苦：病人苦、家属痛、医生无奈、国家破财。"生前预嘱"倡导人们在有自主意识时，对其生命末期作出不使用生命支持系统的选择，不仅是对这种自愿选择的尊重和支持，也能把临终患者的痛苦降到最低，使患者家庭免受巨大经济损失，与此同时，还利于引导医疗卫生体系逐渐将预防疾病和保健作为医疗重点，让医疗费用的重点逐渐回归到为人们的保健上来。

倡导"生前预嘱"是一项体恤民生、利国利民的好举措，无论是对患者本人、家人及社会都有重大意义，也是社会更加文明进步与开放的证明。

三、倡导"优逝"让死亡更从容更有尊严

在我国，"优生"已深入人心，但对"优逝"的观念还有些陌生甚至讳莫如深。所谓优逝即优死，是指在适宜的环境和时间内，让即将离世之人对死亡不恐惧、不孤独、没有痛苦和遗憾地离世。优逝的实质就是"尊

严死"。尊严死不同于"安乐死",安乐死通常指对那些患有不治之症、痛苦不堪的病人不能用药物挽救时,采取人为的办法,让病人无痛苦地死去。而尊严死,是指在不可治愈的伤病末期,放弃抢救和不使用生命支持系统,让死亡既不提前,也不拖后,而是自然来临。在这个过程中,最大限度地尊重本人意愿,尽量使其有尊严地告别人生。"尊严死"不把挽救生命作为首选,而是将无痛、无惧、无憾地离世作为目标,让"生死两相憾"变成"生死两相安"。古今中外,凡是懂得生活、社会阅历丰富、彻悟人生真谛的人,当死亡来临的时候,都会选择这种有尊严的离开方式。

那么,人如何实现优死?

(一)保护临终患者免受无意义的创伤性医疗

对于那些临终或患有绝症,并忍受着巨大痛苦的老人来说,在生命的终末期,很多治疗对于延长生存期意义不大,而且也不可能真正挽救他们的生命。特别是一些晚期患者,身体都较虚弱,过度地接受手术、放化疗等,会使患者在生命的最后时刻,还要忍受各种治疗带来的极大痛苦,甚至会使肌体遭受严重创伤。比如,胸外按压可能导致肋骨断裂、胸廓变形;多次电击可致皮肤灼伤等。这个过程是相当痛苦的。

当一位灯枯油尽的临终老人走到生命尽头,究竟是选择依靠先进的医疗设施维持生命,还是选择放弃治疗,安详地离去?由于传统观念的影响,绝大多数中国家庭的子女在面对自己父母临终时,都有可能为延续父母的生命不惜一切代价,甚至不惜倾家荡产,也不愿放弃最后一线希望。否则,觉得没尽到做儿女的最后一份孝心,至于父母被延续生命是否更痛苦,则往往被忽略。而这被忽略的却往往是对老人伤害最大的。因为希望自己能够有尊严地死去,而不必忍受那些无意义的过度治疗所带来的痛苦,这是绝大多数老人的共同选择。而阻碍老人这一选择的主要阻力,并不是老人的观念,而是子女的观念。

其实,孝顺是每个子女每天都要做的事情,而不是等父母生重病了才不惜一切代价地抢救;爱是让所爱的人少受痛苦,让父母保有善终的权利也是孝顺;死亡不是医疗的失败,也不是最坏的结局,痛苦地活着才是人间最大悲剧。所以,作为子女,应该懂得,尊重生命就是尊重临终患者的善终权,对临终亲人最好的关怀就是把死亡的权利还给亲人,使其按照自己的愿望度过最后时光。因为无价值地延长生命只会给病人带来痛苦,生命的质量远比生命的长短更为重要。正如一位医生所说:"对于临终者,最大的仁慈和人道,是尽量避免不必要的、创伤性的救治。"因此,当老人临终病危时,做子女的千万不要为了尽孝心,不分青红皂白地不惜一切代价要求抢救,那是多么的愚蠢和残忍!坚持尊重患者的死亡自主权利,以"善终"为终极目标行孝道,才符合临终者的意愿,才算是子女真正的"孝"。所以,当我们面对临终亲人已无回天之术时,应多站在患者的角度审慎抉择,尽早停止一切不必要的、无意义的及伤毁人性的治疗,尽量避免任何附加的刺激及伤害,以使临终患者永别之时能及时离去,而不无意义地拖延生命,从而真正达到毫无痛苦死去的"优逝"目的。

(二)让临终患者在自己喜欢的场所安详离去

随着老龄化社会的到来,老年人临终场所的选择越来越成为老年人关心的话题。过去,人们的临终场所通常会在家中。然而,随着医学的发展,现在一个人只要遭遇临终的问题,自然地会被送往医院。医院就成为人们临终的当然场所。有的老人,哪怕他再三表明自己要死在家里,却没有人会理会他。人们认为只有死在医院才是正常的,才算尽到了责任。可是,有时候医院的环境并不能满足临终者的要求,越来越多的临终老人在生命最后的时间,希望回到他们曾经生活过很多年的老地方——自己的家里,

走完人生最后一段旅程。因为家才是他们真正最后的驿站,那里没有刺鼻的药水味,没有冰冷的仪器设备;那里有他们的回忆和梦想,有亲人的微笑和陪伴,还有熟悉的院子和花香。回家能让他们安心、让他们放松,能让他们安详地告别亲人、告别自己的家,那里才是他们最后最想待的熟悉的地方。所以,只要临终老年患者有"回家"的心愿,都要尊重患者的想法,尽量满足他们的要求,这也是对人性的尊重。

(三)用爱为生命送行

当死亡来临时,所有前来探望的亲朋好友,都不可在临终者面前发出悲哀的哭声,千万不要把悲伤留给逝者。在病人即将离世时,家属子女要轻握他的手或轻抚他的脸,在其耳旁喃喃低语,多说些老人想听到的话,比如:"谢谢您的养育之恩。""好好走吧。家里一切,请您放心。"前一句话,肯定临终老人的存在价值;后一句话,让临终老人没有牵挂。这样会使临终老人感到自己是被爱的,一生是过得有意义有价值的。从而使临终老人没有牵挂,没有遗憾,在充满幸福温馨的氛围中走向另一个世界。

为缓和悲伤、恐惧的临终气氛,当死亡来临时,照护者还可以询问病人是否愿意听音乐及喜欢什么类型的音乐,如果需要,可以按照病人要求,放着音乐为他(她)送行。一位晚期食道癌患者,临终阶段希望回顾一生最美好的时刻,就是哼着一首爱情歌曲与情人漫步在街头,于是亲友在他身边用口哨吹奏一首俄罗斯爱情歌曲,在悠扬动听的歌声中,他安然地闭上了眼睛。有的临终者在生命末期,很想听听故乡的歌曲、童谣、摇篮曲,如此等等,我们尽可能根据临终者的不同情趣和爱好,选择好乐曲,使临终者在自己喜爱的音乐声中安详地离去。